Schliemanns Erben

3

Herausgegeben von Gisela Graichen

Schliemanns Erben

3

Von den Schwarzen Pharaonen zu den Herren der eisigen Höhen

Herausgegeben von Gisela Graichen

Gustav Lübbe Verlag

Abbildung auf dem Vor- und Nachsatz:

König Arnekhamani opfert den meroitischen Göttern. Der König läßt sich im meroitischen Gewand mit Kuschitenkappe, Bogenschützenring und Schärpe abbilden. Links unten ist kleinformatig Kronprinz Arka, der spätere König Arkamani (Ergames II.); zu sehen. Relief am Löwentempel von Musawwarat es-Sufra im heutigen Sudan (errichtet 225 v.Chr.).

Originalausgabe

Lektorat: Helmut R. Feller
Textredaktion: Diethelm Kaiser, Bonn
Buchgestaltung und Satz:
KOMBO KommunikationsDesign GmbH, Köln
Schutzumschlaggestaltung unter Verwendung
eines Fotos von Gisela Floto, Hamburg
Gesetzt aus DTL Elzevir
Reproduktion: Media-Print, Bergisch Gladbach
Druck und Einband: Westermann Druck, Zwickau

Sie finden die Verlagsgruppe Lübbe im Internet unter:
http://www.luebbe.de

Printed in Germany
ISBN 3-7857-0995-1

1 3 5 4 2

Die Schwarzen Pharaonen

Das Gold der Schwarzen Königin

Von Gisela Graichen

1 (Vorhergehende Doppelseite) Fremd und geheimnisvoll: die kuschitischen Pyramiden im südlichen Nachbarland Ägyptens, dem heutigen Sudan.

2 Aus dem Grabschatz der Schwarzen Königin: Der als Stirnschmuck verwendete Schildring mit dem Widderkopf des Gottes Amun aus Gold mit Glasfluß und Karneol zeigt Gebrauchsspuren. Amanishakheto trägt ihn auf dem Portrait am Eingangstor ihrer Pyramidenkapelle.

Im Sommer 1839 kommt es in Rom zu einem ungewöhnlichen Handel. Der inkognito in Italiens Hauptstadt weilende König Ludwig I. von Bayern interessiert sich für eine Sammlung von Gold und Juwelen, wie sie die Welt noch nicht gesehen hat. Der Verkäufer ist ein dreiundvierzigjähriger, aus Bologna stammender Arzt, Dr. Giuseppe Ferlini. Im Angebot hat er nichts Geringeres als den einzigartigen, überaus kostbaren Schmuck der meroitischen Königin Amanishakheto. Bis jetzt hat sich kein Käufer gefunden, zu hoch ist Ferlinis Forderung, zu widersprüchlich und unglaubwürdig die Geschichte seiner Entdeckung. Denn märchenhaft wie die Schätze der nubischen Herrscherin sind ihre Fundumstände: sensationell und phantastisch.

Als Achtzehnjähriger beginnt Ferlini am *Ospedale della Vita* das Medizinstudium mit dem ausdrücklichen Wunsch – da er später ins Ausland zu reisen gedenke –, sich nicht dem Priesterstand zu unterstellen. Nach einer ersten Tätigkeit als Arzt in Griechenland heuert er im März 1829 als Majorsadjutant im Sanitätsdienst der ägyptischen Armee an. Zu der Zeit steht der Statthalter des Osmanischen Reiches in Ägypten, der türkische Vizekönig Mohammed Ali, auf der Höhe seiner Macht und seines Ruhms. Der Regent ist nicht nur Herr über Syrien und Kreta, er hat auch sein Regime nilaufwärts tief nach Afrika ausgedehnt. Indem er Nubien zu einer ägyptischen Provinz macht, knüpft er an eine alte Tradition an: an die sich über Jahrtausende wiederholenden Vorstöße Altägyptens in das südliche Nachbarland, in den Korridor nach Schwarzafrika.

Auch dem Pascha geht es um Handelsgüter aus dem dunklen Kontinent: Elfenbein, Ebenholz, Straußenfedern, exotische Tiere, doch vor allem um Sklaven – Araber durften nicht versklavt werden – und um das Gold der Nubischen Wüste. Den Überschuß an der »schwarzen Ware Sklaven« verkauft er, wenn der Bedarf der Armee gedeckt ist, auf arabischen Märkten. Die Sklavenjagden und der Sklavenhandel werden Mohammed Ali von seinen aufgeklärten europäischen Zeitgenossen erwartungsgemäß vorgeworfen. Und bezüglich der unermeßlichen Schätze, die er im Sudan zu finden erhoffte, werden seine hochgespannten Erwartungen enttäuscht. Die Goldschürfer der altägyptischen Reiche hatten bereits ganze Arbeit geleistet.

Mohammed Ali sucht den Anschluß an die weit zurückliegenden Blütezeiten des Nil-Landes, wozu der Griff nach dem Sudan gehört, aber er bemüht sich auch um die Annäherung an Westeuropa, dessen »gelehrte Reisenden« seine Unterstützung erhalten. Aus Frankreich kommt Frédéric Cailliaud, der sich dem Heer des Vizekönigs anschließt und 1821 die ersten ausführlichen Beschreibungen, Pläne und Zeichnungen der zerfallenen Tempel, Paläste und Pyramiden des antiken geheimnisumwitterten Landes Kusch und seiner Hauptstadt Meroë liefert; aus Deutschland die Königlich-Preußische Expedition (1842–45) unter Richard Lepsius, ihre Dokumentation der Denkmäler von der ägyptischen Grenze bis südlich von Khartum bildet den Höhepunkt der archäologischen Erforschung des Sudan im 19. Jahrhundert. Fürst Pückler-Muskau wird zu einem Bewunderer des Regenten, als er um 1837 als dessen Gast Ägypten und den Sudan bereist, und vergleicht ihn mit dem russischen Zaren Peter der Große.

3 *Prachtvoller goldener Schildring. In der Mitte die Sonnenscheibe mit Udjat-Auge. Ein Golddraht hält am unteren Rand die Plakette mit Schutzzeichen.*

Doch gerade Pücklers abenteuerlicher Bericht »Aus Mehemed Alis Reich« zeigt uns, wie mühselig und gefährlich es vor 150 Jahren war, den Sudan zu bereisen. Weite Gebiete besonders in der Wüste zwischen Nil und Rotem Meer, in denen die meroitischen Ruinen liegen, sind keineswegs unter der Kontrolle des Paschas. Man reist bewaffnet, es gibt Überfälle, die Pistole ist immer griffbereit. Auch Arabischkenntnisse nützen nicht viel bei den unzähligen, sehr verschiedenen Dialekten. Mitgenommenes Fleisch verfault, ein um elf Uhr vormittags geschlachtetes Schaf muß schon um sechs Uhr nachmittags als ungenießbar fortgeworfen werden. Schlimmer noch ist der Durst. Das in Schläuchen transportierte Wasser kann man wegen des üblen Geruchs nach kurzer Zeit kaum noch trinken. Bei einem Angriff von Löwen fliehen des Freiherrn Kamele, die Wasserschläuche platzen und werden unbrauchbar. Um zwei Uhr nachmittags mißt Pückler im Schatten seines Zeltes umgerechnet 48,75 Grad Celsius und im Sand in der Sonne 68,75 Grad Celsius. Fast jeder erkrankt unterwegs am »bösartigen Fieber«, viele sterben daran. Man muß wagemutig sein als Reisender durch den Sudan, verwegen bis zur Tollkühnheit, oder besessen vom Forscherdrang, fasziniert von der Wüste, süchtig nach Weite und Abenteuer – oder von allem eine Prise in sich haben.

4 Giuseppe Ferlini, Militärarzt im Dienst des türkischen Vizekönigs in Ägypten: Mohammed Ali Pascha. Die Uniform tauschte er mit dem lukrativeren Outfit des Raubgräbers.

Mohammed Ali fördert die Forschung, auch zur Entdeckung der Nil-Quellen und damit des Inneren Afrikas. Das Interesse der europäischen gelehrten Reisenden ist geweckt, aber auch das der Abenteurer, der Hasardeure und Glücksjäger. Offiziere, Händler, Ärzte treffen ein – und Giuseppe Ferlini.

Als Militärarzt im 4. Infanterieregiment kommt er bis nach Khartum, der Hauptstadt des heutigen Sudan, damals ein unbedeutendes Nest am Zusammenfluß von Blauem und Weißem Nil, 1824 gegründet. In den vier Jahren seiner Stationierung im nubischen Nil-Tal stößt Ferlini auf die mehr als 2000 Jahre alten Ruinen des versunkenen, vergessenen Reiches von Meroë. Seine Begehrlichkeit ist geweckt. Er quittiert den Militärdienst. Am 10. August 1834 bricht er auf in die Steppen-

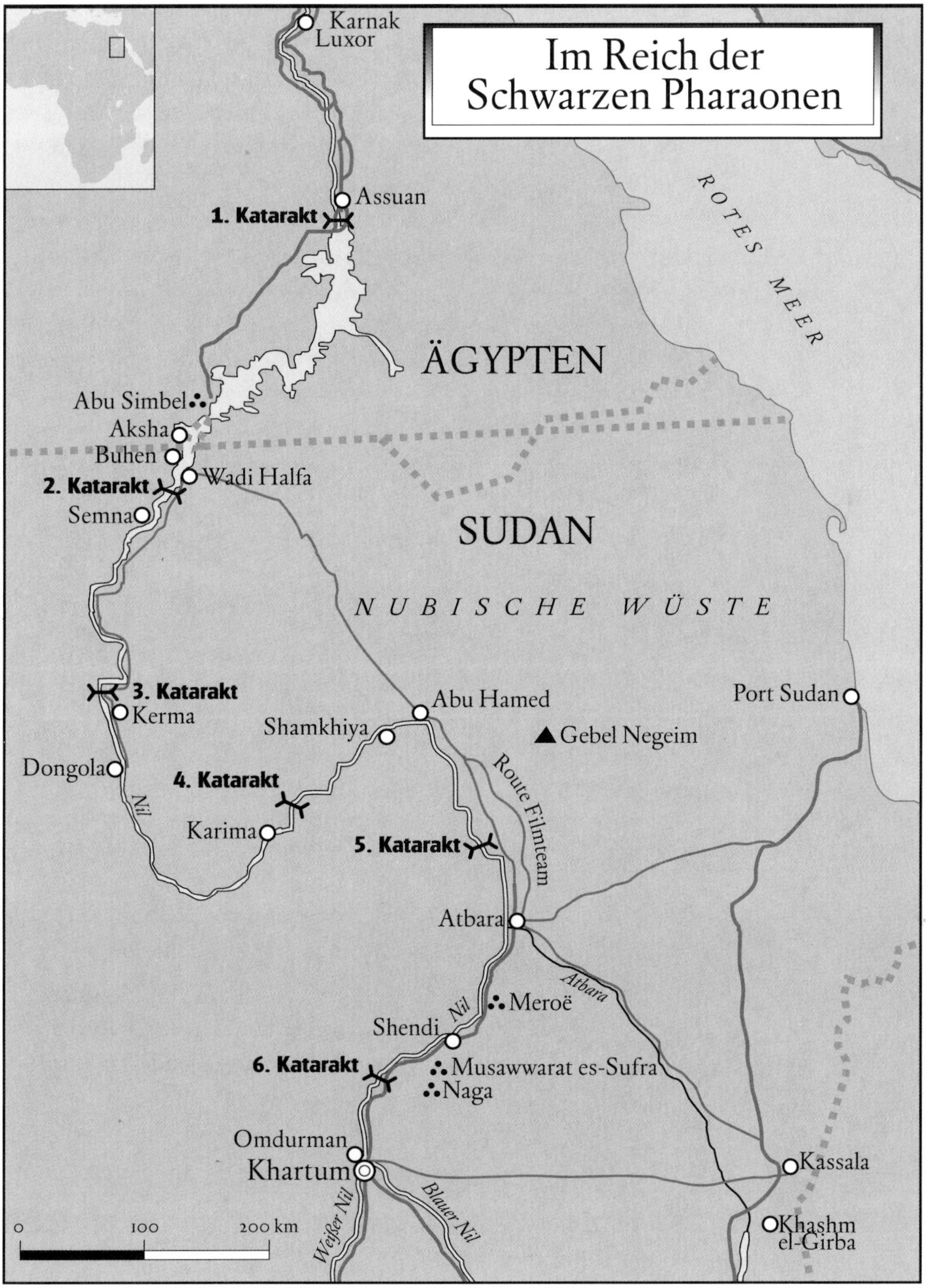
Im Reich der Schwarzen Pharaonen
Karnak
Luxor
Assuan
1. Katarakt
ROTES MEER
ÄGYPTEN
Abu Simbel
Aksha
Buhen
Wadi Halfa
2. Katarakt
Semna
SUDAN
NUBISCHE WÜSTE
3. Katarakt
Kerma
Abu Hamed
Port Sudan
Shamkhiya
Gebel Negeim
Dongola
4. Katarakt
Nil
Route Filmteam
Karima
5. Katarakt
Atbara
Atbara
Meroë
Nil
Shendi
6. Katarakt
Musawwarat es-Sufra
Naga
Omdurman
Khartum
Kassala
Weißer Nil
Blauer Nil
Khashm el-Girba
0
100
200 km

wüste zu den sandverwehten, unerforschten Überresten einer großen Kultur, um sich dem lukrativeren Geschäft der Raubgrabungen zu widmen. In Naga und Wad Ban Naga, den Residenzstädten der Könige, findet er schnell heraus, daß die Tempel- und Palastruinen nicht so ergiebig sind wie die unterirdischen Grabkammern. Während sein Freund Antonio Stefani, ein griechisch-albanischer Kaufmann, noch weiter bei den Widderstatuen vor dem verschütteten Amun-Tempel von Meroë buddelt, zieht es Ferlini zu dem vier Kilometer östlich gelegenen Gräberfeld der Herrscher. Und hier beginnt seine unwahrscheinliche, auch in sich widersprüchliche Schilderung der Entdeckung des Goldschatzes der Amanishakheto.

Ein Eimer voller Gold. Bereits am ersten Tag seiner »Arbeiten« an einer der großen Königspyramiden der Nordgruppe stoßen seine Arbeiter, berichtet er, im Innern des Baus wenige Meter unter der oberen Plattform, in der Höhe eines Scheinfensters, auf den kostbaren Grabschatz.

Die vom französischen Forscher Cailliaud 13 Jahre zuvor angefertigte Abbildung zeigt, daß die Pyramide N 6 damals zu den am besten erhaltenen gehörte. Sie war mit 64 Stufen noch 28 Meter hoch, nur an der Spitze waren einige Steinlagen weggebrochen.

Ferlini läßt seine Arbeiter, die er in den umliegenden Dörfern angeworben hat, unter Aufsicht eines Dieners die Pyramide von oben

5 Die Reste der Amanishakheto-Pyramide: Die Opferkammer ist rekonstruiert, die Pyramide selbst ist von Ferlini bis auf den Stumpf abgetragen worden.

6 *Die Pyramide der Amanishakheto vor ihrer Zerstörung 1822. Deutlich ist noch das Scheinfenster unterhalb der Spitze zu erkennen.*

her abtragen. Er selber lagert sich mit seinem inzwischen dazugestoßenen Freund Stefani in den Schatten der benachbarten Pyramide, wird aber bald von seinem Diener herbeigerufen. Aufgeregt ersteigen die beiden Abenteurer die Pyramide und finden den Diener, so Ferlinis Fundbericht, »auf dem Boden liegend ... genau über einer Öffnung, die sich aufgetan hatte. Die Schwarzen, von Begierde getrieben, versuchten mit Gewalt den Diener wegzuzerren, um ihre Hände in die Öffnung zu stecken; wir zwangen sie mit der Waffe in der Hand herabzusteigen, und ließen von anderen herbeigerufenen Dienern in unserer Gegenwart die Arbeit fortsetzen. Die freigelegte Öffnung ließ uns in einen (in der Pyramidenfüllung) ausgesparten Raum blicken, der aus schlecht verlegten Steinen gebildet wurde und irgend etwas enthielt. Wir ließen die großen Blöcke entfernen, die oben auflagen, so daß sich uns eine rechteckige Kammer zeigte«.

Und angeblich hier fand er eine Art Bahre, darunter neben Amuletten und Götterbildern einen bronzenen Eimer mit in einem Tuch eingehüllten »Objekten«: »Ich sammelte alles Gefundene ein und packte es in Lederbeutel, so daß das Gold vor den Arabern verborgen blieb ... Am Abend, als die Schwarzen sich in ihre Hütten begeben

7 *Das überaus wertvolle goldene Armband der Königin Amanishakheto zeigt die geflügelte Göttin Mut, die Gemahlin des Amun. Es gehört zum Grabschatz, den Ferlini aus der Pyramide entwendete.*

hatten, trugen wir den Fund zum Zelt, und in der Nacht, als alle unsere Diener und Sklaven im Schlaf lagen, holte ich zusammen mit meinem Gefährten die gefundenen Kostbarkeiten aus den Beuteln. Ich war überrascht von der Menge und der Schönheit der Stücke aus Gold und sah, daß sie bei weitem das hinter sich ließen, was an gleichartigen Stücken in den verschiedenen Museen Europas vorhanden war.«

Die »Objekte« sind – ganz abgesehen vom Wert des Goldes und der Edelsteine – von einer geheimnisvollen, eigentümlichen Schönheit. In einem unbekannten Stil und mit hohem technischen Aufwand hergestellt, gibt der offenbar seit zwei Jahrtausenden unberührte Schatz Zeugnis von einer selbstbewußten, urwüchsigen meroitischen Kunst im Jahrhundert vor Christi Geburt. Perlen, Glas, Fayence, aber vor allem immer wieder Gold, pures Gold, verarbeitet zu märchenhaften Kleinodien: Götter-, Schakal-, Löwenfiguren; 66 Siegelringe mit Bildern von Gottheiten und Herrschern, Armreife für die Oberarme mit Figuren des Mondgottes Chon oder der Göttin Mut mit vier Flügeln auf einer Lotosblüte stehend; Ohrringe und Schmuckgehänge für die Stirn der Königin; Skarabäen, Herzamulette, Kettenglieder mit dem Lebenszeichen Anch, sieben Köpfe der Göttin Hathor, Lotosblüten aus Gold und blauem Glas, stilisierte Muscheln und Glöckchen; überaus wertvolle breite Schulterkragen, wie wir sie von Reliefs kennen, mit dem Bild des Gottes Amun als Widderkopf oder des menschenköpfigen Gottes Sebiumeker mit der ägyptischen Doppelkrone oder mit dem Löwenkopf des einheimischen Gottes Apedemak. Und vieles, nie Gesehenes mehr von unschätzbarer Kostbarkeit. Den Körperschmuck hat die Herrscherin wohl tatsächlich getragen, wie die Abnutzungsspuren zeigen. Doch auch Döschen aus Holz und einen bronzenen Behälter für Augenschminke hatte Amanishakheto mit in ihr Grab genommen.

Giuseppe Ferlini ist wie in einem Rausch. Er läßt die gesamte Pyramide abtragen. Acht Meter tiefer will er im Zentrum der Pyramide noch zwei Bronzetöpfe gefunden haben und schließlich, nachdem angeblich 35 Tage lang jeweils 500 Arbeiter »gegraben« haben, erst auf den Treppenschacht gestoßen sein, der zur Grabkammer der antiken Herrscherin führt.

Doch so – das wissen wir heute – kann es nicht gewesen sein.

Warum log Ferlini? Aus Angst vor der feindseligen Haltung der Arbeiter verlassen Ferlini und Stefani mit dem Goldschatz fluchtartig Meroë und schlagen sich bis Kairo durch. Ferlini erhält sein noch ausstehendes Gehalt als Militärarzt und die Erlaubnis zur Heimreise. Sicher in Europa angekommen, bietet er den Schatz zum Verkauf an.

König Ludwig I. von Bayern erliegt der märchenhaften Pracht und erwirbt 90 Stücke aus dem Grabschatz der antiken Herrscherin. Sie werden im Königlichen Antiquarium, heute Staatliche Sammlung Ägyptischer Kunst in München, aufbewahrt. Bevor der junge Richard Lepsius, später erster Professor für Ägyptologie in Deutschland und Direktor des Ägyptischen Museums Berlin, im Auftrag der preußischen Regierung seine berühmte Expedition ins Nil-Tal antritt, reist er nach London. Hier besichtigt er den Rest des Ferlini-Fundes, den dieser inzwischen einem Agenten anvertraut hat. Denn weitere Käufer finden sich nicht, man bezweifelt Ferlinis Fundberichte, man bezweifelt die Echtheit der Stücke. Dr. Birch vom *British Museum* hält sie für Fälschungen, für Imitationen altägyptischen Schmucks, und lehnt einen Erwerb ab. Lepsius' dringende Kaufempfehlung nach Berlin bleibt ergebnislos.

Die Wende bringen seine Forschungsreise, seine eindrucksvollen Schilderungen und wissenschaftlichen Dokumentationen der Zeugnisse einer überaus glänzenden, doch unbekannten Periode der Menschheit.

Am 28. Januar 1844 erreicht Lepsius Meroë. Er muß schnell feststellen, daß der Schatzfund Ferlinis zehn Jahre zuvor noch in »bester« Erinnerung ist und man auch ihn der Raubgräberei verdächtigt. Ferlinis Feilbieten des Schatzes und der Erwerb durch den bayerischen König waren natürlich die Sensation für die Europäer von Kairo bis Khartum. Nicht wenige hatten daraufhin auch ihr Glück in Meroë versucht. Lepsius notiert in sein Tagebuch: »Mehrere Pyramiden waren ganz, andere teilweise zerstört. Keine hatte ihre Spitze behalten; unser Kawaß, der mit Ferlini hier gewesen war, zeigte uns den Ort, wo dieser seinen Goldschatz unter einer jetzt abgetragenen Pyramide gefunden haben sollte ... Osman Bey (der sich mit Truppen in der Nähe aufhielt) wollte aus seinen Schanzgräbern Schatzgräber machen und einige Bataillone hierher commandiren, um eine Anzahl Pyramiden niederreißen zu lassen. Der Fund von Ferlini steckt hier allen Leuten noch im Kopfe und hat seitdem schon mancher Pyramide den Ruin gebracht. In Chartûm war man auch voll davon und mehr als ein Europäer, auch der Pascha selbst, dachten noch dort Schätze zu finden. Allen suchte ich stets von neuem zu beweisen, daß Ferlinis Fund ein reiner Zufall war, daß er die Goldringe nicht in den Grabkammern bei den Mumien, wo man vernünftiger Weise allein mit einiger Hoffnung suchen dürfte, sondern im Gestein vermauert fand, wohin sie durch eine Laune des Besitzers versteckt worden waren. Ich suchte diese Überzeugung auch Osman Bey beizubringen, der mir selbst seine Compagnien anbot, um das Werk der Zerstörung zu leiten. Ich lehnte dies natürlich ab ... Es gelang mir, ihn von seiner Idee abzubringen und so sind wenigstens für jetzt die noch erhaltenen Pyramiden gerettet. Die Soldaten sind abgezogen, ohne den Pyramiden den Krieg gemacht zu haben.«

Durch seinen Aufenthalt in Meroë ist Lepsius von der Herkunft und Echtheit des Grabschatzes überzeugt. Es gelingt ihm, König Friedrich Wilhelm IV. umzustimmen. Nach seiner Rückkehr wird der zweite Teil des Fundes – immerhin noch 65 Objekte – für die Berliner Museen erworben. Friedrich W. Hinkel, Grabungsleiter und unermüdlicher Retter des Pyramidenfeldes von Meroë: »Heute ist erwiesen, daß Lepsius recht hatte: Die große Mehrheit der Objekte ist sicher dem Schatz der meroitischen Königin Amanishakheto und damit der Pyramide N 6 zuzuordnen.«

Doch in einem irrte Lepsius. Es war keineswegs eine Laune des Besitzers, die ihn den Schatz im Gestein vermauern ließ. Der Grabschmuck kann nicht, wie Friedrich Hinkel beweist, inmitten der Pyramide gelegen haben. Ferlini hatte gelogen.

Pyramidenkonstruktion entlarvt Raubgräber. Am wenigsten sollte uns noch Ferlinis Behauptung stören, daß nach dem Schatzfund 35 Tage lang 500 Arbeiter an der Pyramide gruben. Ein einziger Blick auf den Pyramidenstumpf zeigt, daß bei der ursprünglich 28 Meter hohen Amanishakheto-Pyramide so viele Menschen gleichzeitig hier gar nicht tätig sein konnten. Doch vor allem gilt:

1. Durch seine Grabungen meroitischer Ruinen wußte Ferlini, daß, wenn noch Funde vorhanden waren, diese in den unterirdischen Grabanlagen bei dem Bestatteten liegen würden, als Mitgift und zur Begleitung im Jenseits, in der Ewigkeit. Also hätte er als erstes nach dem Eingang suchen müssen. Warum sollte er an der Spitze beginnen?
2. Es kann nicht stimmen, daß er erst den Treppenschacht zur Grabkammer entdeckte, als die Pyramide schon abgerissen war. Jeder, der davor steht, sieht deutlich im Vorfeld die eingefallene Erde über dem Zugang. Hinkel berichtet, daß auch die nach einer Ausgrabung eingebrachte Auffüllung des Treppenschachtes sich setzt und sich der Schacht dadurch auf der Erdoberfläche markiert.
3. Das Entscheidende aber ist: Architekt Hinkel, der seit vierzig Jahren im Sudan arbeitet, hat herausgefunden, wie die meroitischen Pyramiden gebaut wurden. Anders als bei den ägyptischen Pyramiden ist entscheidendes Konstruktionselement ein vertikaler Pfahl genau in der Mitte des Baus, einer Schale aus behauenen Blöcken, die im Innern mit Schutt angefüllt ist. Mit diesem Standpfahl des Hebegeräts ließ sich kein rechteckiger Raum von etwa 1,80 bis 2,10 Meter Größe unter der oberen Plattform der Pyramide bauen und mit steinernen Blöcken überdecken. Außerdem würde der Pfahl mittig durch den Raum und die Bahre hindurchgeführt haben.

Wie war es wirklich?

Seit dem Winter 1976/77 werden gemeinsam von der sudanesischen Altertümerverwaltung und dem ehemaligen Zentralinstitut

8 *Mit traditionellen Baumethoden werden die Pyramiden wiederhergestellt. Das* shaduf, *ein Hebegerät mit zentralem Standpfahl und Schwenkarm, wurde über Jahrtausende zum Wasserschöpfen und Bewässern der Felder am Nil eingesetzt.*

für Alte Geschichte und Archäologie der Akademie der Wissenschaften der DDR Rekonstruktions- und Restaurierungsarbeiten im nördlichen Pyramidenfeld durchgeführt. Sie erbrachten neue Beobachtungen und Erkenntnisse auf dem Gebiet der alten Bautechnologie.

Danach sind die bisherigen Vorstellungen über die Begräbnisrituale der Könige von Meroë nicht mehr haltbar, daß nämlich die unterirdische Grabanlage und die darüber errichtete Pyramide gleichzeitig gebaut wurden. Und nur dann wäre es möglich, daß Königin Amanishakheto den Goldschatz inmitten ihrer Pyramide zu Lebzeiten vermauern ließ.

Die Wissenschaftler aber fanden heraus, daß eine getrennte Fertigstellung erfolgte: Erst wurde die traditionelle unterirdische Grabkammer errichtet, danach durch den jeweiligen Nachfolger die Pyramide über der Begräbnisstätte als Denkmal für den Toten. Das bedeutet, Amanishakheto kann ihren Schmuck, ihre Juwelen, ihr

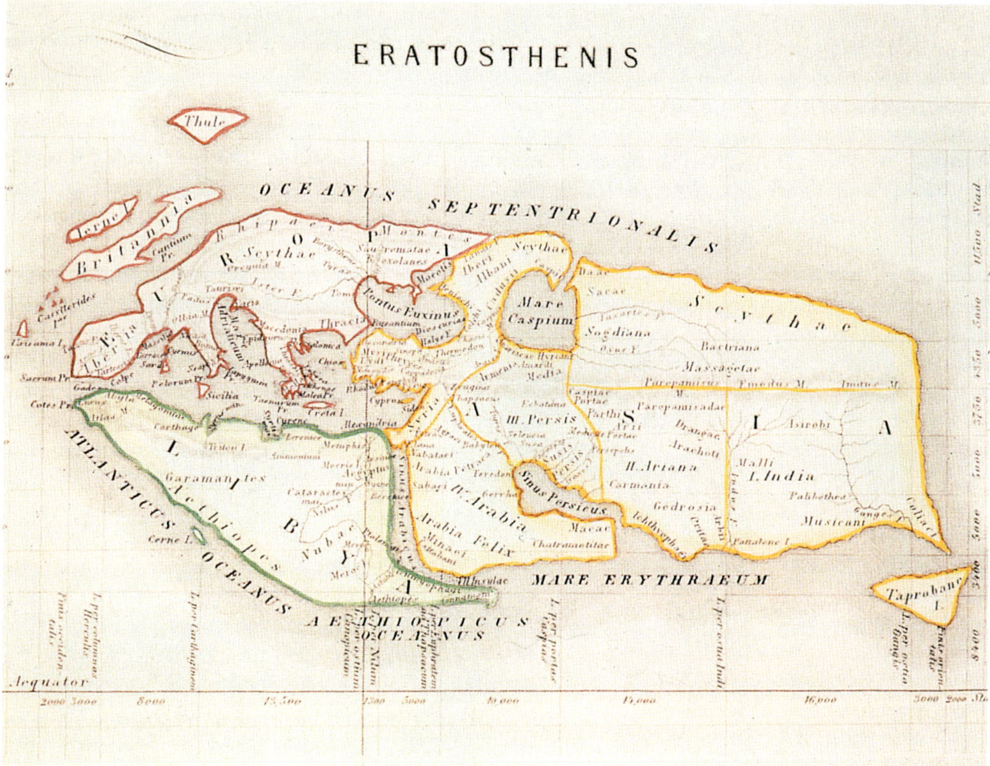

Gold, ihre Götterfiguren, ihre Schminktöpfchen, all das, was sie für wertvoll hielt oder ihr persönlich wichtig war, nicht selber in der Pyramide versteckt haben. Die Möglichkeit, daß sie dies einem vielleicht sogar noch nicht bestimmten Nachfolger für die Zeit nach ihrem Tod und der folgenden Fertigstellung der Pyramide übertragen hätte, gilt als ausgeschlossen.

12 Die Weltkarte des griechischen Gelehrten Eratosthenes führt um 200 v. Chr. die wichtigsten Städte der damals bekannten Welt auf: Meroë gleichrangig neben Babylon, Memphis und Karthago.

Hinkel: »Im Normalfall müßten wir annehmen, daß ihr Schmuck ihr mit in die Grabkammer gegeben wurde. Ferlini wußte von den Treppenschächten, die in die unterirdischen Kammern für die Bestattung führten. Er hat bei der Zerstörung aller vier vorausgegangenen Pyramiden keine Objekte gefunden, wohl aber bei der Öffnung der dazugehörigen Grabkammern. Warum sollte der Schatz getrennt von ihr in einer noch zu bauenden Kammer im obersten Ende der Pyramide deponiert werden? Der senkrechte Schaft in der Mitte hätte den Bau einer derartigen Kammer verhindert. Die Erzählung Ferlinis ist allein aus architektonisch-baukonstruktiver Sicht unrealistisch.«

In mehreren Pyramiden entdeckte Hinkel einen zentralen Pfahl aus dem Holz der Libanonzeder, das als besonders haltbar gilt. Er sieht in den senkrechten Stämmen den Standpfahl für das traditionelle *shaduf*, das mit Gabel und Schwenkarm das Heben schwerer Lasten erlaubt.

Auch Ferlinis Beschreibung der Schatzkammer bietet mit der Erwähnung einer hölzernen Bahre eindeutige Hinweise auf das in meroitischen Gräbern übliche Totenbett. Das bedeutet, daß der Fund aus der Grabkammer der Königin unter ihrer Pyramide stammen muß.

Hinkel vermutet eine bewußte Irreführung durch den italienischen Arzt. Die Lokalisierung des Goldes im oberen Teil der Pyramide sieht er als eine beabsichtigte Täuschung eventueller Nacheiferer, für den Fall, daß sich der Wert seines Fundes herumgesprochen haben würde.

Dietrich Wildung, dem Direktor des Ägyptischen Museums Berlin und Leiter der Ausgrabungen in Naga, ist es zu verdanken, daß die beiden Teile des Ferlini-Fundes – zumindest zeitweilig – wieder vereint waren: in einer faszinierenden Sonderausstellung der Stiftung Preußischer Kulturbesitz »Das Gold von Meroë«, die von Deutschland aus weiter nach New York, Toronto und Turin ging. Wildung: »Der sensationelle Schatzfund der Amanishakheto darf für den Sudan den Rang beanspruchen, den für das Alte Ägypten der Grabschatz des Tutanchamun hat.«

Woher stammt das Gold, das die Pharaonen reich und mächtig machte? Die altägyptische Hieroglyphe für Gold ist *nub*. Nubien, vor allem seine Ostwüste zwischen Nil und Rotem Meer, ist das legendäre Goldland der Antike, das »Land voller Wunder«, wie Herodotos schreibt, in dem die Gefangenen mit Ketten aus purem Gold gefesselt seien.

Nubien, die Region südlich von Assuan, war mehr als eine Kolonie Ägyptens, mehr als der Korridor ins Innere Afrikas, als der Gold- und Sklavenlieferant für die Hochkultur am Mittelmeer. Nubien, das ist das aus der Bibel bekannte Reich Kusch, über 3000 Jahre der gefürchtete Feind aus dem Süden, der Gegner Kleopatras, die übrigens meroitisch mit den Gesandten sprach, und der römischen Caesaren. Seine Hauptstadt Meroë ist in den antiken Weltbildern von

Herodotos (um 450 v. Chr.), Eratosthenes (um 200 v. Chr.) und Ptolemaios (um 100 n. Chr.) aufgeführt, gleichberechtigt neben Memphis und Babylon, Rom und Karthago.

Die Grenze zwischen den Königreichen von Ägypten und Kusch wurde durch die Nil-Katarakte bestimmt, die sechs gefürchteten, schwer passierbaren Stromschnellen zwischen Assuan und Khartum, von denen Herodotos berichtet: »Im Nil gibt es dort viele spitze Klippen und Felsen, so daß man ihn nicht befahren kann. Hat man in diesen vierzig Tagen die Strecke durchwandert, so steigt man in ein anderes Schiff, fährt zwölf Tage lang und kommt dann zu einer großen Stadt, die heißt Meroë. Diese Stadt soll die Mutterstadt sämtlicher Aithioper sein.«

Die Griechen nannten die Bevölkerung südlich des ersten Katarakts bei Assuan Aithioper, die »Sonnenverbrannten«. Die Ägypter schimpften sie die »elenden Kuschiten«. Was waren das für Leute, die zeitweilig, als ihre Fürsten auf dem Thron Ägyptens saßen, ein Imperium vom Mittelmeer bis in die Region südlich Khartums beherrschten? Wer waren die Schwarzen Pharaonen? Und wer die »Mordsweiber von Meroë«, die Königinnen, die selbstbewußt gegen Kaiser Augustus' Legionen zogen? Und: Haben sich Spuren des vergessenen Reiches erhalten, seiner versunkenen Städte, seiner Tempel, Goldminen und Bergwerke?

Wir begeben uns auf die Fährte von Ruinen und Relikten, von sandüberwehten Pyramiden und versunkenen Kultplätzen, von Heiligtümern und Palästen der Könige von Kusch. Es ist die fast unglaubliche Wiederentdeckung eines mächtigen Reiches und einer großen Kultur – 180 Jahre nachdem die ersten Europäer vor den antiken Zeugnissen einstiger Größe standen, die dann wieder in einen Dornröschenschlaf fielen – in einem Land, dem heutigen Sudan, das bis vor kurzem *terra incognita* war, archäologisches Niemandsland.

Nubien – der Nachbar im Süden

Von Gisela Graichen

Warum beschäftigen sich Ägyptologen mit der alten Kultur Nubiens im heutigen Sudan? »Wer denn sonst?« entgegnet Professor Dietrich Wildung, Direktor des Ägyptischen Museums Berlin und Grabungsleiter in der kuschitischen Residenzstadt Naga im Mittelsudan. »Eines wissen wir mit Sicherheit: Die Pharaonenreiche haben afrikanische Wurzeln. Die vorgeschichtlichen Kulturen des Sudan gehen denen Ägyptens beträchtlich voraus. Bereits im 6. Jahrtausend v. Chr. werden hier Meisterwerke afrikanischer Keramik geschaffen, in einer Zeit also, als man in Ägypten noch gar nicht wußte, was ein Topf ist.«

Schon für das 4. Jahrtausend gibt es Hinweise auf Stammesstrukturen, kleine Fürstentümer, als die Staatsbildung in Ägypten noch in ihren allerersten Anfängen liegt. Der Nil ist ein afrikanischer Strom. Ägypten kam aus Afrika.

Die Kuschiten – das geheimnisvolle Volk aus der Wüste. Die Nil-Katarakte, die sechs berüchtigten Felsbarrieren zwischen Assuan und Khartum, markierten die Grenze zwischen den antiken Königreichen von Ägypten und Nubien. In vor- und frühgeschichtlicher Zeit lag sie beim ersten Katarakt. Die Insel Elephantine, das »Tor des Südens«, war Grenzort und Tauschplatz. Der Warenverkehr ist in beide Richtungen belegt: Gold, Elfenbein, Ebenholz, Weihrauch (über das Rote Meer) und Vieh kamen aus dem Süden, vom Norden Bier, Wein, Öl, Waffen.

Schon im Alten Reich erweitern sich die gelegentlichen Razzien der Pharaonen zur militärischen Expansion, um die Kontrolle über Bodenschätze und Warenströme zu erringen. Handelsrouten und Karawanenwege zu den Bergbauzentren werden durch Außenposten geschützt wie die gewaltige, furchteinflößende Festung Buhen am zweiten Katarakt, der im Mittleren Reich zur Südgrenze wird. Durch eine Reihe weiterer Bastionen wird eine Maginot-Linie mitten in der Wüste geschaffen. Die Angst vor den Südvölkern sitzt tief: Auf Zauberfigürchen listen ägyptische Magier in Ächtungstexten die Namen von nubischen Stämmen und Prinzen auf. Das hilft nicht viel. Um 2500 v. Chr. war eine neue Macht aufgetaucht – deren Zeugnisse bei Kerma am dritten Katarakt entdeckt wurden –, eines der ältesten Königreiche Afrikas. Zur Zeit laufende archäologische Grabungen zeigen, wie geschickt die Könige von Kerma ihre geographische Situation als Handelsknotenpunkt zwischen den Nord-Süd- und Ost-West-Routen nutzten. In ihren Gräbern spiegeln sich Macht und Reichtum. Die Forscher glauben, daß diese Kultur mit dem in ägyptischen und anderen antiken Quellen, auch der Bibel, genannten Reich Kusch identisch ist, eine Bezeichnung, die später allgemein für die südlichen Nachbarländer Ägyptens verwendet wird.

Ein ganzes Jahrtausend bleiben diese nubischen Herrscher an der Macht. Erst mit dem Neuen Reich (ca. 1550–1080 v. Chr.) ändert sich das Kräfteverhältnis wieder. Mit der 18. Dynastie der ägyptischen Pharaonen beginnt die glanzvollste Epoche in der Geschichte des Nil-Tals, das Goldene Zeitalter Ägyptens, in dem Gold tatsächlich eine unschätzbare Rolle spielt. Der Süden wird zurückerobert. Für ein halbes Jahrtausend gerät Nubien unter ägyptische Militärherrschaft, die sich zeitweise bis zum vierten Katarakt erstreckt. Aber das südliche Nachbarland bleibt ein Unruheherd. Die Festungen entlang des Nils, von denen die Routen zu den Goldminen führen, werden verstärkt. In Semna, südlich von Buhen, werden Bollwerke mit acht Meter dicken Mauern errichtet. An die Spitze der kontrollierten Territorien wird ein Vizekönig gesetzt, der »Aufseher der Südländer« oder der »Königssohn von Kusch«.

Das Imperium der Schwarzen Pharaonen. Als der große Ramses II. 1224 v. Chr. rund neunzigjährig stirbt, beginnt Ägyptens Niedergang – und der phänomenale Aufstieg des Landes Kusch zur Weltmacht. Mit dem Verfall des Neuen Reiches endet die Blütezeit, das Goldene Zeitalter des alten Ägypten. Innenpolitische Wirren schwächen die Pharaonen. Der Staat wird von Krisen geschüttelt. Das Reich bricht auseinander. Priesterkönige kommen an die Macht.

SUDAN	ÄGYPTEN
Im Neolithikum frühe erste Kulturen im Sudan mit Auswirkung auf die Entstehung der späteren Hochkulturen in Ägypten	
Ab Mitte des 4. Jt. v. Chr. bereits kleine Fürstentümer	Erste Anfänge der Staatsbildung
Durch Klimaveränderung entvölkert sich Unternubien ab 2800 v. Chr.	Altes Reich 2650–ca. 2135 v. Chr.
	Cheops 27. Jh. v. Chr.
	Vorstöße nach Nubien und Gründung von Außenposten am 2. Katarakt wie Buhen
Kerma-Kultur/Reich von Kusch 2500–1500 v. Chr.	Mittleres Reich 1991–ca. 1650 v. Chr.
	»Maginot-Linie« am 2. Katarakt
Nubien weitgehend befriedet	Neues Reich ca. 1550–1080 v. Chr.
Vizekönigtum Nubien, ägyptische Kolonie	Expansion nach Obernubien bis zum 4. Katarakt
	Amenophis III. 1391–1353 v.Chr. (Teje)
	Echnaton 1353–1335 v.Chr. (Nofretete)
	Tutanchamun 1333–1323 v. Chr.
Feldzüge gegen die Nubier	Sethos I. 1306–1290 v. Chr.
Nubien fest in ägyptischer Hand	Ramses II. 1290–1224 v. Chr.
Wiedererlangung der Unabhängigkeit des Reiches Kusch	ca. 1080 v. Chr. Ende des Neuen Reiches
	Kontrolle Ägyptens über den Süden läßt nach
Historisches Vakuum, keine Nachrichten über Nubien	
Ab 8. Jh. v. Chr. Pyramiden in Nubien	
Im 8. Jh. v. Chr. vermutlich von Meroë bis zum 3. Katarakt Obernubien unter politischer Einheit	
Fürst Kaschta um 760–747 v. Chr., Ausdehnung des Reiches nach Unternubien	

Die Schwarzen Pharaonen Der kuschitische König Piye um 747–716 v. Chr. Pharao von Ägypten und Kusch Die 25. Dynastie, die Kuschitenzeit 716–663 v. Chr.	
Rückzug in das Stammland Meroë	Einnahme Ägyptens durch die Assyrer
Um 310 v. Chr.–350 n. Chr. das Königreich von Meroë	332 v. Chr. Eroberung durch Alexander d. Gr.
Um 170–150 v. Chr. Kandake Shanakdakheto	Ptolemäer 304–30 v. Chr.
Um 50–0 v. Chr. Kandake Amanireras und Kandake Amanishakheto	Kleopatra 51–30 v. Chr. Ab 30 v. Chr. römische Provinz
24 v. Chr. Angriff der Meroiten über den 1. Katarakt nach Norden	Augustus 30 v. Chr.–14 n. Chr.
Um 0–50 n. Chr. Kandake Amanitore und König Natakamani	23 v. Chr. römischer Feldzug gegen die Kuschiten
Nach 300 n. Chr. Feldzüge des christlichen Reiches von Axum nach Meroë	Nero 54–68 n. Chr., Expedition nach Nubien
Um 350 n. Chr. Ende des Reiches von Kusch	395 n. Chr. byzantinische Zeit

Kusch wird wieder unabhängig. Dann passiert das Unerhörte: Der kuschitische Herrscher Kaschta dringt um 750 v. Chr. nach Oberägypten ein, macht sich zum Pharao, nennt sich Herrscher von Ober- und Unterägypten. Sein Sohn Piye, ein milder, rechtgläubiger Herrscher, der die alten Götter verehrt, erobert Memphis. Ein nubischer Fürst trägt nun die Kronen von Ägypten und Kusch, tritt als Reinkarnation seiner berühmten Vorgänger, der großen Eroberer und Baumeister Tuthmosis III. und Ramses II. auf.

Ein Jahrhundert lang regieren die Schwarzen Pharaonen ein riesiges Imperium, das von einem Gebiet südlich Khartums bis ans Mittelmeer reicht. Ihre Herrschaft geht in die ägyptischen Königs-Annalen als die 25. Dynastie ein. Sie endet mit dem Einfall der Assyrer. Die Großmacht vom Tigris hat die besseren Waffen – aus Eisen. Die entsetzliche Verwüstung Ägyptens erscheint als Sieg der Kräfte des

10 *Selbstbewußt, breithüftig und wohlbeleibt: Königin Amanishakheto in der traditionellen Geste der Feindvernichtung. Auf der Darstellung am Eingang ihrer Pyramidenkapelle trägt sie wohl den Stirnschmuck von Abbildung 2.*

Chaos über *maat* – Wahrheit, Ordnung und Recht –, das die kuschitischen Herrscher wiederherzustellen versucht hatten.

Die Schwarzen Pharaonen ziehen sich in ihr Stammland zurück, verlegen die Hauptstadt und später auch den Königsfriedhof tief in den heutigen Sudan, nach Meroë – weitab von der Welt des Mittelmeeres. Hierher war kein Ägypter oder Assyrer je gekommen.

Nubien wurde zur Legende, wurde für Griechen und Römer zum Eldorado Afrikas, zum mythischen Goldland am südlichen Ende der Welt.

Königinnen gegen den Caesar. Meroë war bereits während der 25. Dynastie, der Ära der Schwarzen Pharaonen, Sitz der Königsfamilie. Doch nach dem Rückzug aus Ägypten besinnen sich die Kuschiten zunehmend auf ihre eigenen, afrikanischen Wurzeln, auch wenn der Herrscher von Kusch sich weiterhin mit Titel und Insignien des ägyptischen Pharaos darstellen läßt. In der Tradition des afrikanischen Matriarchats stehen auch Frauen an der Spitze des Gemeinwesens. Ihr Titel ist uns als »Kandake« überliefert. Auf den Reliefs in Meroë und Naga lassen sie sich üppig mit Fettsteiß darstellen in der Pose der Feindvernichtung, ein bekanntes Motiv, das in Ägypten den – männlichen – Pharaonen vorbehalten war.

Im nördlichen Nachbarland herrschen nach dem Einfall Alexander des Großen die Ptolemäer und nach dem Tod Kleopatras die Römer. Und ausgerechnet mit Kaiser Augustus legen sich die Schwarzen Königinnen an. Im Jahr 24 v. Chr. stoßen die Meroiten bis Elephantine nördlich vom ersten Katarakt vor und reizen den römischen Caesar wie ehemals über drei Jahrtausende die ägyptischen Pharaonen. Kaiser Augustus schickt eine Strafexpedition nilaufwärts bis an den vierten Katarakt. Doch die regierende Königin von Meroë, die mächtige »einäugige Kandake«, handelt einen sehr vorteilhaften Frieden aus und errichtet wohl aus diesem Anlaß den triumphalen Sonnentempel von Meroë. Ob es sich bei der Gegnerin des Augustus um die wegen ihres Grabschatzes berühmte Amanishakheto handelt oder um ihre Vorgängerin Amanireras, werden wir so lange nicht endgültig wissen, bis die meroitische Schrift entschlüsselt ist und der Königinnen Inschriften übersetzt werden können.

Unter der Schwelle eines Hauses in Meroë-Stadt wurde der bronzene Kopf des Kaisers entdeckt, vielleicht eine Beute aus Elephantine. Für die Bewohner muß es ein befriedigendes Gefühl gewesen sein, jeden Tag heimlich auf dem Caesar herumzutrampeln. So wie sich die ägyptischen Pharaonen auf die Sohlen ihrer Sandalen Nubier malen ließen, auf die sie den guten langen Tag treten konnten.

Die antiken Königreiche des Sudan stehen aus heutiger Sicht im Schatten des glanzvollen, bestens erforschten alten Ägypten. Daß kuschitische Könige, die Schwarzen Pharaonen, im 8. und 7. Jahrhundert v. Chr. das Nil-Tal von Meroë bis Memphis beherrschten, ein riesiges Imperium von den Steppen südlich des heutigen Khartum bis ans Mittelmeer, vom Ostrand der Sahara bis ans Rote Meer, ist nur einer Handvoll Fachleuten bekannt. Der Austausch von Waren und Kulturen war keine Einbahnstraße von Nord nach Süd. Nubien war weit mehr als eine Kolonie Ägyptens zur Beschaffung von Gold, Vieh und Söldnern. Beide Länder bewahrten 6000 Jahre lang eine eigene, unverwechselbare Identität.

Das Reich von Meroë ist versunken und vergessen. Nur einen Hauch seines Geheimnisses gibt es preis – durch die Arbeit Berliner Wissenschaftler. Darüber wollen wir berichten.

Die Mordsweiber von Meroë

Von Gisela Graichen

Am 8. März 1960, als die sowjetischen Ingenieure bereits die ersten Sprengsätze auf der Baustelle detonieren lassen, ergeht an alle Staaten ein internationaler Appell der UNESCO. Die vergessene Kultur Nubiens gerät in den Blickpunkt der Weltöffentlichkeit. Auf einer Länge von 550 Kilometern, das ist ein Zwölftel der Gesamtlänge des Stroms, soll das Nil-Tal bis südlich des zweiten Katarakts überschwemmt werden. Ein gewaltiges Kraftwerk zur Energieerzeugung und zur Steigerung der Anbaufläche allein in Ägypten um 25 Prozent. Die »Mauer gegen den Hunger« soll den Traum des Pharaos von den sieben mageren Kühen bannen. Doch mit der Überflutung der Dörfer verlieren fast hunderttausend Nubier ihre Heimat. Und antike Städte, Tempel, Paläste, Gräber, Inschriften, Zeugnisse aus Jahrtausenden, werden für immer vernichtet.

Die Menschheit besinnt sich auf ihr bedrohtes Erbe. Die Reaktion ist überwältigend: Dreißig Archäologenteams aus aller Welt folgen dem Aufruf. Die Nubien-Kampagne zur Rettung der Kulturschätze umfaßt den systematischen archäologischen Survey (Erkundung), die Grabung und Bergung der bedrohten Altertümer. Auf ägyptischer Seite werden 19 Objekte abgetragen und an höhergelegener Stelle wieder aufgebaut, darunter Abu Simbel, die weltberühmten Felsentempel Ramses des Großen, in denen er sich selbst und seine Lieblingsgemahlin Nefertari zu Göttern erhebt, Symbol seiner Macht gegen den unruhigen Süden, die aufständischen Nubier.

Die Erkundung der Nil-Ufer auf ägyptischer Seite bringt wenig Aufregendes, das Gebiet ist seit zwei Jahrhunderten archäologisch durchforscht. Im unerschlossenen, unbekannten Sudan sieht es anders aus. Siebzehn ausländische Expeditionen starten zum Wettrennen gegen die Zeit. Es gilt, vor der bewußt herbeigeführten Sintflut dem sandüberwehten Boden soviel an Geheimnissen wie möglich zu entreißen. Auf den 180 Kilometern des sudanesischen Nil-Tals sind am Ende der Kampagne 1500 Denkmäler bekannt, vorher waren es knapp hundert. Vier Tempel aus pharaonischer Zeit sollen gerettet werden: der Horus-Tempel aus Buhen, der gewaltigen Festung gegen die Südvölker, zwei Tempel aus Semna und der unter Ramses II. erbaute und seinem Abbild geweihte Tempel von Aksha. Anders als in Ägypten sollen die Bauten nicht vor Ort, sondern tausend Kilometer weiter südlich nach Khartum umgesetzt werden. Nur hier würde die Bevölkerung Gelegenheit haben, die Geschichte ihres Landes, die Zeugnisse aus der Zeit der Besetzung durch die Ägypter kennenzulernen.

Die sudanesische Regierung fordert als leitenden Architekten für Abbau, Transport und Wiederaufbau Friedrich W. Hinkel von der Akademie der Wissenschaften der DDR an. Der junge Berliner Diplom-Ingenieur war ihnen im Jahr zuvor bei den Vorschlägen zur Rekonstruktion des Löwentempels von Musawwarat es-Sufra aufgefallen. Zwanzig Monate hat er Zeit. Dann wird der ägyptische Präsident Nasser, Nachfolger König Faruks, der noch aus der Dynastie Mohammed Alis stammte, den Hochdamm Sadd el-Ali freigeben.

Der Druck, die tägliche Improvisation, die Zeitnot sind enorm. Mit einem aus leeren Benzinfässern selbstgebauten Floß und den primitiven technischen Möglichkeiten vor 3500 Jahren, mit Hebel, Seil und Rolle, mit Sandrampen, Bohlenwegen, vor allem aber mit menschlicher Muskelkraft werden 1500 Steinblöcke mit insgesamt rund 1500 Tonnen Gewicht abgebaut und nach Khartum transportiert. Die schwersten Blöcke wiegen 30 Tonnen. Und das alles bei mittäglichen Temperaturen, die schon im März bei 45 Grad Celsius liegen – im Schatten, den es kaum gibt.

Friedrich Hinkel: »Die Arbeiter waren nicht davon abzubringen, daß die Menschen, die die tonnenschweren Blöcke im Gebirge gewonnen und an den Nil gebracht hatten, mindestens doppelt so groß gewesen sein müßten wie sie selbst. Und bis zum Schluß glaubten sie, daß wir Ausländer nach Goldschätzen suchten. Warum sonst dieser Aufwand?« Rückblickend ist er froh, daß er kaum über moderne technische Geräte verfügte: »Ich habe viel gelernt über die Arbeitsweise und Hilfsmittel der antiken Kollegen«, sagt er mit Stolz in der Stimme.

Parallel zu den Arbeiten beginnt der Auszug der Menschen. Mit jedem Sonderzug Richtung Khashm el-Girba am Atbara-Fluß verlassen achthundert Nubier ihre jahrtausendealte Heimat, die bald vom Wasser verschlungen sein wird.

Am 13. Mai 1964 drücken Gamal Abd el-Nasser und der sowjetische Präsident Nikita Chruschtschow auf den roten Knopf. Damit ist der erste Bauabschnitt beendet. Das Nil-Wasser kann in Abhängigkeit vom Baufortschritt steigen. Am 15. Januar 1971 weihen Anwar el-Sadat und Nikolai Podgorny den Staudamm ein. 130 Milliarden Kubikmeter Wasser ergießen sich ins Nil-Tal, überschwemmen für immer Dörfer und Äcker, eine Million Dattelpalmen und ungezählte Zeugnisse, die uns Auskunft geben könnten über die Menschen, die hier über Jahrtausende lebten, über ihre Reiche, ihren Glauben, ihr tägliches Leben, über die Tiere, über die Landschaft und ihre Veränderung, über die Folgen der Eingriffe von Menschen. Sollten wir tatsächlich aus Geschichte lernen, zumindest Anhaltspunkte gewinnen können, hier sind wir der Möglichkeit beraubt. Hier gibt es keine Vergangenheit mehr, keine Wurzeln zu entdecken.

Was bleibt, ist nicht viel, doch immerhin: Vier Tempel sind gerettet und vermitteln im neugeschaffenen Garten des Nationalmuseums von Khartum einen Hauch der einstigen Größe Nubiens. Hinkel hat sie in ihrer alten Orientierung zu den Himmelsrichtungen und dem Nil wieder aufgebaut. Man kann nur ahnen, welche Herrlichkeit und Macht, welchen Luxus und Reichtum, aber auch welche Anmut, Stille und Gottesgläubigkeit sie einst zu Pharaos Zeiten repräsentierten, Heiligtümer, nur von Priestern und dem Gottkönig betreten, mit Malereien, die auf dem Höhepunkt der Kunst standen und uns vom Leben der alten Ägypter erzählen, von ihren Mythen und Jenseitsvorstellungen.

Friedrich Hinkel und der Sudan sind sich treu geblieben. Der Tempelretter wurde zum Retter der Pyramiden. Seit 25 Jahren arbeitet er in Meroë, bewahrt die Nekropole der kuschitischen Hauptstadt vor dem Zerfall. Reste von 223 Pyramiden gibt es im Sudan, mehr als in ganz Ägypten – einst bunt bemalt, steilwandig, fremd und rätselhaft.

Die Herrin von Kusch. 1. März, Vollmond. Friedrich Hinkel hatte schon Monate zuvor dieses Datum als Drehtag erbeten. Um Mitter-

11 *Friedrich W. Hinkel vor den Königspyramiden von Meroë. So haben sie einst ausgesehen: steilwandig, bunt bemalt, rätselhaft.*

nacht fahren wir die 60 Kilometer von Shendi, unserer »Basisstation« am Nil, nach Meroë zum Nordfriedhof. Hier ließen sich die Könige bestatten, ihre Pyramiden sind die höchsten. Die Bauten sind in ein weißes, kaltes Licht getaucht, wirken merkwürdig abweisend, fremd, unwirklich. Das Team schläft eine Runde, ein harter, langer Tag steht bevor. Ich stapfe im Halbdunkel des Sternenlichts durch den Sand zur Pyramide der Amanishakheto, zu dem, was Raubgräber Ferlini von ihr übrigließ und von Hinkel wieder restauriert wurde. Hoffentlich bleiben die Schlangen in der nächtlichen Kühle in ihren Löchern. Die Darstellungen auf dem Pylon, dem Eingang der vorgebauten Opferkapelle, sind nicht zu erkennen, nur ihre Kontur gegen den fahlen Himmel. Allein vor der Pyramide der Herrin von Kusch, die vor genau zweitausend Jahren regierte …

Wir haben noch zwei Stunden Zeit bis zum Mondaufgang. Ich »schlafe« im Landcruiser. Der schwere Wagen wackelt, wenn sich Michele, unser hinzugekommener italienischer Fahrer, oben auf dem Dach in seinem Schlafsack bewegt. Er wird wissen, warum er dort und nicht im weichen Sand schläft. Ich denke wieder an die Schlangen. Ihre Kriechspuren werde ich am anderen Morgen sehen.

Plötzlich muß alles ganz schnell gehen. Am Horizont wird es hell, dann schiebt sich eine unglaublich große, weiße Kugel hinter den Pyramiden empor. Die sind nur noch schwarze Dreiecke. Atemberaubend und magisch geheimnisvoll, wie der Mond genau auf ihrer Spitze steht, nur zum Filmen völlig ungeeignet. Der Blick durch die Kamera zeigt Schwarz mit weißem Punkt. Wir werfen den Generator an. Im Licht der Lampen leuchten die Bauten farbig auf. Es wirkt ein wenig kitschig, zugegeben, wie eine *Son-et-lumière*-Vorstellung an der Cheops-Pyramide. Für die Bilder im Film sicher eine Bereicherung, uns haben die übernatürlich wirkenden, strengen Schwarzweißkonturen mehr beeindruckt. Doch manches ist eben schwer daheim zu vermitteln – schon rein technisch.

Morgens ist das Licht der Sonne noch weich und warm. Schon ab zehn wird es flach und langweilig, und der Kameramann muß mit seinen diversen Filtern zaubern. Doch jetzt, kurz nach Sonnenaufgang, ist die Pyramide N 6 in ein samtenes Gelb getaucht, die Darstellungen an der Außenwand der Opferkapelle sind scharf und deutlich zu erkennen. Gleich zweifach sehen wir das Bild einer wohlbeleibten Herrscherin mit breiten Hüften in königlichem Ornat. An einem Strick hält sie eine Gruppe gefesselter Gefangener, auf die sie mit einem Speer einsticht, das heißt – wir kennen das aus der ägyptischen Ikonographie –, sie tut nur so. Das Motiv war auf Darstellungen in Ägypten den Pharaonen als Herrschergeste vorbehalten. Über dem Kopf, in der Königskartusche, steht in meroitischen Hieroglyphen der Name: Amanishakheto.

Die meroitische Kultur hat sich nach dem Rückzug der Schwarzen Pharaonen aus Ägypten auf die eigenen afrikanischen Wurzeln besonnen. Die Frau spielt, in afrikanischer Tradition, eine deutlich stärkere Rolle. Sie selber konnte Herrscherin werden. Aus der Bibel ist uns ihr Titel überliefert. In der Apostelgeschichte heißt es, der Kämmerer der »Kandake« aus dem Mohrenlande kommt nach Jerusalem. Berichte römischer Chronisten, für die Meroë das südlichste Ende der Welt bedeutete, überliefern uns als Gegnerin von Kaiser Augustus ebenfalls eine Kandake – einäugig soll sie gewesen sein – und daß Meroë »seit alters« von Frauen dieses »Namens« regiert werde. Als »mannhafte Weiber« wurden sie bezeichnet, die Gewalt- und Mordsweiber von Meroë, die die Phantasien der Alten Welt beschäftigten. Afrikanisch stolz lassen sie sich wie eine füllige Matrone darstellen, mit Fettsteiß und kräftigen Oberarmen. Auch Amanishakheto ist weit entfernt von der schlanken, überfeinerten Eleganz ägyptischer Königinnen, einer Nofretete oder Kleopatra, wie sie in den erhaltenen Bildnissen dargestellt werden.

Sie oder ihre Vorgängerin Amanireras führten Krieg gegen Augustus, nach dem Tod Kleopatras Pharao von Ägypten. Beide Kandaken haben lange Inschriften hinterlassen, die wir aber noch nicht übersetzen können. Die Buchstaben sind zwar bekannt, die Königsnamen können wir inzwischen lesen, ansonsten jedoch sind wir so überfordert, als wenn wir Finnisch übersetzen sollten oder Türkisch und der Sprachen nicht mächtig sind. Wir kennen zwar die einzelnen Zeichen, der Inhalt aber bleibt uns verschlossen. Wenn erst einmal die meroitische Schrift entziffert ist, wird es einen Informationsschub geben wie 1822 nach der Entschlüsselung der ägyptischen Hieroglyphen.

Hinkel deutet auf die Zeichnung an der Opferkapelle vor N 6. Auf dem Relief trägt Amanishakheto einen breiten Diamantreif um ihre enganliegende Löckchenfrisur. Tatsächlich: Die Darstellung entspricht genau dem prachtvollen Stirnschmuck mit dem Widderkopf aus dem Ferlini-Schatz – dessen Abnutzungsspuren uns zeigen, daß der Reif getragen worden ist. Ihren Lieblingsschmuck, mit dem sie sich porträtieren ließ, hat die Königin also mit in ihr Grab genommen.

Die Pyramide der englischen Ladies. An zwei Daten wird sich Friedrich Hinkel sein Leben lang erinnern: einmal an den 7. Januar 1960 – »Damit hat sich mein Leben verändert« –, als er als junger Architekt zum ersten Mal in den Sudan kam. Zuvor hatte er am Wiederaufbau der Ostberliner Staatsoper Unter den Linden gearbeitet. Und sofort faszinierten ihn die Weite und Einsamkeit des Nordsudan, seine Ursprünglichkeit, seine alte Kultur, die Liebenswürdigkeit seiner Menschen – wie übrigens uns alle. Und dann an den Tag, als er – erstmalig – die Konstruktionszeichnung zum Bau einer Pyramide entdeckte.

»Es war ein wahnsinniges Glücksgefühl. Und gleichzeitig tragisch, weil es am vorletzten Tag der Kampagne war. Ich bin immer im Winter für ein Vierteljahr hier. Ich war bei der Rekonstruktion der

12 *Das Pyramidenfeld von Meroë, fünf Kilometer östlich vom Nil. Im Sudan gibt es 223 Pyramiden, mehr als in ganz Ägypten.*

Opferkapelle von N 8 und drehte einen Stein zum Anpassen ins Sonnenlicht. Die Wand liegt normalerweise immer im Schatten. Beim Drehen kam ein Streiflicht auf diesen Block. Plötzlich sah ich Rißlinien und eine geneigte Linie. Ich habe schon viele Pyramiden nachgezeichnet und kannte ihre Neigungswinkel, ungefähr 70 Grad. Ich prüfte natürlich sofort die darunterliegenden Blöcke. Die Rißlinie ging auf 170 Zentimeter weiter. Mir war sofort klar: Das war ein Bauplan. Es war Feierabend und wurde schnell dunkel. Ich wußte, am anderen Morgen, kurz vor sechs Uhr, kommt die Sonne für zehn Minuten auf die Wand, meine einzige Chance, die Zeichnung zu dokumentieren und zu fotografieren.

Am nächsten Tag wütete ein Sandsturm. Ich konnte nichts machen, weder fotografieren noch sauber zeichnen. Fünf Leute hielten die Rolle mit dem Transparentpapier. Und mittags mußte ich nach Khartum, um den Flug nach Berlin zu bekommen. Ich verfluchte die

Flugkarte. Ich war so aufgeregt. Ich habe die ganze Zeit in Berlin nur daran gedacht. Noch nie hat man die Konstruktionszeichnung einer Pyramide gefunden, auch in Ägypten nicht. Als ich ein Dreivierteljahr später zurückkam, bin ich als erstes an die Wand. Es war alles noch da, oh, wie war ich glücklich«, sagt er mit leuchtenden Augen. Noch heute sind Hinkel sein Glück und sein Stolz anzumerken.

Die Zeichnung ist im Maßstab 1:10 angefertigt, die Pyramide N 2 entspricht dem Entwurf. »Der Kollege hat hier im Schatten wunderbar anhand seines Plans die Baufortschritte beobachten und nachprüfen können«, erklärt Hinkel voller Bewunderung und meint damit immer die »Kollegen« von vor ein paar tausend Jahren. »Es ist ein einmaliges Dokument für die Planung zum Bau einer Pyramide. Der Kollege hat sehr sorgfältig und exakt gearbeitet. Er hat die Grundlinien festgelegt, die Schichtlinien eingetragen, hat die Neigungswinkel und notwendigen Proportionen präzise beachtet und sich etwa sechzig

13 *Die einzige bisher bekannte Konstruktionszeichnung einer Pyramide, in die Wand eingeritzt im Maßstab 1:10. Der im Vergleich zu Ägypten steilere Neigungswinkel ist typisch für kuschitische Pyramiden: 70 Grad.*

Meter von der Baustelle entfernt einen Platz ausgesucht, wo er in Ruhe arbeiten konnte. Hier hat er gesessen, geplant, die Steinmengen bestimmt. Das ist einzigartig, was wir hier entdeckt haben, eine ganz phantastische Sache.«

Drei Nekropolen wurden in der antiken Hauptstadt Meroë angelegt, getrennt nach Bestattungen für die Könige sowie Königinnen, ihre Familien und den Hofstaat. Einige wenige Pyramiden gilt es zu rekonstruieren, viele zu sichern, eine Sisyphusarbeit für den vierundsiebzigjährigen Hinkel. Doch die Herausforderung reizt ihn, es ist sein Lebenswerk.

Für die Ergänzungen nimmt er einen hellgelben Sandstein oder Mauerwerk mit Putz, so daß die wiederaufgebauten Teile sofort erkennbar sind. Dieses Vorgehen entspricht internationalen Arbeitsweisen. Ihn fasziniert herauszufinden, wie die damaligen Architekten das ihnen gestellte Problem lösten, eine Pyramide zu bauen. Welche Ausbildung, Erfahrung hatten sie? Welche Gesetze, Proportionen, Maßsysteme kannten sie? Welche Werkzeuge, Arbeitsmethoden und Hilfsmittel setzten sie ein? Haben sie das Problem elegant gelöst?

In Meroë wurde erstmals nur noch die Hülle aus Sandsteinblöcken errichtet und das Innere mit Schutt gefüllt, dann wurden die Pyramiden verputzt und farbenprächtig angemalt. Die Entdeckung der senkrechten Baumstämme in der Mitte brachte Hinkel auf die Spur des Shadufs. Das Hebezeug wurde seit Jahrtausenden im Nil-Tal zur Bewässerung von kleinen Feldern benutzt. Der Standpfahl mit daraufliegendem Schwenkarm erlaubt per Hebelwirkung das Heben von schweren Lasten. Dieses könnte den im Vergleich zu ägyptischen Pyramiden stärkeren Neigungswinkel von rund 70 Grad erklären und die geringere Höhe von maximal 30 Metern. Normalerweise auf der Ostseite sind kleine Opferkapellen davor gesetzt, die wie die Tempel für die einheimischen meroitischen Götter aus einem Raum bestehen.

Auch beim Wiederaufbau benutzt Hinkel die alten Hilfsmittel, Shaduf und Muskelkraft: »Architektur, hat ein amerikanischer Architekt einmal gesagt, *is the printing press of all ages and gives a history of the state of society in which it was erected.* Ich erfahre viel über die meroitische Gesellschaft, ihren Bewußtseinszustand und ihre Entwicklung, wenn ich sehe, wie sie ihre Probleme gelöst hat. Architektur hat mit

Menschen zu tun. Wie dachten und planten sie? Schließlich werden Steine nicht willkürlich aufeinandergehäuft. Die Entdeckung der Konstruktionszeichnung ist der Beweis für die systematische vorausschauende Organisation der meroitischen Bauleute.«

Hinkels Hauptproblem ist es, Geld aufzutreiben. So kam er auf die Idee mit dem privaten Sponsoring. Je nach Größe kostet es zehn- bis zwanzigtausend Mark, den Wiederaufbau einer Pyramide zu unterstützen. Der Sponsor bekommt dafür eine feine Marmorplatte mit seinem Namen am Fuß der Pyramide angebracht. Einen reichen Kaufmann aus Khartum hat er gewonnen, zwei englische Ladies – und uns.

Jeden Abend führt Friedrich Hinkel Tagebuch, seit er siebzehn ist, damals war er Soldat in Rußland, von der Schulbank weg. Er hat vor 25 Jahren ein kleines Grabungshaus in Sichtweite der Pyramiden gebaut, dort wohnt, schläft, arbeitet er. Abends holt er sich einen Stuhl nach draußen, 20 Meter vom Haus entfernt, schreibt an seinem Tagebuch der Antike, schaut zu den Pyramiden unter dem Sternenzelt hinüber und spricht mit ihnen. Und manchmal, sagt er, antworten sie …

Expedition zu Afrikas Eldorado

Von Gisela Graichen

In einem ungeheuerlichen Sandsturm verlassen wir die Pyramiden von Meroë und dringen nilabwärts gen Norden vor. Unser Ziel ist Abu Hamed am Nil-Knie. Von hier führt die alte Karawanenstraße, die auf dem Landweg mitten durch die Wüste den Nil-Bogen abkürzt, und seit hundert Jahren die von den Engländern gebaute Eisenbahn nach Wadi Halfa am zweiten Katarakt. Abu Hamed ist aber auch Ausgangspunkt der Pisten Richtung Rotes Meer in die Unendlichkeit der Ostwüste.

Wir sind auf Goldexpedition, auf der Suche nach den Goldminen und den Überresten der Bergwerkssiedlungen der alten Ägypter, auf der Spur ihres Reichtums, auf der Fährte der Goldvorkommen, aus denen Tutanchamuns und Amanishakhetos Schätze gefertigt wurden. Doch das ist Jahrtausende her. Werden wir noch Spuren entdecken, werden wir Gold finden?

Nördlich von Meroë wird die Gegend immer karger und einsamer, nur noch selten sieht man Fahrzeuge, ein paar Lehmhütten höchstens am Horizont. Die Häuser und Dörfer haben dieselbe Farbe wie die Wüste, sind Teil davon. Die Straße wird zur Piste, und irgendwann hört auch diese auf. Die letzte große Stadt heißt Atbara, ihr Liebreiz erscheint uns stark eingeschränkt. Hier kommt die Ölpipeline vom Roten Meer, von Port Sudan an, um den Nil aufwärts nach Khartum zu führen.

Steffen Böttrich, unser Kameramann, stöhnt. Er versucht, das Equipment vor dem Sandsturm so gut zu schützen, wie es eben geht. Der feine Sand dringt überall ein. Es wird brüllend heiß. In der Mittagshitze bläst der Fahrtwind wie ein heißer Fön zum Fenster herein. Kurz vor Sonnenuntergang treffen wir auf Beduinen, dann wird das Camp aufgestellt – irgendwo. Am Firmament das Sternenzelt, unzählige, zu Flächen ineinanderfließende helle Punkte, der Himmel ist weiß. Unsere sudanesischen Begleiter lassen den Tag mit einer *shisha,* einer Wasserpfeife, ausklingen. Nur wir, die Wüste, die Sterne, sonst nichts. Das alte Kinderlied kommt in den Sinn, weißt du, wieviel Sternlein stehen … Wenn man diese Millionen von Lichtern dort oben voller Ehrfurcht sieht, ahnt, dann weiß man, nur Gott allein kann sie zählen.

Die Strecke nach Abu Hamed durch ein schier endloses Stein-Sand-Geröll-Einerlei ist katastrophal. Plattfüße und Steckenbleiben im Sand zählen wir nicht mehr. Die auf der Karte dick gelb eingezeichnete Straße war wohl eine Fata Morgana des Kartographen. Der Münchner Professor Dietrich Klemm, unser wissenschaftlicher Begleiter auf dieser Expedition, und die Sudanesen haben unterschiedliche Auffassungen über die Route. Unsere einheimischen

14 *Die ägyptische Königin Satdjehuti-Satibu lebte um 1600 v. Chr. Dietrich Klemm wird die goldene Sargmaske chemisch analysieren.*

Fahrer vertrauen den Markierungen in der Landschaft, Klemm seinem GPS, dem Global Positioning System, mit dem er durch Satellitenpeilung den Weg bestimmt. Weiße Technologie gegen schwarze Erfahrung.

Die Wagenspuren der letzten Jahre sind kilometerbreit ausgefahren. Doch vom Wüsten-Highway biegen immer wieder breite Spuren nach links und rechts ab. Wir sind ganz auf uns allein gestellt. Hilfe kann man hier, abseits jeglichen Pfades, nicht mehr erwarten. Der Expeditionschef bestimmt: »Die Piste taugt nichts« und führt uns mit dem GPS quer durchs Gelände. Die ausgetrockneten Wadis sind mit Sand verweht und kaum zu erkennen. Die ein bis zwei Meter tiefen Absätze bedeuten Achsenbruch, die Sandkuhlen Steckenbleiben. Wir brauchen sechs Stunden für 47 Kilometer!

In der Dunkelheit erreichen wir endlich das Dorf Abu Hamed. Dort soll es ein Guest House geben, das ein englischer Geologe in den vierziger Jahren gebaut hat. Er ist in der Wüste umgekommen. Als er am Verdursten war, hat er sich erschossen, nur 15 Kilometer vom Guest House entfernt. Wir finden es nach diesem Tag schon grausam genug, daß im ganzen Ort niemand zu finden ist, der einen Schlüssel zum Haus hat. Wohin also? Zurück in die Wüste und zelten? Bei der Dunkelheit kein Vergnügen. Mohammed Hassan, unser Führer, weiß einen Ausweg. Ein Freund öffnet uns sein Haus, stellt Betten auf, wir können sogar duschen – mit der Gießkanne. Und wissen, was Luxus ist.

Doch wir werden langsam nervös. Für unseren Film haben wir fast noch nichts im Kasten. Werden wir die antiken Goldlagerstätten finden, die versunkenen Bergarbeitersiedlungen, die Spuren des Goldabbaus in altägyptischer Zeit? Wo stoßen wir auf das sagenhafte Gold von Kusch, das afrikanische Eldorado, das legendäre Goldland der Pharaonen?

Gold, Gold, Gold. 17. Februar 1923, der Tag, der als der bedeutendste in die Geschichte der Ägyptologie eingehen wird, der den größten Schatzfund der Archäologie enthüllt. Der Engländer Howard Carter und sein Auftraggeber, Lord Carnarvon, öffnen nach sechsjähriger Suche die Grabkammer des Tutanchamun im Tal der Könige bei Theben, rund 700 Kilometer südlich von Kairo. Im November zuvor hatte Carter nur wenige Meter vom Grab Ramses' IV. entfernt den Eingang aufgespürt: eine in den Fels gehauene Treppe mit 16 Stufen. Ergriffen und außer sich vor Freude entdecken Carter und der aus England herbeigeeilte Carnarvon eine Mauer mit den Siegeln des Tutanchamun. Damit haben sie den Beweis, daß sie vor dem einzigen nicht von Grabräubern ausgeplünderten Pharaonengrab stehen, das bekannt ist. Nach einem gut sieben Meter langen Gang durchstößt Carter mit einer Eisenstange eine zweite Steintür.

Dreitausend Jahre alte Luft schießt ihm durch die schmale Öffnung ins Gesicht.

Aufgeregt hält Carter eine Kerze in die stockdunkle Kammer. Er sieht zuerst nichts, seine Augen werden geblendet – geblendet von Gold, Gold, Gold, das in 3300 Jahren seinen Glanz nicht verloren hat. Dann, nach dreimonatiger Dokumentation, der Vorstoß in die eigentliche Grabkammer. Ein riesiger goldener Schrein füllt fast den gesamten Raum. Carter ist sich sicher: »Das ist die größte vergoldete Fläche, die es auf Erden gibt.«

Zentnerweise Gold, gegen das die Schätze aus Ali Babas Höhle, von denen die 270. Erzählung aus Tausendundeiner Nacht schwärmt, ärmlich wirken. Die Mumie des Herrschers ist achtfach umhüllt. Von den drei ineinander verschachtelten Särgen in Mumienform sind zwei schwer vergoldet, der dritte besteht aus purem Gold, zweiundzwanzigkarätig. Er allein wiegt 110 Kilogramm. Und 11 Kilo wiegt die aus reinem Gold getriebene und polierte berühmte Maske, die Kopf und Schulter des einbalsamierten Königs schützt.

1323 v.Chr., etwa siebzehnjährig, starb Tutanchamun. Durch den Fund wurde er zum berühmtesten Pharao Ägyptens. Wenn dieser Kindkönig, der zu Lebzeiten kein bedeutender Regent war, schon »mit solchem alle abendländischen Vorstellungen übersteigenden Prunk bestattet wurde, mit welchen Grabbeigaben mögen dann Ramses der Große und Sethos I. in ihre Gräber geleitet worden sein? … Welche unvorstellbaren Schätze müssen im Lauf der Jahrtausende aus den Königsgräbern des ›Tals‹ in die Hände der Räuber gefallen sein?« betonte schon C. W. Ceram in seinem Archäologiebestseller »Götter, Gräber und Gelehrte«.

Ein wesentlicher Faktor für Macht und Ansehen des Ägyptischen Imperiums und seiner Pharaonen waren die Goldlieferungen aus den

Minen der Ostwüste. Unter Tutanchamuns Großvater Amenophis III. ist Nubien weitgehend befriedet. Die südliche Grenze Ägyptens erstreckt sich über den vierten Katarakt hinaus, bis in die Gegend von Abu Hamed, tief in den Sudan hinein. So weit wird sich das alte Ägypten nie wieder gen Süden ausdehnen. In der Ostwüste ist die Intensivierung des Goldabbaus nachweisbar. Handelskarawanen und Goldminen erlangen eine immer größere Bedeutung für die ägyptische Wirtschaft, für Stärke und Nimbus der Pharaonen des Neuen Reichs.

Es war das Goldene Zeitalter der alten Ägypter. Im Grab des Huy, unter Tutanchamun Vizekönig von Kusch, ist dargestellt, wie Nubier Gold als Staub in Lederbeuteln und gegossen in Ringbarren abliefern. Die Vermutung liegt nahe, daß hieraus der Grabschatz des Tutanchamun gegossen wurde. In Tempeln fanden sich Tributlisten mit Abgabemengen, Herkunft und Qualität des Metalls. Unter Amenophis III. sind es 2292 Kilogramm allein für den Month-Tempel in Karnak.

Gold wurde von den Pharaonen auch als außenpolitisches Operationsmittel eingesetzt. Mitanni-König Tushratta bittet Amenophis IV. um eine Goldlieferung, da in seinem Reich doch das »Gold wie Staub auf der Straße liege«.

Nicht nur durch Tutanchamuns Grabschatz, durch Tempelreliefs, Tributlisten und Briefwechsel weiß man, daß die alten Ägypter über viel Gold verfügten; die Museen sind voller Kostbarkeiten. Doch woher kamen die Metalle, wo wurden sie gewonnen? Woher stammen Tutanchamuns und Amanishakhetos Schätze?

Die Bergwerke der weiten, unerforschten Nubischen Wüste waren die Goldlieferanten der Antike. Doch nur wenige Expeditionen wagten – und wagen – sich in das Innere der Ostwüste vor. Die Sudan-Archäologie ist ein junger Forschungszweig, dem immer noch etwas Exotisches anhaftet. Sie steht am Anfang, so wie die Ägyptologie vor 150 Jahren. Erst langsam wird Licht ins Dunkel Afrikas getragen, nicht zuletzt durch deutsche Expeditionen und Grabungskampagnen in Nubien.

Die Geschichte des Goldes der Pharaonen ist die Suche nach den antiken Gewinnungsstätten. Man kannte einige Abbauplätze, aber keine Methoden, die einzelnen Fundstücke zu klassifizieren und sie den Lagerstätten zuzuordnen, auch zeitlich den Epochen zuzuweisen. Die meisten Fragen sind noch offen. Es wurde eine Karte des Herrschers Sethos I. entdeckt, der Turiner Minenpapyrus, ein Wegweiser zu den »Bergen, in denen Gold gewaschen wird«, es gibt Expeditionsinschriften und -berichte, die Orts- und Datierungshinweise liefern, aber bisher sind die Wissenschaftler noch weit davon entfernt, den Fingerabdruck des Goldes identifiziert zu haben, das heißt, das Metall den Abbauplätzen zuordnen zu können.

Doch immerhin, der Geologie-Professor ist dem Rätsel auf der Spur – und wir mit ihm.

Durch Befragung von Beduinen und Auswertung von Berichten englischer Prospektoren vom Anfang dieses Jahrhunderts versuchen Dietrich Klemm und seine Mitarbeiter, die Ägyptologin Rosemarie Klemm, Geologiestudenten aus München und Geologen von GRAS (Geological Research Authority of the Sudan), die bisher unentdeckten Minen aufzuspüren. In dem riesigen Gebiet der Ostwüste zwischen Nil und Rotem Meer landete er auf der Suche nach versunkenen Bergwerkssiedlungen in so manchem Tal bei den Resten irgendwelcher Gräber, die seine Führer mit alten Hausruinen verwechselt hatten.

Doch er führt uns zu einer Stelle, die den erstklassigen Beweis für die großangelegte Goldverarbeitung im Neuen Reich liefert, direkt am Nil, auf der anderen, der westlichen Seite.

Der Fluch des Goldes? Die Fähre über den Nil funktioniert ganz archaisch per Handbetrieb. Hier scheint die Zeit endgültig stehengeblieben zu sein. Um sechs Uhr morgens ist das Licht noch weich und mystisch. Wir haben Abas, unseren Fahrer, und den Koch im Lager zurückgelassen. Eine einzelne Palme markiert die Anlegestelle. Wir packen alle mit an und ziehen uns und die beiden schweren Equipment-Wagen ans andere Ufer. Der Weg entlang der leuchtend grünen, schmalen Fruchtbarkeitszone des Flusses führt uns zu merkwürdigen Steinhügeln. Gräber, die nicht aus muslimischer Zeit stammen können, die kennt der Professor, von denen hat er auffallend viele bei den Goldbergwerken aus arabischer Zeit entdeckt. Die Hügel sind bisher unerforscht. Stehen wir vor den Gräbern ägyptischer Goldschürfer?

Mittags erreichen wir unser Ziel, Shamkhiya, etwa 70 Kilometer westlich von Abu Hamed, ein Dorf am Ende der Welt, auf keiner uns zugänglichen Karte eingezeichnet. Die Menschen betrachten uns mit großen Augen, doch freundlich, wie überall hier im Nordsudan. Auf einem Berg am Nil-Bogen liegt die Ruine einer Festungsanlage, ebenfalls noch gänzlich unbekannt. Klemm tippt auf eine Burg des frühchristlichen Königreichs Makuria. Wir erklimmen die zusammengestürzten Burgmauern. Doch unabhängig von der Faszination einer vergessenen, verlorenen Bastion aus christlicher Zeit wird es jetzt spannend. Wir entdecken die *corpora delicti:* Beim Bau der Mauern sind offensichtlich Schlackenreste und Goldbearbeitungsmühlen verwendet worden, Mühlen, die dem Typ nach im Neuen Reich genutzt wurden. Schon innerhalb kurzer Zeit finden wir im Vorhof der Ruine jede Menge muldenförmiger Erzmühlen, zum Teil als Vertiefung im Fels, mit flachen Reibsteinen. Hiermit konnte das gewonnene Erz staubfein gemahlen werden. Eine Innovation im Neuen Reich. Das Zerkleinern und Mahlen der eingesammelten Erzbrocken mit den neuen Mühlen geschah sozusagen am Fließband, was zu dem sprunghaften Anstieg der Goldproduktion führte. In der Kuhle eines Mahlsteins spüren wir noch goldhaltige Quarzreste auf.

Dietrich Klemm, der zusammen mit dem Institut für Ägyptologie der Universität München dank der Förderung durch Siemens und die Volkswagenstiftung die »Archäometallurgie altägyptischer Goldlagerstätten« untersucht, erläutert: »Der große Fortschritt in der Goldgewinnung kommt im Neuen Reich. Die primitiven Bergbaumethoden des Alten und Mittleren Reichs verfeinern sich. Durch eine intensive Prospektion steigt die Anzahl der Goldgewinnungsplätze erheblich. Es zeigt sich ein deutlicher Umbruch durch den Einsatz von Bronzemeißeln, es gibt verbesserte Reibmühlen und vor allem: Gold wird nicht mehr nur im Tiefbergbau gewonnen, sondern ganz intensiv auch in Wadigründen. Man klaubte die von Erosion freigelegten goldhaltigen Quarzgesteine auf.«

Und dann schnappt sich der Professor für Geologie und Lagerstättenkunde einen der herumliegenden Reibsteine aus hartem Granit, legt ein paar Brocken Quarzgestein in die Mulde und reibt es in weniger als einer Minute zu einem mehlfeinen Staub. »Der wurde dann auf einer geneigten Fläche, auf der ein Vlies, ein Schaffell gespannt war, ausgewaschen. Das taube Material floß ab, zurück blieben die feinen Goldflitter, die man durch Verbrennen des Fells gewinnen konnte. Die Sage vom Goldenen Vlies hat sicher ihren Ursprung in dieser Art der Goldgewinnung.«

Gleich daneben liegen dunkel verbrannte Steine mit Feuerspuren und Schlacken, ein Hinweis, daß das Gold gleich hier nach dem Auswaschen geschmolzen wurde. Am Ufer des Nils gab es Wasser und Brennholz, und der stetige Wind erzeugte genügend Sauerstoff für die hohen Temperaturen um tausend Grad, die man zum Schmelzen von Gold braucht. Klemm ist sich sicher: An dieser vergessenen christlichen Burg wurde über einen langen Zeitraum Golderz zermahlen und ausgewaschen. Durch Keramikfunde kann Rosemarie Klemm nachweisen, daß auch in meroitischer Zeit Golderz aufgearbeitet und vermutlich auch Gold geschmolzen wurde. Das Tal war ein alter Goldstützpunkt.

Plötzlich kommt einer unserer Fahrer mit einer großen, goldschimmernden Scherbe – Reste des Behälters, in dem einst das Gold transportiert wurde? Wir spüren den Goldrausch in uns. Klemm bleibt erstaunlich ruhig. »Das ist nichts, das schimmert nur so«, sagt er. »Wir nennen das Katzengold.« Später wird er uns zeigen, was er meint. Er drückt kurz seine Hände in den Sand: Die Innenflächen leuchten tatsächlich wie pures Gold.

Unser Goldfieber kühlt ab. »In einer modernen Mine, etwa in Südafrika, wird Erz mit einem Goldgehalt ab fünf Gramm pro Tonne abgebaut. Das gewonnene Gold gießt man heute zum Beispiel in 90-Kilogramm-Barren. Die werden dann wieder in Hochsicherheitstrakten in die Erde versenkt, damit Währungen abgesichert sind. Wie beim Pharao. Wir sind reich, wir sind mächtig. Weder Sie noch ich haben dieses Gold je gesehen. Vielleicht haben wir etwas davon im Mund als Zahngold, vielleicht ein paar Goldmünzen oder Schmuck, aber sonst können wir alle doch mit Gold nichts anfangen. Er ist völlig absurd, dieser Mythos Gold.« Die Zungenspitze berührt die Goldplombe, wir sind alle ernüchtert.

Der Dorfälteste lädt uns zum Tee. Wir müssen die Einladung annehmen, obwohl es bereits dämmert. Und tatsächlich entwickelt sich die Rückkehr zum Wüstencamp zu einer Irrfahrt in der Finsternis. Doch der gute Abas gibt uns Lichtzeichen, die wir von weitem

15 *Reibmühle und Handreibstein, mit denen das Goldquarz fein zermahlen wurde, sind eigentlich typisch für das Neue Reich. Diese wurden in Shamkhiya vermutlich noch in meroitischer Zeit benutzt.*

erkennen können. Und Spaghetti mit Tomatensauce hat er auch schon vorbereitet, schmeckt köstlich mit lauwarmem Wasser dazu.

Aufstehen bei der ersten Dämmerung. Morgens ist es noch angenehm kühl. Wir filmen den Sonnenaufgang über der Baiyuda-Wüste mit ihren Goldbergen. Das Fort von Shamkhiya ragt eindrucksvoll im Morgenlicht hoch über dem Nil. Die Festungsruine, die Mühlen, Öfen, Schlackenreste, alles ist gänzlich unerforscht. Ein Eldorado für zukünftige Archäologengenerationen.

Am Nil sehen wir Frauen beim Waschen – doch es ist keine schmutzige Wäsche. Noch heute sind die Leute von Shamkhiya auf der Jagd nach Gold. In alter Zeit lag hier die Mündung eines Wadis, durch das goldführende Sedimente in den Nil eingebracht wurden. Stundenlang sitzen die Frauen am Ufer und spülen die Flußsedimente aus. Sieht aus wie Baggermatsch. In den Vertiefungen der ausgebeulten Blechschüsseln sammeln sich die schwereren Goldteilchen. Sie sind winzig, ein Fingernagel ist groß dagegen. An guten Tagen kommen sie auf ein Gramm. Umgerechnet fünf Dollar gibt ihnen der Aufkäufer im Dorf dafür. Ein mehr als guter Tageslohn im Sudan. Durch die Goldschürferinnen hat es das Dorf zu einem bemerkenswerten Wohlstand gebracht. Nur filmen lassen sie sich nicht. Als wir mit der Kamera erscheinen, suchen sie fluchtartig das Weite.

Klemm kauft ein Säckchen voll mit dem ausgeschwemmten Baggermatsch und gibt den Wadiverlauf in seinen Laptop ein. Zwei Einheimische sind auf uns aufmerksam geworden. Sie wollen uns alte Bergwerke in den Bergen zeigen, die noch niemand kennt. Die Stollen, aus denen das Goldquarz stammt? Wenn hier Gold in derart großem Stil und über einen so langen Zeitraum verarbeitet wurde, wo lagen dann die dazugehörigen Goldminen?

Die beiden führen uns in bergiges, unwegsames Gelände. Wege gibt es keine, also Schwerstarbeit für die Geländewagen und unsere Fahrer. Klemm ist aufgeregt. Für den Geologen wird es jetzt spannend. Um so enttäuschender, als sich unsere Führer als Angeber herausstellen: Wir finden nur ein kleines Loch, in dem vor Monaten unfachmännisch gebuddelt wurde, von wem auch immer … Klemm ist sauer, wir haben einen halben Tag verloren – und die Minen, aus denen Shamkhiya beliefert wurde, nicht gefunden.

Auf dem Rückweg passieren wir ein unerforschtes, undatiertes Gräberfeld – etwa 200 Grabstätten, noch nie wurde hier gegraben. Der Platz hat etwas Geheimnisvolles. Die Einheimischen wagen sich nicht hierhin, sie meiden den mysteriösen Friedhof, keiner rührt die behauenen Steine an, obwohl sie bestens als Baumaterial zu verwenden wären. Einer meint, das sind die Gräber der Goldschürfer, der Fluch des Goldes … Nur aus der Ferne beobachten sie unsere Dreharbeiten.

Zurück nach Abu Hamed, um unsere Vorräte zu ergänzen. Benzin, Wasser, Proviant. Denn jetzt geht es in die Endlosigkeit der Ostwüste. Klemm verspricht uns eine der legendären Goldlagerstätten der alten Ägypter. Wir brauchen über zwei Stunden, um Benzin aufzutreiben. Eine Tankstelle

16 *Aus dem Grabschatz der meroitischen Königin Amanishakheto: Woher stammt das Gold?*

gibt es nicht. Doch wir machen einen cleveren Privatmann ausfindig, der in einem dunklen Schuppen Kanister gehortet hat. Als die Leute von unserem Ziel tief in der Wüste hören, begleiten uns gute Wünsche und diverse Routenvorschläge. Wir verlassen uns lieber auf das GPS des Professors und fahren in mondheller Nacht Richtung Osten. Ein Sandsturm zwingt uns zum Anhalten. Wir schlagen eilig unser Lager auf. Der Sand dringt in alle Poren, in den Schlafsack, ins Taschentuch, in die Socken. Auch die Zelte bieten keinen Schutz mehr. Doch hier, in völliger Einsamkeit, am verlassensten Fleck der Erde, wie es uns vorkommt, stoßen wir tags darauf auf die Goldbergwerke. Klemm hat nicht zuviel versprochen.

Die Goldmine am Berg des Sternchens. Fünf Uhr morgens Aufstehen. Wir gönnen uns eine Dusche aus einer Fünf-Liter-Gießkanne, das Wasser kommt uns im kalten Morgenwind eisig vor. Der Sandsturm hat nachgelassen. Es dämmert. Dann steigt die große Orange am Horizont auf. Klemm zeigt uns mitten im Nichts ein *alamat,* zu deutsch »Fahne«. Mit diesen kegelförmigen Steinzeichen markierten die alten Ägypter den Zugang zu ihren Minen. Jetzt werden wir langsam aufgeregt. Wir finden weitere Wegweiser. Welche Geheimnisse mögen die Berge und Täler bewahren, von denen wir nie erfahren werden? Stundenlang geht es geradeaus, wir begegnen niemandem. Einzige Abwechslung ist, wenn wieder einmal einer unserer Fahrer steckenbleibt, interessanterweise immer derselbe. Seine Flüche und Ausreden kennen wir schon auswendig.

Dann tauchen aus der weiten Ödnis die Bergwerke auf. Die Mühlen sehen aus, als wären sie erst gestern zurückgelassen worden. Wir gehen durch die Straßen einer Geisterstadt, vorbei an den Arbeiterhäusern, deren Überreste noch gut zu erkennen sind. Goldmühlen und Ruinen stammen aus dem Neuen Reich und aus früharabischer Zeit. Keramikfunde erlauben eine eindeutige Zuordnung. Die Drehmühlen, typisch für die arabische Zeit, haben die Römer schon von den Kelten übernommen. Eine große, unberührte Schatzkammer der Archäologie.

Die moslemischen Gebetshäuser sind erstaunlich gut erhalten, sie stammen aus der Zeit 900 bis 1100 n. Chr. Bis ins 13. Jahrhundert wurden die goldhaltigen Quarzadern ausgebeutet. Die Versorgung der Menschen in arabischer Zeit wurde mit sechzigtausend Kamelen organisiert, die Waren zu großen Verteilungslagern brachten. Diese Stützpunkte dienten auch den Pilgerkarawanen aus der Sahara auf ihrem Weg über das Rote Meer nach Arabien, nach Mekka. Von der kürzlich gemachten »sensationellen Entdeckung« der mythischen Stadt Berenike Pancrisia, die nach Plinius ganz aus Gold bestand, hält der Professor nicht viel. Klemm: »Die bekannte Lokalität Derahib, die vor einigen Jahren angeblich wiederentdeckt und als ptolemäische Goldstadt *Berenice Panchrysos* identifiziert wurde, ist nach unseren Erkundungen eine solche arabische Versorgungsstation.« Seine Argumente sind überzeugend, vor allem: »Die Goldminen von Derahib stellen unbedeutende und im wesentlichen erst rezent bearbeitete Schürfe dar, die eine derart große Ansiedlung für Bergarbeiter keineswegs gerechtfertigt hätten.«

Hier im Sudan ist die Arbeit sehr viel schwieriger als in Ägypten, sagt Klemm, weil die Dimensionen sehr viel größer sind. Hier betragen die Entfernungen zu den nächsten Zivilisationsplätzen bis zu 500 oder 600 Kilometer. Das gibt es in Ägypten nicht. Die Logistik einer Expedition ist bedeutend problematischer. In der Wüste wird es schnell gefährlich. Und es folgt eine haarsträubende Geschichte, wie er mit einer zehnköpfigen Expeditionsgruppe wirklich im letzten Moment die Bahnlinie Wadi Halfa – Abu Hamed erreichte: »In der letzten Kampagne haben wir eine Reihe von Brunnenpositionen genannt bekommen und mußten dann feststellen, daß alle Brunnen versandet waren. Wir kamen in eine ziemliche Wassernot. Und das bedeutet hier praktisch den Tod.« Der Professor hat immer im richtigen Moment solche Geschichten parat. Auch wir beginnen nach Hinweisen für eine Wasserversorgung zu suchen. Schließlich lagen hier in antiker Zeit große Siedlungen. Klemm bemerkt unsere besorgten Blicke und bestätigt, daß bis jetzt keine Brunnenanlage gefunden sei.

Oben am Gebel Negeim, dem Berg des Sternchens, dann die prägnantesten Spuren: Britische Prospektoren und Bergleute versuchten hier noch einmal Anfang unseres Jahrhunderts ihr Glück. Die Gebäude sind gut erhalten, die Whisky-Holzfässer leider weniger gut, gleich daneben ein übermannshoher Stolleneingang. An den Schlagspuren erkennt Klemm, daß ihn schon die alten Ägypter

17 Eingang zu einer Goldmine, die schon in altägyptischer Zeit ausgebeutet wurde. Die Engländer vergrößerten den Stolleneingang, als sie die Mine Anfang des 20. Jh. kurzzeitig wieder in Betrieb nahmen.

benutzten und die Briten ihn nur erweitert haben. Klemm schaltet das Licht an seinem Helm ein und dringt in den dunklen, unheimlichen Gang vor, schlägt Quarzproben aus dem schimmernden Gestein. Prompt findet er Einschlüsse aus Gold, die jedoch nur mit der Lupe zu erkennen sind.

Goldgräberei ist ein mühsames Geschäft. Klemm: »Gold ist entsetzlich schwer zu gewinnen. Alle anderen Metalle sind sehr viel leichter abzubauen. Das ist einer der Gründe, warum Gold so wertvoll ist. Vor allem aber, weil es das einzige den Alten bekannte Material war – Platin war noch nicht bekannt –, das über Jahrhunderte völlig unverändert bleibt, nicht oxydiert, nicht auflösbar ist, wie für die Ewigkeit geschaffen.« Gold, das »Fleisch der Götter«, verhieß Unsterblichkeit. Es hatte vor allem sakrale Bedeutung für die Grab- und Tempelausstattung der Könige und Götter. Die Faszination des Unvergänglichen.

Wir schauen uns in der Einöde um und verstehen das ägyptische Sprichwort: »Wenn ich lüge, soll man mir die Nase und die Ohren abschneiden oder mich nach Kusch schicken.«

Kusch, das stand für die mörderischen Arbeitsbedingungen in den Bergwerken der Wüste. Die Engländer stellten 1910 den Abbau ein – wegen Wassermangels. Um so erstaunlicher ist die logistische Leistung der alten Ägypter und Meroiten, den Bergbau fernab vom Nil im großen Stil zu organisieren. Arbeiter brauchen Wasser, Essen, Material, Transportmöglichkeiten. Von den Pharaonen Ramses II. und seinem Vater Sethos I. haben sich Inschriften erhalten, in denen sie sich rühmen, für die Minenarbeiter Brunnen angelegt zu haben. Auch hier muß es damals einen Brunnen gegeben haben. Wieso schafften die alten Ägypter etwas, was den Engländern mit der modernen Technik unseres Jahrhunderts nicht gelang? Hatten die Ägypter ein Wissen, das wir verloren haben?

Eindeutig ja, sagt Klemm.

Der Fingerabdruck des Goldes. Die Goldvorkommen sind auch heute noch nicht alle ausgebeutet. Das Problem ist die Wasserversorgung der Minenarbeiter. Wasserführende Schichten zu finden beherrschten die Alten offensichtlich besser als wir. Klemm: »Auf diesem Prospektionsgebiet ist Wissen enorm verlorengegangen.« Doch das für uns Erstaunlichste, die wir doch so von unserem technischen Fortschritt überzeugt sind (und ihn eigentlich nur aufgrund der moralischen Dimension dahinter in Frage stellen): Es kann bewiesen werden, daß an sämtlichen Stellen, die von der geologischen Grundsituation her als goldhaltig erkannt worden sind, die Alten schon da waren und eine systematische Prospektion durchgeführt haben. Man kann weiterhin zeigen, daß die Quarzgänge, die kein Gold enthalten, von den alten Ägyptern gar nicht erst angetastet wurden. Klemm: »Sie hatten genaue geologische und tektonische Kenntnisse nicht nur im Brunnenbau – denn sie brauchten an diesen völlig entlegenen Plätzen so viel Wasser, auch zum Goldwaschen, das konnten sie nicht herbeischaffen –, sondern auch im Auffinden goldmineralischer Vorkommen. Das verlorene Wissen haben wir heute erst langsam aufgearbeitet durch chemische Analysemethoden, durch raffinierte geophysikalische Verfahren. Über welche Praktiken die antiken Prospektoren verfügten, woraus sie ihre enorme Effizienz ableiteten, wissen wir nicht. Die Russen haben vor ein paar Jahren mit modernsten geochemischen und geophysikalischen Methoden gerade so viele Plätze gefunden wie die Alten. Das war fast deprimierend für sie: Immer, wenn sie endlich was fanden, sind die Alten schon dagewesen.«

Der Lagerstättenkundler nimmt an, daß sie früher durch eine systematische Naturbeobachtung die Pflanzenvorkommen oder Erd- und Steinverfärbungen bestimmten Phänomenen zuordnen konnten und dieses Wissen immer weitergaben. »Sie hatten Kenntnisse, die auf Erfahrung aufgebaut waren, die wir bis heute nicht wieder gelernt haben. Es war ein anderes Wissen.«

Über dieses andere Wissen würde ich gerne mehr erfahren, aber, so Klemm, »sie hatten einfach Argumente, die wir nicht kennen, an denen wir achtlos vorbeigehen. Es ist doch oft so, daß man nur das sieht, was man weiß, auf das man vorbereitet ist«.

Rund dreihundert Plätze haben der Professor und sein Team geologisch-lagerstättenkundlich in Ägypten und im Sudan untersucht und durch GPS-Messungen exakt positioniert. Wohnhäuser, Werkzeuge und Aufbereitungsplätze wurden genauestens dokumentiert. Es wurde nach ehemaligen Wasserstellen gefahndet und nach Inschriften, die zur Datierung eines Minenreviers dienen könnten. Durch Testuntersuchungen wurde herausgefunden, daß der Prospektionskenntnisstand der Alten dem heutigen durchaus gleichwertig war. Es konnte ein generell gültiges Entstehungsmodell der Goldlagerstätten in der ägyptisch-sudanesischen Ostwüste entwickelt werden. Doch woher nun das Gold der Grabschätze des Tutanchamun oder der Amanishakheto stammt, kann Klemm immer noch nicht sagen. Den Fingerabdruck des Goldes, den er genau den einzelnen Lagerstätten zuordnen könnte, hat er noch nicht gefunden. Es gibt ihn schon, sicher, der zwischen 5 und 30 Prozent schwankende Silberanteil bei der Zusammensetzung ist ein solcher Hinweis, aber auch dieser Anteil wechselt innerhalb eines Abbaugebiets. Die exakte chemische Analyse des Silbergehaltes im Gold zusammen mit anderen Spurenelementen müßte systematisch verglichen werden mit den Elementzusammensetzungen der archäologischen Objekte. Machbar wäre das durchaus in den hochspezialisierten geochemischen Laboratorien des Instituts für Allgemeine und Angewandte Geologie der Universität München, dem Arbeitsplatz von Professor Klemm. Benötigt würden hierfür nur winzigste Materialmengen, da solche Analysen mit einer topmodernen Elektronenstrahlmikrosonde kombiniert mit einem Rasterelektronenmikroskop durchgeführt werden.

Klemm kann nach seinen bisherigen Untersuchungen nur sagen, daß das nubische Gold aus dem heutigen Sudan allgemein einen höheren Goldgehalt hat als das Gold aus den Vorkommen Ägyptens. Dies könnte vermuten lassen, daß Tutanchamuns Gold aus Kusch stammt. Doch beweisen kann Klemm es nicht: Die Ägypter rücken kein Milligramm der Goldmaske zur Analyse heraus.

Auf dem Rückweg Richtung Nil zur alten kuschitischen Hauptstadt Meroë haben wir ein paar Tage Zeit, über die Dienstbarmachung des Metalls durch den Menschen zu diskutieren. Die Beherrschung der dazu notwendigen technischen Prozesse sieht Dietrich Klemm als einen entscheidenden Schritt in der Weiterentwicklung der Menschheit an, zur Begründung von Hochkulturen. Wir denken an den Fluch des Goldes, an die Kriege, die mit Kupfer, Bronze und Eisen geführt wurden, und an die heute noch sichtbaren ökologischen Schäden, die die Metallverhüttung in allen Kulturen mit sich brachte. Und wir fragen uns, ob es das Goldene Zeitalter wirklich irgendwann einmal gegeben hat.

Je weiter wir am Nil entlang nach Süden kommen, desto mehr Menschen, Autos, Müll gibt es wieder. Am Rand der alten Stadt Meroë passieren wir acht Meter hohe Schlackenhalden, Reste der antiken Eisenproduktion. Am späten Nachmittag Ankunft in Shendi, Hotel Akwasr. Ausgiebig geduscht. Nur langsam will sich beim kaum lauwarmen Wasser ein Wohlgefühl einstellen. Die Zivilisation hat uns wieder. Wenige Tage später werden wir hier, ein paar hundert Meter vom Hotel entfernt, von der Geheimpolizei festgenommen werden.

In der versunkenen Stadt

Von Gisela Graichen

Von Shendi, der alten Handelsniederlassung am Nil, sind es 38 Kilometer Richtung Südosten bis Naga, der meroitischen Königsstadt. Etwas südlich von Shendi, nach einem der üblichen Kontrollposten, biegt unser Fahrer von der gut ausgebauten Straße Richtung Khartum plötzlich nach links in die Sanddünen ab. Reifenspuren weisen auf den einzigen Pipeline-Übergang in dieser Gegend. 38 Kilometer Steppe, Wüste, Sandlöcher, manchmal ein paar Grasbüschel, sich überschneidende Pisten, auf denen man sehr schnell jede Orientierung verliert, ab und zu ein wildes Kamel, ein einsamer Schakal. Das Land schmort in der gleißenden Hitze. Zwischen Nil und Naga, rund 130 Kilometer nordöstlich von Khartum gelegen, gibt es nichts, kein Dorf, keinen Brunnen, kein Wasser, keinen Schatten. Ich denke an die ermutigende Beschreibung des Zoologen Alfred Brehm, der 1848 den Sudan bereiste: »Das Klima Chartums ist unbedingt eines der ungesundesten der Erde«, gefolgt von einer mehrseitigen Aufzählung der diversen Krankheiten, die im Sudan grassieren, woran auch achtzig Prozent aller Europäer stürben.

An diesem Tag hat sich unser Trupp getrennt. Normalerweise fahren wir mit den drei Geländewagen in Kolonne, das heißt auf sichtbare Entfernung zu der jeweiligen Staubwolke. Wir haben auf dem Markt von Shendi eingekauft: köstlich feuchten Schafskäse in Zehn-Liter-Kanistern, kleine süße Bananen und vor allem Datteln, die gegen jede Sorte von Unpäßlichkeit helfen sollen. Es ist fast Mittag. Die Sonne brennt erbarmungslos. Gerade ein Viertel der Strecke ist geschafft. Der Fahrer ist nervös. Er macht uns unmißverständlich klar, daß er es nicht witzig findet, in dieser Ödnis aus Sand, niedrigem Strauchwerk und sich überschneidenden, ausgefahrenen Pisten allein den Weg zu suchen. Ich schaue schnell nach hinten: kistenweise

Wasser, das Wichtigste. Acht Liter soll jeder am Tag trinken, hat uns Hinkel mit auf den Weg gegeben.

Plötzlich sehe ich eine Fata Morgana – einen Menschen, der vor uns auf der Sandpiste marschiert. Wir starren ungläubig auf dieses Phänomen. Ein weißer Mensch mit einem kleinen Rucksack auf dem Rücken.

18 *Löwentempel und – im Hintergrund – Römischer Kiosk, auf dessen Mauern sich Fürst Pückler-Muskau verewigte.*

Die Fata Morgana entpuppt sich als Brian aus Calgary. Er sei auf dem Weg zur versunkenen Ruinenstadt Naga. Wir blicken erst uns, dann den jungen Mann an. Der schaut fröhlich und unbekümmert drein. Ohne Karte, ohne Kompaß, mit nur einem Liter Wasser – »Ich bin wie ein Kamel, ich speichere das Wasser, ich trinke nur abends« –, der groben Richtung und den Pisten vertrauend, noch 30 Kilometer Fußmarsch im tiefen Sand ohne Schatten vor sich. Da braucht man nicht auf Wechselfieber und Cholera zu warten, Brehms achtzig Prozent kommen auch so zusammen. Er sei von Alexandria aus nach Süden getrampt, erzählt Brian, ein Jahr habe er sich »Auszeit« genommen. In Shendi habe er von Naga gehört ...

Hat auch ihn, wie so viele vor ihm, die Abenteuerlust gepackt, gehört er zu denen, die – wie es bei Brehm heißt – »hier an die äußerste Grenze der Zivilisation verschlagen sind, um ihr Glück zu machen oder ein frühes Grab zu finden«? Ist es die Flucht in die Einsamkeit der Wüste, in die Leere und Weite, die einen zu sich selbst führt? Die Wüste macht frei, schreibt Lawrence von Arabien. Weggehen, um anzukommen. Ich betrachte den hübschen jungen Mann mit dem leicht melancholischen Lächeln und tippe auf Liebeskummer. Die anderen auf Demenz – »im fortgeschrittenen Stadium«. Wer sich hier unter diesen extremen Bedingungen nicht an die Regeln hält, findet kein Verständnis. Das ist wie im Hochgebirge. Leichtsinnige Bergsteiger ohne Ausrüstung, die darauf zählen, daß sie schon jemand rettet, werden abgelehnt. Und daß hier zur Zeit die sechswöchige Berliner Grabung stattfindet und wir darüber einen Film drehen und diese Strecke fahren, ist nun mehr als Zufall.

Wir lassen Brian einsteigen. Je länger die Fahrt durch die Wüste dauert, desto blasser wird der junge Kanadier.

Dann ist alles vergessen. Vor uns, mitten im Niemandsland, ragen die Tempel der verschollenen Stadt empor. So müssen sie auch den Reisenden von einst erschienen sein.

Pückler was here. Auch Fürsten hinterlassen Graffiti auf antiken Mauern. Pückler-Muskau hat immerhin eine Entschuldigung. Er konnte sich nicht vorstellen, daß sich das kleine Stationsheiligtum im Vorfeld des Löwentempels an die zwei Jahrtausende so wunderbar erhalten hat. Er sah in ihm einen nachträglich errichteten Bau, »der im verdorbensten römischen Stil widerlicher Überladung den völligen Verfall der Kunst verrät, ... mehr den phantastischen Undingen in einer unsrer älteren Gartenanlagen als einem den Göttern geweihten religiösen Gebäude ähnlich«. Doch hier täuschte sich der Fürst, der offensichtlich mehr von Landschaftsgärten an der Elbe verstand als von »echten« antiken Ruinen.

Tatsächlich wird das Heiligtum, das bei Umzügen die Götterfigur aufnahm, »Römischer Kiosk« genannt. Römische und hellenistische Architektur – das südlichste Beispiel – vermischen sich hier munter mit rein ägyptischen Elementen. Das macht nicht nur die Datierung schwierig. Das ungewöhnliche Bauwerk wird wohl erst nach einer Ausgrabung auf sein antikes Niveau seine Geheimnisse preisgeben.

Am 26. April 1837 erreichte Pückler-Muskau Naga – und verließ es wieder fluchtartig mit »tödlicher Ermüdung, 35 Grad Hitze im Schatten des Tempels und einem brennenden Kopfschmerz ... dazu statt stärkender Nahrung nichts mehr als schwarzes Wasser aus den stinkenden Schläuchen und halb verschimmelter Zwieback«. Noch am selben Abend steigen Pückler und seine Begleiter wieder in die Sättel, um unter Beachtung militärischer Vorsichtsmaßregeln – räuberische Beduinen-

19 *Die Graffiti von Pückler-Muskau und anderen. Heute werden solche »Künstler« sofort außer Landes verwiesen.*

stämme sind in der Gegend – in einiger Entfernung ein Nachtlager »wie ein Bollwerk im Kreise« aufzuschlagen. Schon drei Jahre zuvor hatte Giuseppe Ferlini nach erfolgloser Schatzsuche Naga bald wieder verlassen, »auf der Suche nach weniger schrecklichen Orten«.

Für mich ist diese weite Ebene, mitten in der Wüstensteppe, mit den Tempeln und Ruinen einer versunkenen, vergessenen Stadt einer der schönsten Plätze, die ich auf der Welt kenne.

Die Entdeckung der verwunschenen Königsstadt. Ausgerechnet im Löwentempel sollen die berühmten Reisenden Schutz vor Löwen und feindlichen Nomaden gesucht haben. Die Region um Naga war zu der Zeit wegen ihrer Löwen berüchtigt. Der erste Europäer, der die versunkene Stadt wiederentdeckte, war der junge Franzose Linant de Bellefonds. Am 28. Februar 1822 trifft er hier ein. Sein Führer Mohammed hat ihn vor rebellischen Beduinenstämmen gewarnt. Sie kampieren im Löwentempel. Mohammed besteht darauf, daß sein Herr auf die Darstellung des Mannes mit erhobener Waffe draußen am Pylon – die Abbildung zeigt König Natakamani – feuere. Linant weigert sich, zum Glück, wegen des Lärms, der die Beduinen anziehen könnte. Linant muß seine Beschreibung der Tempel abbrechen, als vier bewaffnete Araber auf Pferden sie angreifen. Es gelingt ihnen, auf ihren Kamelen den Verfolgern zu entkommen. Zurück in Shendi trifft Linant auf seinen Landsmann Frédéric Cailliaud, dem er von seinem Abenteuer und der Entdeckung erzählt.

Sofort macht sich Cailliaud auf und trifft am 22. März in Naga ein. Ihm verdanken wir den ersten topographischen Plan der Stätte mit ihren mindestens 13 Tempeln, außerdem Zeichnungen der Gebäude und der Reliefs. Mit diesen Unterlagen erreicht Richard Lepsius am 1. Februar 1844 mit der Königlich-Preußischen Expedition die antike, untergegangene Stadt, nach »einem achtstündigen scharfen Kamelritt« von Shendi aus. Er vervollständigt Pläne und Zeichnungen, untersucht Tempel und Reliefs, verfaßt ausführliche Beschreibungen. Danach gerät die Stadt in der Steppe für genau 150 Jahre wieder in Vergessenheit.

Der »Nachfolger« von Lepsius als Direktor des Ägyptischen Museums in Berlin, Professor Dietrich Wildung, ist seit 1994 dabei, die verwunschene Stadt mit ihren Tempeln und Palästen aus dem

20 (Folgende Seite) Der löwenköpfige Gott Apedemak begrüßt den Herrscher Natakamani. Relief an der Südwand des Löwentempels von Naga.

Dornröschenschlaf zu befreien. Wer den hochgelehrten Professor für Ägyptologie in feinem grauen Tuch durch die heiligen Hallen seiner Berliner Museen schreiten sieht, vermag nicht zu glauben, mit welch jungenhafter Begeisterung Wildung auf seiner Grabung herumtobt. Mit einer Energie und einem schon rein körperlich enormen Einsatz in dieser schattenlosen Gluthitze, die uns schon längst geschafft hätte. Stolz wie der Prinz, der Dornröschens Burg nach einem hundertfünfzigjährigen Schlaf wiederentdeckt und die undurchdringliche Hecke, die Wüste, durchdrungen hat. »Nach 30 Jahren Ägyptologie bin ich hier emotional derartig in den Bann geschlagen, ich habe das Gefühl, etwas vollkommen Neues zu tun. Das ist hier faszinierend wie die Ägypten-Forschung Mitte des vorigen Jahrhunderts. Es ist atemberaubend.«

In der Tat, der Erhaltungszustand vor allem des Löwentempels ist einzigartig in der meroitischen Hinterlassenschaft. Ein typischer einheimischer Einraumtempel, dem löwenköpfigen meroitischen Hauptgott Apedemak geweiht. Und hier stehen wir plötzlich vor den Erbauern der Tempel und Paläste ihrer Residenzstadt: Königin Amanitore und ihr Gemahl Natakamani, Nachfolger der Königin Amanishakheto, sind überlebensgroß auf der Fassade dargestellt. Hellenismus und Römer und Kiosk sind

vergessen, hier sind wir in Afrika, in der urtümlichen Kultur alter Götter und traditioneller, bodenständiger Frauenmacht. Amanitore steht, wie ihre selbstbewußte Vorgängerin auf dem Pylon der Pyramide von Meroë, wohlbeleibt und breithüftig mit hocherhobenem Schwert in der Pose der siegreichen Herrscherin vor den knienden Feinden.

Die meterhohen prächtigen Reliefs sind an allen vier Wänden fabelhaft erhalten. Bilder der Königsfamilie, wie sie den Göttern opfert: auf der Südseite den männlichen, auf der Nordseite den weiblichen Gottheiten. Eine deutliche Teilung des Heiligtums in eine maskuline und eine feminine Hälfte. Um die Zeitenwende entstandene, dramatische, zum Teil in ihrer Aussage noch nicht entschlüsselte Bilder, die dem Abendland bis ins 19. Jahrhundert unbekannt waren.

Der Erfolg der Ausstellung »Das Gold von Meroë« veranlaßte die sudanesische Altertümerverwaltung sehr bald, Wildung die Grabungserlaubnis für Naga zu erteilen. Im Jahr 1994 fand die erste Kampagne statt, finanziert von der Deutschen Forschungsgemeinschaft. Wenn man sich Lepsius' Zeichnungen und die Fotos der Berliner Archäologen vor Grabungsbeginn anschaut, kann man kaum glauben, was in den wenigen Kampagnen seitdem an verborgenen, auch von Lepsius nicht geahnten Mysterien freigelegt wurde.

21 *(Vorhergehende Seite, oben) Königin Amanitore überlebensgroß mit erhobenem Schwert auf der Fassade des Löwentempels. Wie ihre Vorgängerin Amanishakheto ließ sie sich stolz und fettsteißig in der Herrschergeste darstellen.*

22 *(Vorhergehende Seite, unten) Dietrich Wildung ist auch in der fünften Kampagne fasziniert von der meroitischen Stadt Naga mit ihren wunderbar erhaltenen Tempeln.*

Im Allerheiligsten des Widdergottes. »Ich hatte – als traditionell ausgebildeter und tätiger Ägyptologe – kaum eine Ahnung, was hier im Sudan alles in der Gegend herumsteht«, sagt Wildung. »Ich versuchte mich in der Literatur kundig zu machen, aber Lepsius 1844, das war's. Als ich das erste Mal nach Naga kam, lief ich herum bis zur völligen physischen Erschöpfung, rannte von einem Tempel zum anderen, fotografierte wie ein Weltmeister, in dem Bewußtsein, da hat noch nie einer gegraben, sah die Grundrisse der Stadt, die unter dem Flugsand verborgen liegt. Da braucht man gar nicht zu graben, da braucht man nur den Sand wegzufegen, und schon hat man die Mauerkronen vor sich.«

Der Traum eines jeden Wissenschaftlers geht hier in Naga in Erfüllung: ein ungestörter archäologischer Befund, durch keine Grabung verunklärt. Nach dem Untergang der Stadt in der Spätantike ist das Gelände nie wieder besiedelt gewesen. Tempel, Paläste, Verwaltungsgebäude und Häuser der über einen Quadratkilometer großen Stadt verfielen und wurden vom Sand verweht. Nur Säulen und Tempelmauern ragen in der Einsamkeit und Weite empor.

Anhand der Fotos zu den einzelnen Grabungskampagnen können wir das Faszinosum nachvollziehen, wie langsam aus den Verwehungen der Wüste eine Ruine zum Vorschein kommt, das Hauptheiligtum der Königsstadt, der Amun-Tempel von Naga.

»Eine ganz phantastische Geschichte«, schwärmt der Professor. »Die Inschriften können wir zwar noch nicht übersetzen, aber in den Reliefs können wir lesen wie in einem offenen Buch. Mal wieder ein Sieg der Kunstgeschichtler über die Philologen. Ganz langsam schälen wir das alles aus den Bergen von Flugsand heraus.« Dazu haben die Berliner achtzig einheimische Hilfskräfte angeheuert, die jeden Morgen pünktlich um sechs aus dem Nichts auftauchen. Unter Aufsicht von Grabungsleiterin Karla Kroeper hat jeder in der Mannschaft seine feste Aufgabe. In Strohkörben transportieren die Arbeiter in langen Kolonnen den Sand zur windabgewandten Seite. »Plötzlich kommt ein Altärchen in einem Hof heraus, das graben wir aus und sehen auf einmal, das steht auf einem riesengroßen Sockel, die Weihegaben stehen noch darauf, sieben Stufen führen von Osten zu dem Podest. Auf dem Altar hat sicher eine Götterfigur gestanden, die zur aufgehenden Sonne schaute. Gerade gestern haben wir diesen riesigen Block an der Ostwand des Hofes gefunden mit der überdimensioniert großen Sonnenscheibe, genau in der Achse des Altars. Auch dies eine Bestätigung, daß es sich hier um einen Sonnenhof handelt.«

Auf den Sockelwänden entdecken die Ausgräber etwas ganz Ungewöhnliches: einen Meter hohe farbenprächtige Malereien, in der meroitischen Kunst sonst kaum bekannt. Das ägyptische Motiv – Nil-Götter mit Papyruspflanzen als Zeichen der Fruchtbarkeit – ist beibehalten, aber einheimisch verfremdet. Die Figuren sind alle etwas dicklich, zu dem Vereinigungsmotiv kommt die erhobene Hand der Feindvernichtung. Eine friedliche und eine kriegerische Art der Chaosbewältigung. »Es geht ja immer in diesen Tempeln darum, Ordnung, Kosmos wiederherzustellen. Der Sieg des Guten, der Götter, über das Böse, das Chaos. Das ist in dieser meroitischen Version des

23 *Der freigelegte Altar im Sonnenhof des Amun-Tempels trägt ganz außergewöhnliche, farbenprächtige Malereien.*

altägyptischen Motivs ganz phantastisch gelungen«, sagt Wildung voller Bewunderung. »Eigenständig und würdevoll kommt hier aus dem ›finsteren Afrika‹ eine Kultur, die noch stark im Afrikanischen verwurzelt ist, die – hart an der Grenze zu einer Hochkultur, die sich zum Mittelmeer und damit zum Abendland orientiert hat – nicht den Versuchungen des süßen Lebens *à la pharaonique* erlegen ist, sondern fein und still im eigenen Bereich ihre eigene Kultur weiterentwickelt – über 5000 Jahre.«

24 *Die blauen Füße einer Votivfigur standen bei der Ausgrabung noch auf dem Sockel des Altars.*

Wir sind dabei, wie von dieser kuschitisch / meroitischen Kultur jeden Tag etwas Neues, Überraschendes zum Vorschein kommt, wie das Allerheiligste entdeckt wird mit seinem metergroßen Opferaltar, die Bänder von Wandreliefs, die im Sand begraben lagen und seit dem Untergang des Reiches von keinem Menschen mehr gesehen wurden, wir sind dabei, wie die

25 *Eine Allee mit zwölf Widderfiguren führt zum Tempel des höchsten Gottes Amun, der als Widder dargestellt wird. Die künstlich aufgeschüttete Akropolis überragte von weither sichtbar die Stadt.*

Rampen freigelegt werden, die zum künstlich aufgeschütteten Hügel führen. Die Akropolis mit dem Amun-Tempel hat die Stadt überragt und beherrscht, von weither sichtbar, ein von Menschen geschaffener Bezugspunkt, der aber nicht dem Menschen gilt, sondern einer Gottheit. »Das ist ja in mittelalterlichen Städten so eindrucksvoll, mit welcher Kühnheit die Baumeister damals das Vier- oder Fünffache der normalen Häuser als Kirchen da reingestellt haben. Das Dominante dieses Heiligtums, das ist schon etwas sehr Schönes. Heute baut man höchstens noch einen Fernsehturm, der die Silhouette bestimmt.«

Wie der Löwentempel wurde auch der Amun-Tempel um Christi Geburt von Königin Amanitore und König Natakamani erbaut, 135 Meter lang mit vorgelagerten Altären und einer einzigartigen, harmonischen Widderallee als Zugang auf der westlichen Terrasse. Paarweise stehen zwölf Widderfiguren mit lockigem Fell, prall gerundet auf ursprünglich weiß bemalten Podesten. Die Verkörperung des höchsten Gottes Amun in dieser Tiergestalt ist schon im kuschitischen Königreich von Kerma nachweisbar – und gelangte erst von dort nach Ägypten.

Der Gott ist uns gnädig: Wir drehen am späten Nachmittag, als die Ausgrabungsarbeiten beendet sind und der Tempel still im weichen Licht der untergehenden Sonne liegt. Genau in dem Moment treibt ein Nomade seine Schafherde durch die Widderallee.

Die malerische Ruinenidylle hat es dem Professor angetan. Es fällt ihm schwer, die »Idylle pur« zu zerstören. Für ihn bedeutet Denkmalpflege die möglichst ausschließliche Verwendung originaler Substanz, also keine Rekonstruktion. Authentizität ist ihm oberstes Gebot: »Wir sehen es doch auch in den Museen, diese rekonstruierten Statuen seit der Barockzeit, denen irgendwann die fehlenden Arme oder Nasen hinmodelliert wurden, das nehmen wir doch munter wieder ab. Wir verwenden hier nur Originalteile. Vom Amun-Tempel werden wir vielleicht vierzig Prozent wieder hinstellen können. Die fehlenden Teile sind weg und bleiben weg, das bleibt eben eine Ruine. Das hat ja auch seinen Reiz. Wir fangen gar nicht erst mit Ergänzungen an. Übrigens befolgen wir damit Standards, die von der UNESCO längst als verbindlich empfohlen worden sind. Wir sind ja inzwischen ein streng kodifiziertes Gewerbe im Umgang mit antiker Substanz.«

Um 14 Uhr ist Arbeitsschluß. Während die Wissenschaftler im Grabungshaus die Ergebnisse des Tages säuberlich dokumentieren, ist Wildung einsam mit hochrotem Kopf noch draußen im Tempel und legt sich einen Schlachtplan zurecht, wie man morgen mit Menschenkraft die acht Tonnen schweren Steinblöcke aus der Ruine ziehen kann. Einst bildeten sie das Tempeldach, heute versperren sie den Zugang zum Allerheiligsten. Geld für Maschinen und schweres Gerät gibt es auch hier nicht.

Erst am Abend bewege ich ihn, mit mir zum Bergtempel der Königin Shanakdakheto hinaufzusteigen, die in der Mitte des 2. Jahrhunderts v. Chr. als eine der ersten Frauen das Reich von Meroë regierte, und auf den Gebel Naga, den Hausberg der antiken Stadt, wo auch der antike Steinbruch liegt. Die Abbruchspuren sind noch gut zu erkennen, fertige Blöcke liegen zum Abtransport bereit. Was ist hier geschehen? Warum ging die Königsstadt unter? Haben die Ausgräber Indizien für den Zusammenbruch freigelegt?

Die Katastrophe kam unerwartet. Von oben sehen wir deutlich die Grundrisse der zusammengestürzten Paläste und Verwaltungsgebäude, die Schutthaufen der Häuser und gleich mehrere ausgedehnte Friedhöfe. Eine intakte antike Stadtstruktur unter einer dünnen Schuttschicht. Die Geschichte der Stadt läßt sich über ein halbes Jahrtausend verfolgen – von etwa 200 v. Chr. bis ins 4. Jahrhundert n. Chr. Aus der Anzahl der Gräber kann eine Bevölkerungszahl hochgerechnet werden, an die zehntausend Menschen müssen hier gelebt haben. Eine ungeheure Zahl für die Antike. Weiter links der *hafir*, ein kreisrundes Becken mit hohen, künstlichen Wällen von 170 Metern Durchmesser. In der Regenzeit sammelte sich hier das Wasser eines Wadis und versorgte die Bevölkerung monatelang.

Schon Frédéric Cailliaud schrieb: »Was ist, so frage ich mich, aus jenem eifrigen Volk geworden, das den Mut hatte, an diesem Ort inmitten der Wüste eine Stadt zu gründen und prachtvolle Bauten zu errichten, an einem Platz, wo der Reisende heute nicht das geringste findet, um sich zu erfrischen, und wo sogar die wilden Tiere nicht bleiben wollen.«

Ungeachtet der zunehmenden Verwüstung und Klimaveränderung, die in den zwei Jahrtausenden stattgefunden haben, glaubt Wildung den Zweck der Stadt in der Steppe zu kennen: eine Pfalz der meroitischen Könige, die wie einst Karl der Große durch ihr Riesenreich zogen und verschiedene Residenzen hatten. Hier im Wüstengebiet mit seinen unabhängigen, kriegerischen Beduinenstämmen war es besonders wichtig, Präsenz zu zeigen – durch die Demonstration eines mächtigen Reiches mit mächtigen Göttern.

Hinweise auf den Untergang von Naga haben die Ausgräber im Altarhof gefunden, der vom einstürzenden Pylon zerstört wurde. Es muß eine Katastrophe eingetreten sein, als im Tempel noch Kulthandlungen vollzogen wurden. Auf dem Podest fanden sich Spuren eines Rituals, das abrupt unterbrochen wurde. Wildung glaubt, daß ein Erdbeben die Zerstörung verursachte. Der Tempel wurde nie wieder aufgebaut, die Stadt zerfiel.

»Das Wichtigste für den Archäologen hier ist Selbstdisziplin. Man möchte überall gleichzeitig anfangen, am Löwentempel, da gibt es offensichtlich alte Vorgängerbauten, am Römischen Kiosk, da ist noch nie gegraben worden, den müssen wir sichern, am Bergtempel der Königin, da ist die bisher älteste meroitische Schrift entdeckt worden, hier am Gebel Naga liegt eine weitere Ruine, dann die Friedhöfe, die

26 *Vorsichtig arbeiten sich die Ausgräber im Allerheiligsten des Amun-Tempels bis auf das antike Niveau vor.*

Gräber sind noch nie geöffnet worden, den Amun-Tempel in seiner Substanz wiedererrichten, die Reliefs durchzeichnen – und dann haben wir noch einen Quadratkilometer Stadtareal ... Ich muß mir jeden Tag sagen, bitte jetzt nicht durchdrehen vor lauter Begeisterung.«

Doch die ist ansteckend. Langsam steigen wir den sanften Abhang vom Gebel Naga hinab, die Konturen der Antike verlieren sich in der beginnenden Dämmerung. Unten, im Ruinenfeld der versunkenen Stadt, herrscht eifriges Leben an einem uralten Brunnen, der von den Engländern um die Jahrhundertwende auf 75 Meter tiefgebohrt wurde. Vier Kamele ziehen tagaus, tagein das Wasser empor für die Herden der Beduinen. Kamele, Schafe, Ziegen, Rinder, von weither kommen sie, große, reiche Herden, aber auch Frauen mit Kindern und einem dürren Eselchen. Tiere und Menschen müssen Durst haben, der Brunnen ist der einzige in weiter Umgebung, doch alle

27 *Im archäologischen Ökotop mitten in der Wüstensteppe: 2000 Jahre alte Tempel, eine versunkene Stadt und ein uralter Brunnen.*

stellen sich stundenlang geduldig an, bis sie an der Reihe sind. In Ziegenhäuten wird das kostbare Naß gefördert und auf verschiedene Wasserstellen verteilt. Kinder halten die Becken sauber. Jede Herde bekommt eine Wasserstelle zugewiesen. Es läuft alles ruhig und harmonisch ab, wie seit Jahrtausenden. Die Menschen lächeln uns an. Die Kinder schauen uns einmal neugierig zu, dann wenden sie sich wieder zu ihren Tieren. Keiner bettelt, sie kennen es nicht, hier gibt es keine Touristen. Und das Grabungsteam achtet strikt darauf, daß nur die Arbeiter ihren genau geregelten Lohn bekommen.

Diese Harmonie, die hier noch zwischen Natur und den Altertümern herrscht, ist es, die Wildung so fasziniert. Ein archäologisches Ökotop. Nach Ägypten, sagt er, zieht es ihn nicht mehr zurück. Der Sudan hat ihn in seinen Bann geschlagen, er liebt das Land und seine Menschen. Die Regierung dankte es ihm mit dem höchsten sudanesischen Orden, den sie zu vergeben hat. In Naga wird er weitermachen, auch über seine Dienstzeit in Berlin hinaus, solange wie möglich.

Es ist schon spät, als wir aufbrechen. Das Firmament ist sternenübersät. Ich liebe diese Nachtfahrten in der Wüste. Ab und zu glitzern uns aus der Dunkelheit die Augen eines wilden Hundes oder Fuchses an. Am anderen Tag werden wir hier noch einmal drehen, ich werde mich in die Nähe des Brunnens setzen, dem stetigen Rhythmus einer archaischen Welt zuschauen, die alle Aufgeregtheiten unserer Welt nichtig werden läßt, die uns – wenn wir es wieder einmal vergessen haben – deutlich macht, wir sind in Gottes, in Allahs Hand, die uns ruhig und friedlich werden läßt, und ich werde in mein Tagebuch schreiben: »Ich habe den schönsten Beruf der Welt.«

Das mysteriöse Labyrinth

Von Gisela Graichen

Aufwachen unter freiem Himmel, in den Zelten ist es zu stickig. Ein vorsichtiger Blick in die halbhohen Stiefel am Fußende, nach unten drehen, schütteln: skorpionfrei. Vom ein Meter hohen Bettgestell herunterklettern, die glatten, runden Metallbeine sollen vor der Gesellschaft von Schlangen, Mäusen und Ratten schützen. Den Schlafsack ordentlich zusammenfalten, damit tagsüber so leicht nichts hineinkriechen kann. Morgenritual am Grabungshaus von Musawwarat es-Sufra, 20 Kilometer nordöstlich von Naga. Sechs Uhr in der Früh Arbeitsbeginn und Austeilen des Materials an die Beduinen, die für zwei Monate angeheuert sind: In diesem drei mal fünf Kilometer großen Tal liegt die neben Naga und Meroë größte archäologische Stätte des meroitischen Reichs – und die geheimnisvollste.

Was beim löwenköpfigen Gott Apedemak hat die kuschitischen Herrscher und Herrscherinnen in den Jahrhunderten vor Christi Geburt veranlaßt, mitten in der Wüstensteppe, 35 Kilometer vom Nil entfernt, 13 Tempel und dieses mächtige mysteriöse Labyrinth zu errichten? Ein mit weißem Stuck überzogener und bemalter Gebäudekomplex von 48 000 Quadratmetern. Mit Säulen, Höfen, Rampen – die zu auf Terrassen ruhenden, ineinander verschachtelten Bauten emporführten – und nach oben offenen Korridoren mit so hohen Wänden, daß die darin Wandelnden nicht gesehen werden konnten. Dazu Tausende von Graffiti, Einritzungen und Inschriften in Meroitisch, Griechisch, Latein (die südlichste bisher bekannte), Altnubisch, Demotisch und in Sprachen, die wir überhaupt nicht kennen, von Besuchern, die es über Jahrhunderte an diesen Ort zog. Was führte die Menschen aus der ganzen damals bekannten Welt ausgerechnet in diesen von Tafelbergen umschlossenen öden, trockenen, vor Hitze flimmernden Talkessel mitten im Nichts?

28 *Die »Große Anlage«. Bis heute ist ihre Verwendung rätselhaft.*

»Große Anlage« haben die Archäologen das Labyrinth genannt, weil sie bis heute, 2000 Jahre später, immer noch nicht mit Sicherheit wissen, wozu es gedient haben mag. Nur eines wissen wir mit Sicherheit: »Die Anlage ist einzigartig auf dem gesamten afrikanischen Kontinent und damit auf der ganzen Welt«, sagt Steffen Wenig fasziniert von »seiner« Grabung.

Schon 1958, als junger Student der Ostberliner Humboldt-Universität, war er hier. Jetzt ist er an seiner alten Uni der einzige Professor für Sudan-Archäologie weltweit.

Während der Erkundungsexpedition von 1958 wurde den Berlinern angesichts der hinreißenden Relikte die vergangene, vergessene Größe eines Reiches bewußt, das im Schatten des nördlichen, glänzend erforschten Nachbarn steht und von den Ägyptologen herablassend als »vernegerte Kultur« bezeichnet wurde. Erst mit dem Nasser-Hochdamm und der Erforschung des sudanesischen Teils Nubiens begann sich die Wissenschaft für das kuschitisch / meroitische Reich zu interessieren. Und doch ist es immer noch ein Buch mit sieben Siegeln, nur wenigen Fachleuten bekannt.

Die Grabungskampagnen in den Jahren 1960 bis 1968 am bis dahin unerforschten Ruinenplatz Musawwarat es-Sufra brachten sensationelle Funde und Ergebnisse und etablierten die Sudan-Archäologie als neues Forschungsgebiet.

Gleich in der ersten Kampagne stießen die Berliner auf die Trümmer eines typischen lokalen Einraumtempels. Die Blöcke der Außenwände lagen fast unversehrt unter dem schützenden Sand begraben. So konnte der Tempel nach der Ausgrabung und Dokumentation nahezu vollständig wieder aufgebaut werden. Der einheimische Löwengott Apedemak ist zusammen mit dem Stifter des Heiligtums, König Arnekhamani, dargestellt. Da wir dessen Regierungszeit datieren können, wissen wir, daß der Tempel um 225 v. Chr. errichtet wurde. Die Übereinstimmung mit dem gut zweihundert Jahre später gebauten Löwentempel von Naga ist frappierend. Eine starke einheimische Kult- und Bautradition hat sich über Jahrhunderte erhalten. So wie in Naga auf der Südseite das männliche und auf der gegenüberliegenden Seite das weibliche Element dargestellt sind, zeigen die Reliefs hier Krieg und Chaos auf der südlichen Wand und Leben beziehungsweise Schöpfung auf der Nordwand. Auf der Rückseite des Löwentempels sind in einem Fries jeweils zur Hälfte – zum Süden hin – Kriegselefanten und Gefangene, die Krieg und Chaos repräsentieren, und – zum Norden hin – das schöpferische Lebenszeichen Anch zu sehen.

Kult, Religion, Heiligtümer standen für die Vereinigung von beidem. Gott und König waren – auch in Altägypten – die Garanten von Harmonie und Ordnung. Doch hier, mit dem besterhaltenen Bau der frühmeroitischen Zeit, wurde unser Bild von der Geschichte und Kultur des antiken Reiches von Kusch nachhaltig verändert. Die Jagd nach dem Geheimnis des rätselhaften Tals enthüllte viel vom kulturellen und religiösen Leben der Kuschiten – aber noch längst nicht alles.

Ein Archäologie-Krimi. Die Archäologen hatten Feuer gefangen. Die Feldarbeiten brachten spektakuläre Ergebnisse, die den Umbruch im Reich Kusch, die Hinwendung zur eigenständigen Religion und Kultur zeigten, eine antiägyptische Kulturrevolution sozusagen, die auch in der Etablierung der meroitischen Schrift im 3. Jahrhundert

v. Chr. deutlich wird. Der König läßt sich plötzlich im meroitischen Gewand mit Kuschiten-Kappe, Bogenschützenring und Schärpe abbilden. Zum ersten Mal werden die einheimischen Götter dargstellt. Tiergestaltige Säulenbasen, Architekturschmuck in Form von Löwen, ägyptischen und meroitischen Göttern, Wandzungen in Form von Elefanten, das alles gab es in Ägypten nicht. Doch 1968 mußte die Humboldt-Universität ihre Arbeiten einstellen – Geldmangel. Erst durch die neue politische Situation in Deutschland konnte die Sudan-Expedition, finanziert von der Deutschen Forschungsgemeinschaft, im Frühjahr 1995 fortgeführt werden. Und jetzt konzentrierten sich die Ausgräber ausschließlich auf die »Große Anlage«. Man wollte ihr Geheimnis lüften, das auch unsere europäischen Abenteurer des 19. Jahrhunderts zu phantasievollen Vorschlägen anregte.

Am 25. April 1837 erreichte Fürst Pückler Musawwarat, sah die Graffiti von Linant de Bellefonds und Frédéric Cailliaud, die als Entdecker der Ruinen gelten, »glaubte ein Recht zu haben, als der dritte Europäer, der Mesaourat besucht hat, einen Ehrenplatz zwischen diesen beiden Herren einzunehmen«, und ließ auch sein Graffito einmeißeln. Das Relief einer Königin bestärkte ihn in seiner Hypothese, »daß das schöne Geschlecht hier *de préférence* gewaltet habe«. Und flugs fand er die Erklärung für die »Große Anlage«: das »ehemalige Lustschloß der gebildeten und lebenslustigen Königin Candace, die ich mir natürlich als eine ungemein schöne und graziöse Schwarzbraune vorstellte«. Cailliaud hingegen hielt den Komplex ganz profan für eine Erziehungsanstalt für Priester und Kadetten, an deren Wänden die Zöglinge ihre Kritzeleien hinterließen, wieder andere Besucher deuteten ihn als Militärlager, Heilanstalt für Lungenkranke oder eine Elefantenzuchtstation. Tatsächlich stoßen wir überall auf Darstellungen von Elefanten, als Kriegselefanten am Löwentempel, in den Graffiti, als Statuen, auf Säulenbasen und am Ende der Mauerzunge. Bekannt ist auch, daß es zur Ptolemäer-Zeit Expeditionen zur Elefantenjagd in das Gebiet um Meroë gab.

Mit kriminalistischem Spürsinn begaben sich die Berliner Archäologen auf die Fährte und trugen in vier Grabungskampagnen ihre Beweise zusammen. Sie sind sicher, das Geheimnis der »Großen Anlage« gelüftet zu haben. Dieser einzigartige Komplex war nichts

Geringeres als das Nationalheiligtum des meroitischen Reichs, wohin die kuschitischen Herrscher und die Gläubigen aus der damals bekannten Welt zu den jährlichen Festen pilgerten, um ihre Götter anzubeten. Ein Kultzentrum, wie es Mekka für den Islam darstellt.

Sieben Indizien präsentieren die Wissenschaftler, mit denen sie ihre These untermauern:

1. Die Gebäude sind vollständig aus Stein errichtet. Dies geschah traditionell, auch in Ägypten, nur in religiösem Zusammenhang. Wohnhäuser, auch Paläste, waren unter anderem wegen des angenehmeren Raumklimas aus Lehmziegeln gebaut.
2. Es wurden keine Gräberfelder gefunden, keine Nekropolen wie in Naga oder Meroë, das heißt, hier gab es keine Siedlung. Trotzdem liegt gleich neben dem Löwentempel mit 250 Metern Durchmesser einer der größten Hafire (Wasserauffangbecken) des meroitischen Reichs, der Tausende von Menschen mit Wasser versorgen konnte. Ein Hinweis darauf, daß diese Menschenmassen nur sporadisch zusammenkamen.
3. Architektonische Besonderheiten wie Rundstab und Hohlkehle wurden traditionell – auch in Ägypten – nur in Kultbauten als Ornamente verwendet.
4. Die Säulenreliefs zeigen die Erwählung des Königs durch Götter und seine Krönung, Szenen, die vermutlich auf kultische Handlungen im Tempel Bezug nahmen.
5. Von den 150 Inschriften ist der größte Teil kultischen Inhalts, etwa 25 sind an den Löwengott Apedemak gerichtet. In den zweieinhalbtausend Ritzbildern sehen die Ausgräber den Ausdruck einer Volkskunst der Pilger, die nicht schreiben konnten, eine Form magischer Votivbilder. Mit den Graffiti von Göttern und Königen, Jägern und Tieren sollte das Wohlwollen der Allmächtigen erlangt werden, sicher im Zusammenhang mit dem rituellen Geschehen.
6. In einem der Höfe wurde ein Kultgarten entdeckt. Auf dem Monitor im Grabungshaus zeigen Steffen Wenig und Grabungsleiter Pawel Wolf die Erdschichtungen der Pflanzgruben: Spuren von ausgewachsenen Pflanzen, die in großen Töpfen mit ihren Ballen hierhin transportiert und in dem Hof für einen gewissen Zeitraum eingepflanzt worden waren. An der Unterseite klebten noch Scherben der Gefäße. Die Ausgräber vermuten, daß die

Pflanzen aus Baumschulen am Nil stammten, Analysen der Überreste in den Löchern wiesen unter anderem auch Nil-Schlamm nach. Die Gärten wurden in regelmäßigen Abständen immer wieder neu angelegt. Wären die Pflanzen länger dort geblieben, hätten sich ihre Verwurzelungen im umgebenden Erdreich abzeichnen müssen.

Eine Allee mit zwei Reihen großer Pflanzgruben wurde entdeckt, daran schließt sich ein ausgedehntes Areal mit kleineren Gruben an. Man hat versucht, Weihrauch zu setzen, doch der ist nicht kultivierbar.

Triumphierend wie Sherlock Holmes und Dr. Watson deuten die beiden Wissenschaftler auf ihren Laptop. Wir sind tatsächlich schwer beeindruckt. Die Fülle an Indizien ist überwältigend: Hier kam regelmäßig in bestimmten Abständen eine große Anzahl von Menschen zusammen – und das in einem religiösen Zusammenhang –, die hier aber nicht fest siedelten. Schon der Aufwand mit den am Nil gezüchteten Pflanzen läßt auf kein gewöhnliches Pilgerzentrum schließen. Und tatsächlich präsentieren die beiden verschmitzt und stolz noch einen weiteren Beweis. Und der Trumpf sticht: Der Königshof muß bei den jährlichen Zeremonien anwesend gewesen sein. Denn
7. gleich säckeweise legten die Wissenschaftler Scherben frei. Doch in einem der Höfe wurde sehr feine, eierschalendünne, bemalte Keramik entdeckt: Königskeramik. Und dann die nächste Sensation: der Fund einer Keramikwerkstatt mit drei kleinen, stiftartigen Stempeln. Das heißt, die Becher, Tassen, Schalen wurden hier hergestellt und mit gestempelten Mustern verziert. Wenig und Wolf legen einen Stempel gleich neben die entsprechende, über 2000 Jahre alte Scherbe, die den Abdruck eben dieses Stempels trägt. Die Brandspuren am senkrechten Grabungsschnitt zeigen, daß hier an dieser Stelle die hauchdünne Keramik einst gebrannt wurde.

Eine der großen wissenschaftlichen Fragen der letzten 30 Jahre war gelöst. Diese wunderbar feine Keramik wurde nicht aus dem Norden importiert. Sie wurde hier, im Zentrum des Reiches, hergestellt.

Verblüffend, diese Detektivarbeit. Wir verabschieden uns gedanklich vom Lustschloß der schönen Kandake – mit einem Hauch von

Bedauern – und wandern durch das riesige Labyrinth mit seinen drei Tempeln, dem Kultgarten, den Höfen und Rampen für die Umzüge. Wie in Mekka oder beim Kirchentag mögen die »normalen« Besucher in Zelten gewohnt haben, die archäologisch keine Spuren hinterließen. Vom 5. Jahrhundert v.Chr. bis zum 4. Jahrhundert n.Chr. wurde das Kultzentrum aufgesucht, hier im Heiligen Tal der Könige von Kusch.

29 *Die Ausgrabung der Keramikwerkstatt mit dem Fund des Stempels beweist: Das feine Geschirr wurde zu den großen heiligen Festen hier in Musawwarat hergestellt.*

Doch warum begründeten die Herrscher ausgerechnet inmitten von Nichts, weit entfernt von Meroë, Naga und dem Nil ihr nationales Heiligtum?

Heilige Orte werden in vielen Religionen nicht bestimmt, sondern gefunden, Plätze, an denen die Götter sich zeigten, an denen man sich ihnen nahe fühlte. Worin lag das Besondere, der Zauber dieses weiten, heute öden, verlassenen Tals, das die Menschen vor zwei-, dreitausend Jahren so magisch berührte?

Verhaftung am *shendi market*. Nachdenklich fahren wir an diesem Abend zurück nach Shendi. Die flachen Tafelberge zeichnen sich als schwarze Silhouette ab. Hier haben die Berliner mit Hilfe von Steinforscher Jürgen Becker die Steinbrüche untersucht, in denen, fast 2000 Jahre bevor wir im Abendland die Technik des Schlagbohrens beherrschten (überliefertes Datum: 1627), die Quader für die Tempelbauten mit siebzig Zentimeter langen Eisenstangen aus dem Fels geschlagen wurden. Und wieder stellen wir uns die Frage nach dem verlorenen Wissen: Was wußten die Alten, was wir vergessen hatten – und noch immer haben?

Morgen wollen wir Marktszenen filmen, wollen Pawel Wolf mit dem Koch beim Einkaufen zeigen. Für das Abendbrot heute hatten wir ein lebendiges Schaf im Versorgungswagen zur Grabung mitgenommen. Wobei ich einige Zeit gebraucht hatte, um zu kapieren, warum in einem unserer Jeeps ein Tier mitfuhr ...

Morgen wird unser vorletzter Drehtag sein: der lebhafte Markt der alten Handelsstadt am Nil, Arbeiten im Grabungshaus und das Fest, ein Kamelrennen der Einheimischen. In Gedanken verabschieden wir uns schon langsam – mit Wehmut. Die freundlichen, stolzen Menschen im Nordsudan, die Landschaft, die Ruinen, alles hat uns unglaublich beeindruckt.

Um so enttäuschter sind wir am anderen Morgen, als wir die Dreharbeiten plötzlich und äußerst unfreiwillig abbrechen müssen. Es ist sehr früh am Morgen, doch auf dem Markt von Shendi herrscht ein lebhaftes Treiben der Händler und Käufer, die die Kühle nutzen, prüfen und feilschen. Unter schattenspendenden Tüchern werden auf wackeligen Holzgestellen Obst, Gemüse und Hühner angeboten, in den kleinen, überfüllten Seitenstraßen Berge von Weihrauch und Gewürzen, die alle Wohlgerüche Arabiens verströmen. Die Stofflieferanten und Näher sind gleich um die Ecke, die langen, weißen Gewänder schaukeln an metallenen Kleiderbügeln im leichten Wind, der vom Nil her weht. Die Kinder staunen uns an – Weiße sind selten –, lächeln, sind fröhlich, Betteln gibt es nicht. Alle sind zwar freundlich, doch die Frauen wehren bestimmt ab, wenn wir sie filmen wollen. Wir richten uns danach.

In einer Nebenstraße kippt plötzlich die Stimmung. Wir haben an der Ecke die Kamera aufgebaut. Pawel Wolf prüft mit dem Koch die Auslage vor dem kleinen Gewürzladen. Wir bemerken die Geheimpolizisten zuerst gar nicht, sie sind alle in Zivil. Da wir uns mit all unseren Genehmigungen auf der sicheren Seite fühlen, nehmen wir sie auch nicht ernst. Doch an der Reaktion der Umstehenden merken wir, es ist tatsächlich ernst!

Wir kapieren, daß wir verhaftet sind und in die Wagen der *security* einsteigen müssen. Die Fahrer folgen mit unseren Landrovern. Die Gegend wird immer einsamer, wir gelangen zu einem Gebäude etwas außerhalb von Shendi: die Dienststelle der Geheimpolizei. Wir werden festgehalten und verhört. Das Gefühl, dem halben Dutzend Männern in Zivil ausgeliefert zu sein, ist nicht gerade angenehm. Die Fahrer bleiben draußen bei den Wagen. Wir können sie sehen, sie haben Angst.

Alles Entgegenkommen, alle Unterstützung, alle Papiere des Kultusministeriums in Khartum und der Botschaften nützen nichts, auch nicht die Dreherlaubnis speziell für *shendi market*, die wir uns zusammen mit den Genehmigungen für die anderen Motive schon viele Monate zuvor von Deutschland aus besorgt hatten. Wir sollen das gesamte Drehmaterial abgeben. Doch das beinhaltet bei nur einem Tag unfachgemäßer Lagerung in dieser Hitze die Gefahr, daß das Material unbrauchbar wird und nicht sendefähig ist. Das hieße vier Wochen Arbeit, Mühe, Strapazen, spannende Situationen und großartige Motive – alles umsonst.

Wir sind fest entschlossen, die Kassetten nicht herauszugeben, wissen wir doch, daß die Regierung unser Filmvorhaben unterstützt. Doch Khartum ist weit. Stundenlanges Palaver. Wir behaupten, wir hätten die Kassetten nicht bei uns. Wir zeigen weitere Papiere vor, die in Englisch und Arabisch bestätigen, daß alle Dienststellen des Sudan uns jede Hilfe geben sollen. Wir einigen uns schließlich. Der Offizier fordert nur noch die Kassette vom heutigen Tag auf dem Markt. Kameramann Steffen Böttrich und Fotografin Gisela Floto holen vor unseren Augen schließlich mißmutig die sauber beschrifteten *Shendi-market*-Filme aus den Kameras. Ich bin sauer. Das waren schöne Aufnahmen heute morgen. Regisseur Peter Prestel gibt mir ein kurzes Augenzeichen: Die beiden haben im Equipment-Wagen schnell die Filme ausgetauscht. In den Kameras war nur unbelichtetes Material, das sie abgegeben haben.

Wir dürfen weiterfahren nach Musawwarat es-Sufra. Unsere wunderbare Stimmung vom Vortag ist dahin. Und wir haben ein wenig Angst. Wenn die Geheimdienstler merken, daß wir sie hereingelegt haben … Dann wird's nicht mehr nur um die Filmkassetten gehen. Nachträglich bin ich froh, daß ich die Flasche Whisky nicht ange-

30 *(Folgende Doppelseite) Markt in der alten Handelsstadt Shendi. Jeden Morgen kommen Händler und Käufer von weither zusammen. 1822 wurde hier Mohammed Alis Sohn Ismail ermordet, der Pascha rächte sich mit einem furchtbaren Strafgericht.*

nommen habe, die man mir aus geheimen Quellen angeboten hatte. Alkohol ist strengstens verboten im Sudan, und das Verbot wird auch eingehalten, im Gegensatz zu Pakistan oder Oman, wo man in jedem internationalen Hotel in den Hauptstädten Alkohol ordern kann. Und ich denke mit Grausen an die Geschichte von den beiden französischen Kollegen, die eine Flasche im Hotelzimmer im Koffer versteckt hatten. Sie bezahlten mit vierzig Hieben, die sie auf die Fußsohlen erhielten, und mußten ins Krankenhaus nach Frankreich ausgeflogen werden. Nicht auszudenken, wenn gerade in diesem Moment unsere Zimmer durchwühlt würden und dort etwas versteckt wäre. Es gilt konsequent das strenge islamische Recht, und das ist nicht gerade zimperlich. Als sich einer unserer Fahrer einmal bückte und sein Hemd hochrutschte, sahen wir die Narben der Peitschenhiebe, die er irgendwann erhalten hat. Das in der Woche unserer Abreise aus Deutschland erschienene »Länderheft Sudan« der Deutschen Afrika-Stiftung warnt sicher nicht ohne Grund: »Gesetzesverstöße werden nach islamischem Recht mit sehr strengen Strafen geahndet.« Und: »Willkürliche Verhaftungen sind keine Seltenheit.«

Mohammed Hassan, unser Führer, schafft es durch stundenlange Telefonate nach Khartum, die Filme herauszubekommen. Er bringt sie mit einer Entschuldigung von der Geheimpolizei. Uns ist trotzdem nicht wohl. Der Geheimdienstboß hat seinen Untergebenen gegenüber sein Gesicht verloren. Vorsichtshalber lassen wir den Metallkoffer mit den 40 Kassetten auf der Grabung und transportieren ihn direkt von dort quer durch die Wüste nach Khartum-Flughafen, zur Lufthansa. Und tatsächlich wurde unser Fahrer, der uns am nächsten Abend in die Hauptstadt zurückbrachte, schon in Khartum erwartet und verhört.

Pionierarbeit in der Wüste. Alle, die davon hören, bedauern den Vorfall, befürchten, daß er das schlechte Bild, das die europäische Presse vom Sudan übermittelt, bei uns verstärkt, daß auch wir jetzt negativ beeinflußt seien. Aber wir wissen, das kann – und es ist uns schon passiert – auch in vielen anderen Ländern vorkommen. Der Sudan – das geographisch größte Land Afrikas – ist unruhig. Die Regierung versucht es unter Kontrolle zu halten. Die konsequente Anwendung der Sharia bietet auch Schutz, besonders den Reisenden.

Pawel Wolf: »Khartum ist eine der sichersten Städte Afrikas. Und der Sudan ist noch nicht vom Tourismus verdorben.« Es stimmt, Khartum und seine Zwillingsstadt Omdurman, insgesamt 2,5 Millionen Einwohner, vermitteln mit seinen vielen Studenten, den täglichen Sportveranstaltungen am Nachmittag – wegen der Hitze wird nur bis 14 Uhr gearbeitet – und den öffentlichen Grünflächen mit jungen Leuten und Familien ein lebhaftes, fröhliches Bild. Keine Angst vor Kriminalität, vor Überfällen, vor Vergewaltigungen, keine pöbelnden Betrunkenen auf den Straßen, kein Betteln auf dem märchenhaften Markt von Omdurman, überall freundliche Hilfsbereitschaft. Und selbst von dem gefürchteten Bürokratismus der Militärregierung bleibt der Besucher verschont, wenn er in Khartum im Hotel Acropole wohnt und alle Behördengänge in die Hand seines Besitzers George Pagoulatos legt.

Die Polizeisperren – die uniformierte Polizei war übrigens überall ausgesprochen korrekt und höflich –, bei denen wir die Papiere für jedes einzelne Mitglied der Expedition in achtfacher Ausfertigung vorlegen mußten, erfüllen eine der traditionellen Aufgaben der alten Karawanenstationen: Es ist auch eine Sorgfaltspflicht gegenüber den Reisenden in die Unwirtlichkeit der Wüste, ihr Ziel und ihre Route zu kennen. Sollten sie nach einer angemessenen Zeitspanne am nächsten Kontrollpunkt nicht wieder auftauchen, wird nach ihnen gesucht.

Aber gerade die Weite und Unberührtheit des Landes machen auch seine Faszination aus. Für die Wissenschaftler ist es Pionierarbeit, die sie hier leisten, die ihnen Ägypten nicht mehr bieten kann. Von der königlichen Stadt Meroë, sagt Pawel Wolf, sind gerade drei Prozent ausgegraben. Und vielleicht hat er in der letzten Kampagne die Entdeckung seines Lebens gemacht. Bisher galt die Inschrift in dem Bergtempel der Königin Shanakdakheto in Naga als das älteste Zeugnis meroitischer Schrift, in der Mitte des 2. Jahrhunderts v. Chr. angebracht. Nun fand Wolf am Westturm der Zentralanlage einen Block mit meroitischer Schrift, die aber im Gegensatz zu allen anderen senkrecht von oben nach unten eingemeißelt war: »So schreibt kein Pilger. Und dieser Block ist unterhalb des Begehungshorizonts architektonisch eingebaut, also wiederverwendet worden. Die Inschrift muß auf den Stein gekommen sein, bevor er eingebaut

31 *Vielleicht die älteste meroitische Schrift. Der Stein wurde zu späterer Zeit in der »Großen Anlage« wiederverwendet. Die meroitische Schrift ist bis heute nicht entziffert.*

wurde.« Und das bedeutet, da man das Bauwerk datieren kann, vor der zweiten Hälfte des 3. Jahrhunderts v. Chr. Der junge Berliner Ausgräber strahlt. Das wäre tatsächlich die älteste bisher entdeckte meroitische Schrift. Nur, solange sie nicht entziffert ist, nützt es uns wenig. Die Wissenschaftler warten verzweifelt auf eine Bilingue, auf einen Mehrsprachenstein, wie er 1822 zur Entschlüsselung der ägyptischen Hieroglyphen diente.

Doch nicht nur die Schrift gibt Rätsel auf. In der »Großen Anlage« finden wir viele nichtägyptische Einflüsse, eine zum Teil völlig andere Architektur. Woher kam das andere Wissen? Gab es womöglich im meroitischen Reich indische Einflüsse, wie manche vermuten, die sich auf die Kriegselefanten am Löwentempel berufen oder auf den vierarmigen »Buddha« am Löwentempel von Naga? Und nach wie vor: Warum erbauten die Könige von Kusch inmitten von Garnichts diesen riesigen Komplex?

»Wir wissen es nicht«, sagt Wenig. Der Professor für Sudan-Archäologie seufzt: »Wir wüßten es selber gern. Das gehört zu den vielen ungelösten Fragen. Die Forschung in der Sudan-Archäologie steht noch ganz am Anfang. Je mehr wir erfahren, desto mehr potenziert sich die Fragestellung. Es war sicher ein religiöser Komplex. Aber wir haben nichts Vergleichbares, es gibt keine Parallele, nirgendwo auf der Welt. Ein einzigartiges Pilgerzentrum, in dem der König anwesend war, in dem der Kriegs- und Fruchtbarkeitsgott Apedemak verehrt wurde.«

Wir sitzen in einer Nische im Allerheiligsten des »Tempel 100«, des Zentraltempels der »Großen Anlage«. Die Allmächtigen mögen uns verzeihen, die Nische war ursprünglich für die Aufnahme eines Götterbildes bestimmt. Durch die Säulen blicken wir in das Tal, in das heilige Tal. »Sie müssen sich das ganz anders vorstellen als heute. Es war in antiker Zeit viel grüner«, sagt Wenig. »Wir haben Bodenproben analysieren lassen. Es war dicht bewaldet. Elefantenherden, Löwen, Gazellen, Antilopen suchten hier ihr Futter. Vielleicht begann alles mit einem heiligen Baum, der einem Wanderer Schutz vor der Sonne bot. Daraus entstand ein kleines Heiligtum, vielleicht eine Rundhütte aus vergänglichem Material, daraus ein steinerner Tempel, dann das riesige Pilgerzentrum. Wir haben unter einem Tempel plötzlich Pfostenlöcher gefunden. Da war was. Da war was ganz Besonderes. Diese Ausdehnung können sie überall zurückverfolgen, im Orient, in Asien, in griechischen Heiligtümern ...«

Ich denke an den berühmten Hera-Tempel von Samos, der sich, der Mythe nach, auch aus einem als heilig verehrten Baum entwickelte.

»Dann begann im meroitischen Reich eine ausgedehnte Eisenproduktion. Zum Schmelzen des Eisenerzes brauchte man riesige Mengen Holz. Die Wälder wurden abgehackt, das Land versteppte. Das Ende des Reiches Kusch ist mit einer durch den Menschen verursachten Energiekrise verbunden.«

Ich erinnere mich an die acht Meter hohen Schlackehaufen bei Meroë, die wir auf dem Rückweg von der Expedition ins Goldland der Pharaonen gesehen hatten.

»Das Birmingham Afrikas wird Meroë von den Wissenschaftlern genannt.« Der Professor wirkt fast melancholisch, als er fortfährt: »Aber die Menschen haben nichts aus der Vergangenheit gelernt. Damals zerstörten sie ihre eigene Umwelt, heute tun sie es wieder. Am Oberlauf des Atbara hält ein neuer Staudamm das Treibholz ab, also fällen die Menschen die noch vorhandenen Bäume. Die Landschaft versteppt immer weiter. In den letzten zehn Jahren sind die Ruinen unglaublich versandet. Und da Sand Feuchtigkeit speichert, haben wir meterhoch die das Bauwerk zerstörenden Salzausblühungen.« Er deutet auf die weißen Bänder an den Mauern, die sandverweht waren.

Die untergehende Sonne taucht den alten Ruinenplatz, in dem einst so viel Leben herrschte, in ein versöhnliches, sanftes Licht. Tausende von Menschen beteten hier einst ihre Götter an, ritzten Anrufungen in die Wände und Zeichnungen von Elefanten, Giraffen, Löwen und Reitern auf Pferden und Fabelwesen wie dem geflügelten Einhorn. Gärtner pflanzten Weihrauchalleen, und Könige, vermutlich auch die Kandaken Amanishakheto und Amanitore, leiteten die feierlichen Kultzeremonien.

Zwanzig Jahre, meint Wenig, müßten sie durchgehend hier graben, um nur die »Große Anlage« zu verstehen, wie das Heiligtum funktionierte, um den Menschen von damals auf die Spur zu kommen, ihren geistigen Hintergrund zu erfassen. Und dann die anderen Tempel, das Tal, die Tafelberge, dann gibt es Dutzende von Plätzen mit sechs bis acht Meter hohen Hügeln, von denen man keine Ahnung hat, was sich darunter verbirgt. »Da liegt alles voll. Alles hier ist ein weißer Fleck auf der archäologischen Landkarte. Wir haben nur hier und da mit unserer Forschung einen Tupfer gesetzt.«

Warum ist es wichtig, die Geheimnisse des weißen Flecks zu entschlüsseln, provoziere ich den Professor. Warum ist Geschichte wichtig?

»Wir sind doch Wesen, die nicht nur essen, lieben, sterben. Wir müssen uns doch mit der Vergangenheit unserer eigenen Gattung beschäftigen. Wir können die Indizien herausfinden, wie die Menschheit sich entwickelt hat, welche Richtung sie genommen hat. Das unterscheidet uns doch vom Tier. Was sind das nur für Menschen, die sich nicht darum kümmern. Schrecklich, schrecklich ...« Und der Zuhörer spürt, daß sich der Professor auch nach seiner bevorstehenden Emeritierung noch viel Zeit erhofft, um wenigstens einige Rätsel und Mysterien des Reiches von Kusch entschlüsseln zu können.

Literaturhinweise

Brehm, Alfred Edmund: Reisen im Sudan 1847 bis 1852. Tübingen, Basel 1975.
Castiglioni, Alfredo und Angelo/Vercoutter, Jean: Das Goldland der Pharaonen. Mainz 1998.
Ceram, C. W.: Götter, Gräber und Gelehrte. Hamburg, Stuttgart 1949.
Davies, Vivian/Friedman, Renée: Unbekanntes Ägypten. Stuttgart 1999.
Fischer, Rudolf: Die schwarzen Pharaonen. Bergisch Gladbach 1980.
Gerster, Georg: Nubien – Goldland am Nil. Zürich und Stuttgart 1964.
Herodot: Historien. Stuttgart 1971.
Hinkel, Friedrich W.: Auszug aus Nubien. Berlin 1977.
Hinkel, Friedrich W.: Giuseppe Ferlini. Nell'interno dell'Africa 1829–1835. In: Bibliotheca Orientalis XLII, 1985.
Priese, Karl-Heinz: Das Gold von Meroë. Mainz 1992.
Pückler-Muskau, Hermann Fürst von: Aus Mehemed Alis Reich. Zürich 1994.
Schoske, Sylvia/Kolb, Peter: Nubien, das Goldland der Pharaonen. München 1996.
Tutanchamun. Katalog der Ausstellung des Museums für Kunst und Gewerbe Hamburg. Mainz 1980.
Wenig, Steffen (Hg.): Die Tempel von Musawwarat es-Sufra. Berlin 1996.
Wenig, Steffen: Diverse Beiträge in: Das Altertum. Amsterdam 1996.
Wenig, Steffen: Neues aus dem Reich von Kusch. In: Antike Welt, 30. Jg., Heft 3. Mainz 1999.
Wenig, Steffen: Die Deutung der Großen Anlage von Musawwarat es-Sufra. In: Nürnberger Blätter zur Archäologie. Sonderheft Sudan. Nürnberg 1999.
Wildung, Dietrich (Hg.): Die Pharaonen des Goldlandes – Antike Königreiche im Sudan (Ausstellungskatalog Reiss-Museum). Mannheim 1998.
Wildung, Dietrich: Die Stadt in der Steppe. Berlin 1999.
Willeitner, Joachim: Nubien – antike Monumente zwischen Assuan und Khartum. München 1997.

Auf der Spur der frühen Menschen

Out of Africa – Auf der Suche nach dem ersten modernen Menschen

Von Peter Prestel

Seit Stunden sitzt er im heißen Sand und fegt mit einem Handbesen die oberste Schicht des feinkörnigen Materials auf ein Kehrblech, kippt es dann in einen Eimer; wenn der voll ist, trägt er ihn weg zum Aussieben. Er tut dies mit einer Akribie, die eine schwäbische Hausfrau beim Frühjahrsputz an den Tag legt. Mit den großen Dünen in seinem Rücken könnte man den Eindruck bekommen, der Mann fegt die Wüste, Quadratmeter für Quadratmeter, ohne eine Ecke auszulassen. Doch eine derart sinnlose Sisyphusarbeit ist unserem Mann nicht zuzutrauen. Immerhin ist er ein angesehener ordentlicher Professor. Nicholas Conard ist Archäologe und im feinen Sand der Dünen den Hinterlassenschaften des ersten modernen Menschen auf der Spur. Was er bei seiner schweißtreibenden Arbeit findet, ist für den Laien auf den ersten Blick wenig beeindruckend. Wenn Conard Glück hat, entdeckt er Knochenreste und Steinsplitter. Für einen Spezialisten wie ihn sind das handfeste Belege für die Lebensweise der Menschen, die wir als unsere ersten wirklichen Vorfahren bezeichnen können. Doch warum ist es für Nicholas Conard so wichtig zu wissen, wie unsere Ahnen in grauer Vorzeit lebten? Warum der ganze Aufwand?

32 (Vorhergehende Doppelseite) Ist das eine Pfeilspitze, ein Faustkeil – sind das Lebensspuren ferner Jahrtausende oder ist das nur Geröll?

Der Forscher findet in einer Arbeitspause Zeit, uns seine Motive zu erklären: »Was mich immer wieder überrascht ist, daß viele Leute einzig und allein ihrer Gegenwart verhaftet sind. Sie denken nur, wie zahle ich nächsten Monat die Miete, und was sollen wir heute abend essen. Das ist natürlich notwendig, irgendwie muß das Alltagsleben ja funktionieren, aber ich finde es wesentlich interessanter, eine sehr viel größere zeitliche Bandbreite zu betrachten und zu erforschen. Es bereichert doch mein Leben, wenn ich weiß, wo ich herkomme, von wem ich abstamme. Diese Fragen haben sich die Menschen aller Epochen immer wieder gestellt. Ich finde es äußerst spannend, darauf Antworten zu suchen. Ich möchte nicht in die Religion oder die Metaphysik ausgreifen, aber ich denke schon, daß es eine Bereicherung meiner Lebensqualität ist, wenn ich morgen aufstehen kann und weiß, meine Vorfahren kamen aus Afrika oder aus China oder aus dem Neandertal. Dann bin ich einfach ein Stückchen glücklicher morgens beim Kaffeetrinken, als wenn ich das nicht wüßte. Das ist die Motivation für meine Arbeit, sie macht mein Leben schöner.«

Fahndungssache Mensch. Wer bin ich? Woher komme ich? Wer waren meine Vorfahren? Die Grundfragen der Menschheit. Fragen, die die Religionen beantworten wollen (»Und Gott erschuf den Menschen nach seinem Ebenbild«, Genesis 1,1), Philosophen haben sich die Köpfe darüber zerbrochen (»Ich denke, also bin ich«, Descartes), und jetzt versuchen also Wissenschaftler mit modernen Methoden, den Ursprüngen des einzigen Lebewesens auf dieser Welt nachzuspüren, das über sich selbst nachdenkt. Die »Fahndungssache Mensch« ist für Archäologen, Anthropologen, Paläontologen, Biologen, Genetiker und eine ganze Reihe weiterer Wissenschaftler zu einem wahren Urzeit-Puzzle geworden. Nur gemeinsam werden sie die unzähligen Teile zusammenfügen können.

Nicholas Conard ist einer der weltweit verstreut arbeitenden Puzzle-Spieler. Auch er hat sich diese Menschheitsfragen immer wieder gestellt. Der Archäologe baut bei seinen Überlegungen auf einige heute allgemein anerkannte Grundaussagen: Wir wissen spätestens seit Charles Darwins Forschungen, deren Ergebnisse in seinem grundlegenden Werk »Die Entstehung der Arten« vorgestellt wurden, daß wir uns aus einer Affenart entwickelt haben. Allgemein wird heute angenommen, daß sich die Wege der großen Affen und der direkten Vorfahren der Menschen vor etwa fünf bis sechs Millionen Jahren getrennt haben. Erst jüngste Analysen unserer Erbanlagen, gespeichert in unserem Lebenscode, der DNS (Desoxyribonu-

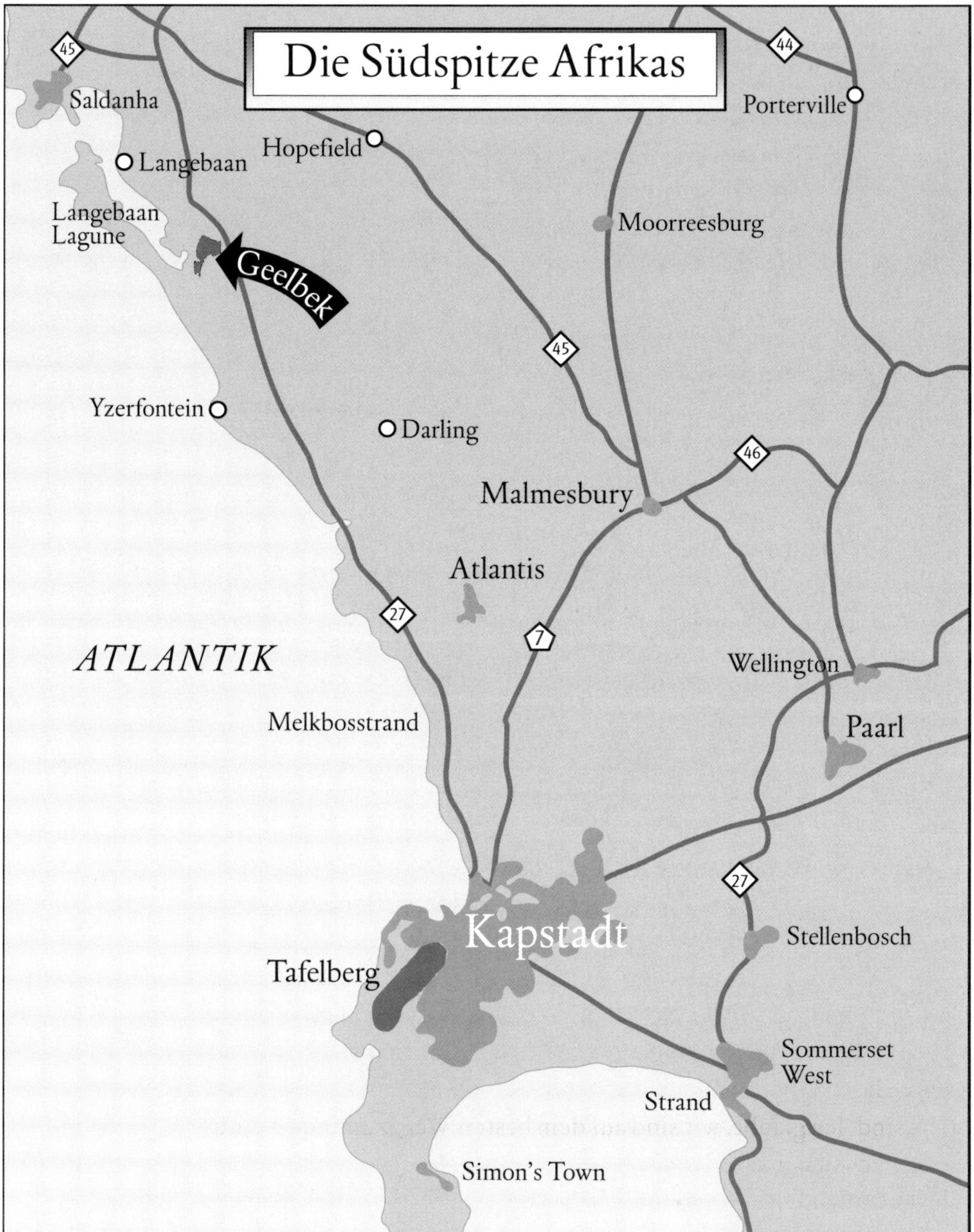
Die Südspitze Afrikas
45
Saldanha
44
Porterville
Hopefield
Langebaan
Langebaan Lagune
Moorreesburg
Geelbek
45
Yzerfontein
Darling
46
Malmesbury
Atlantis
27
7
ATLANTIK
Wellington
Melkbosstrand
Paarl
27
Kapstadt
Stellenbosch
Tafelberg
Sommerset West
Strand
Simon's Town
0
7,5
15 km
44
Kap der Guten Hoffnung

kleinsäure), ermöglichten es uns, diese ungefähren Schätzungen vorzunehmen.

Was Conard und seine Mitstreiter jetzt untersuchen, sind die einzelnen Schritte auf dem langen Weg vom Affen zum modernen Menschen. Die grobe Abfolge kann heute wissenschaftlich belegt werden. Aber noch sind viele Fragen offen, besonders was die Nuancen unserer »Menschwerdung« betrifft. »Bisher haben wir nur ein recht grobes Bild, bestenfalls in Schwarzweiß«, sagt Conard, »für einen detailgenauen farbigen Film des Gesamtszenarios müssen wir noch viel dazulernen. Mich interessiert dabei hauptsächlich das Ende des Films, das ›Happy End‹, wie wir letztlich zu dem wurden, was wir heute sind. Ich glaube, wir sind auf dem besten Weg, zumindest etwas Farbe in das Ganze zu bringen.«

Für seinen Optimismus ist Nicholas Conard, zur Zeit Dekan der Geisteswissenschaftlichen Fakultät der altehrwürdigen Tübinger Eberhard-Karls-Universität, bekannt, aber auch dafür, daß hinter seinen Aussagen immer abgesicherte wissenschaftliche Erkenntnisse stecken. Der achtunddreißigjährige Inhaber des Lehrstuhls für

33 *In einer vom Wind ausgeblasenen Deflationswanne suchen Tübinger Archäologen nach den Spuren unserer Vorfahren.*

Ältere Urgeschichte und Quartärökologie ist ein international geachteter Vertreter seines Fachs. Seit seiner Jugend hat der in Cincinnati, Ohio, geborene Amerikaner Knochen, Skelette und Scherben ausgegraben. Archäologie war und ist seine Leidenschaft. Heute ist es auch sein Beruf, und er hat es zudem verstanden, seine wissenschaftliche Arbeit so zu präsentieren, daß der Steuerzahler sein Geld, mit dem die Grabungen finanziert werden, sinnvoll verwendet sieht. »Das geht am leichtesten, wenn man ein gutes Produkt hat«, sagt er lächelnd.

Conards neuestes Spitzenprodukt ist die Ausgrabungskampagne in Geelbek, einem Dünensystem ungefähr 100 Kilometer nördlich von Kapstadt, Südafrika. Hier im Herzen des West Coast National Park kann er Landschaftsarchäologie in großem Stil betreiben und in Zeitzonen von bis zu 150 000 Jahre vor heute vordringen. Das Spektakuläre an diesem Projekt erläutert der Steinzeitexperte so: »Das Prinzip hier in Geelbek – im Gegensatz zu vielen anderen Ausgrabungen – ist, daß wir in der Fläche graben. Wir wollen eine so große Fläche wie nur irgend möglich untersuchen, ich spreche von etlichen Hektar. Das kann man unter normalen Grabungsbedingungen überhaupt nicht. Wenn wir zum Beispiel in Deutschland einen Fundplatz ausgraben wollen, der genauso alt ist wie der hier in Südafrika, also etwa 100 000 Jahre, bekommt man überhaupt keine große Fläche unter die Schaufel. Wenn man Glück hat, sind das ein paar hundert Quadratmeter. Das ist in Deutschland schon eine große Grabung, und die dauert Monate, oft Jahre. Ich habe da genügend Erfahrungen mit eigenen Grabungen: In Rheinhessen waren es 21 Monate, in der Eifel sogar 26 Monate. Das sind unglaublich aufwendige Kampagnen, bei denen man auch sehr, sehr tief graben muß, um zu finden, was man hier in Geelbek an der Oberfläche hat.«

Das Fenster in die Vergangenheit. Zum Verständnis: In den Dünen von Geelbek liegen die archäologisch interessanten Fundstücke meist direkt an der Oberfläche. Das hat einige sehr positive Aspekte: Man kommt sehr leicht an die Funde heran und kann zudem riesige Flächen archäologisch bearbeiten. Die Dünen von Geelbek vergleicht Conard gern mit einem Panoramafenster in die Vergangenheit. Man sieht hier nicht nur eine isolierte Stelle, wo man nicht genau weiß, was darum herum passierte, sondern kann Funde von Platz A direkt mit Funden vom Nachbarplatz B oder C vergleichen.

Ein »futurologisches« Beispiel soll diesen Vorteil von Conards Grabungsmethode veranschaulichen: Angenommen, Archäologen des 5. Jahrtausends würden an der Stelle des heutigen Münchens eine konventionelle Grabung durchführen, die einige hundert Quadratmeter umfaßt, dann würden sie vielleicht auf viele Scherben von Bierkrügen stoßen, auf Mauerreste eines verschachtelten Gebäudes und auf eine große Anzahl von Latrinen. Nach langem Nachdenken würden sie vielleicht zu der Annahme kommen, sie hätten hier einen wichtigen Platz gefunden, an dem kultische Flüssigkeiten für die Menschen eine große Rolle gespielt haben könnten. In Wirklichkeit haben die Archäologen des 5. Jahrtausends schlicht und einfach das Hofbräuhaus ausgegraben. Entgangen ist ihnen, daß nur wenige hundert Meter davon entfernt ein Theater und eine Oper standen, außerdem ein großes Gebäude, in dem Volksvertreter Politik machten, und daß viele, viele Autos in einer Tiefgarage abgestellt waren. Sie hätten also nur einen zwar zutreffenden, aber sehr einseitigen Aspekt der Wirklichkeit erfaßt und analysiert. Hätten sie eine größere Grabungsfläche gehabt, hätten sie ein differenzierteres Bild des vielleicht gar nicht so bierseligen Münchens des 20. Jahrhunderts erhalten.

Ähnlich geht es den heutigen Archäologen, wenn sie in die ferne Vergangenheit blicken. Deshalb ist Conard so froh über sein großes Panoramafenster in Geelbek. Immerhin ist das zu erforschende Dünensystem über 2,5 Quadratkilometer groß; in ihm befinden sich mehr als 100 sogenannte Deflationswannen. Viele dieser durch Winderosion freigelegten Flächen sind erstklassige archäologische Fundstellen, in denen zuhauf Steinartefakte und fossilisierte Knochen auftreten und zwar direkt an der Oberfläche, so daß man nicht auf ungewisse Grabungsergebnisse in der Tiefe hoffen muß. Aber durch das »große Fenster von Geelbek« scheint nicht nur Sonne, es fällt auch Schatten: Die Funde, die normalerweise schichtweise geborgen werden und damit eine chronologische Abfolge erkennen lassen, liegen hier in Geelbek meistens auf ein und derselben Ebene, der Oberfläche, und das erleichtert nicht gerade die Datierung der Funde und auch nicht deren Zuordnung untereinander.

36 *Versteinerte Fußspuren in äolischem Sand der letzten Zwischeneiszeit – der über 100 000 Jahre alte versteinerte Fußabdruck einer anatomisch modernen Frau.*

34 *(Linke Seite, oben) Blick über die Lagune des West Coast National Parc auf den fernen gelben Streifen des Geelbek-Dünensystems.*

35 *(Linke Seite, unten) Kapstadt, zu Füßen des Tafelbergs.*

Evas Fußspuren. Der West Coast National Park mit den Dünen von Geelbek gehört auch zu den Lieblingsrevieren des Geologen Dave Roberts. Besonders interessieren ihn die versteinerten Dünen der großen Lagune, die geschützt vom rauhen Südatlantik mehrere Kilometer ins Landesinnere hineinreichen. Eigentlich hat Roberts nur Augen für die vielfältigen Formationen des versteinerten Dünensands, seine Strukturen und seinen mineralogischen Aufbau. Doch diesmal ist es anders. Im Dünenfels entdeckt er mehrere Vertiefungen, rund 20 Zentimeter lang und einige Zentimeter tief. An einem Ende der mysteriösen Kuhlen sind kleine Haufen zu sehen, ähnlich den Häufchen, die ein Mensch aufwirft, der barfuß im lockeren Sand läuft. Roberts entdeckt zwar keine Abdrücke von Zehen, doch nach genauerem Studium erkennt er Fersen und Ballen. Damit ist ihm klar: Die Vertiefungen sind versteinerte Fußspuren eines Menschen!

Spezialisten haben die Spuren nach der Entdeckung genauestens vermessen und analysiert und dabei herausgefunden, daß der Mensch bergab gegangen sein mußte, daß er nicht allzu groß und nicht sonderlich schwer war. Wahrscheinlich eine Frau. Ein Name für die Verursacherin der Spuren im Sand beziehungsweise Stein war schnell gefunden: Eva. Jetzt wollten natürlich alle wissen: Wann ging Eva die Dünen hinunter zum Meer?

Wie immer die entscheidende Frage: Wie alt? Die Fußabdrücke selbst können nicht datiert werden, die einzigen Anhaltspunkte sind die Gesteinsschichten, in die sie eingebettet sind. Mit Hilfe der Lumineszenz- und der Uranreihen-Datierung konnten Evas Fußspuren dann auch sehr genau zeitlich bestimmt werden: 117 000 Jahre vor heute muß sie über die Düne hinunter zum Meer geschritten sein. Die unscheinbaren Abdrücke stellen somit eine wissenschaftliche Sensation dar: Es sind die ältesten bekannten Fußspuren eines modernen Menschen. Im South African Museum in Kapstadt werden sie deshalb auch an einem Ehrenplatz gleich in der Eingangshalle ausgestellt.

Unscheinbare Fußspuren, was können sie uns zeigen? Wir wissen, daß seit etwa vier Millionen Jahren der Mensch aufrecht geht, aber erst mit dem anatomisch modernen Menschen in Afrika um 100 000 vor heute wird der Aufbau seines Körpers dem unseren gleich. Der moderne Mensch wendet immer ausgefeiltere Methoden des Überlebens an, immer mehr Werkzeuge bringen körperliche Erleichterung in den Alltag. Seit 30 000 Jahren ist sogar eine allmähliche Schwächung des menschlichen Skeletts festzustellen – eine Entwicklung, die bis heute andauert. Wir müssen ganz einfach nicht mehr so robust gebaut sein wie unsere Vorfahren. Die von uns entwickelte Technik nimmt uns die körperliche Last mehr und mehr ab. Evas Fußspuren in den Felsendünen von Geelbek können uns in diesem Zusammenhang etwas über den Entwicklungsstand der Menschen vor 117 000 Jahren sagen. Nicholas Conard hat die Ergebnisse der »Spurensucher« genau studiert, geben sie doch auch viele Hinweise für seine archäologische Arbeit, die sich auf die gleiche Epoche bezieht. Sie sind für ihn weitere Belege dafür, daß es schon in dieser Zeit in Geelbek anatomisch moderne Menschen gab.

Doch wie kann so etwas Vergängliches wie Fußspuren im Sand eigentlich versteinern? Auch darauf wissen Geologen, Archäologen und Paläoanthropologen eine einleuchtende Antwort. Nachdem Eva über den feuchten Dünensand gegangen war, wurde die Spur rasch mit Flugsand verfüllt, der eine etwas andere Mineralstruktur hatte und deshalb eine eigenständige Schicht bildete, die die Abdrücke über die Jahrhunderte schützte. In dieser Zeit wurde aus Sand Stein – versteinerte Dünen. Durch Erosion ist dann viel später der Dünenfelsen in einzelne Platten zerfallen. Dadurch wurden einzelne Schichten wieder sichtbar, und der Zufall wollte es, daß gerade Evas Fußspuren so ein zweites Mal das Licht der Welt erblickten. Jetzt mußte nur noch einer kommen und die unscheinbaren Vertiefungen entdecken. Und die Sensation war perfekt.

Die Natur als Verbündete. Nicholas Conard und seinem Team geht es nicht um Sensationen. Sie wollen weitere stichhaltige Beweise liefern, daß der erste moderne Mensch aus Afrika kam. Diese »Out-of-Africa«-These will Conard nicht auf den anatomischen Aspekt beschränkt wissen, der Archäologe versucht auch die kulturellen Errungenschaften des *Homo sapiens sapiens,* des modernen Menschen, so genau wie möglich zu dokumentieren. Erst seine Kulturleistungen machten nämlich den Menschen zu dem, was er heute ist.

Ohne die Dünenlandschaft von Geelbek, die für die Tübinger Forscher das Fenster in die Vergangenheit öffnet, könnten sie das

37 *Die »Hausaufgaben« der Archäologen, Fundbearbeitung im Grabungshaus. Pro Tag werden hier bis zu 600 Fundstücke katalogisiert.*

ehrgeizige Vorhaben wahrscheinlich abschreiben. Doch sie haben das Glück, daß an der Atlantikküste immer der Wind weht und daß die Dünen deshalb sehr mobil sind. Nachprüfen können sie das ganz einfach: Wenn die Archäologen eine genau eingemessene Deflationswanne ein Jahr nach der letzten Grabungskampagne wieder anschauen, sehen sie, um wie viele Meter sich die Düne bewegt hat. Während des letzten Jahres betrug die Wanderstrecke exakt zwölf Meter. Conard freut das sehr, wenn »die Natur für uns gräbt«. Das spart Zeit und Geld, beides Dinge, über die Archäologen nur begrenzt verfügen. Einen Nachteil der Wanderdünen nimmt er dafür gern in Kauf: Wenn die Tübinger im nächsten Jahr wiederkommen, ist die zuvor freigelegte Stelle weg. Die Düne ist einfach darübergewandert, unaufhaltsam. Deshalb muß bei jeder Kampagne exakt gearbeitet, müssen alle Daten und Funde gespeichert werden, denn der Sand ist unerbittlich, verwischt alle Spuren des Gestern.

Doch Nicholas Conard sieht auch das positiv: »Dafür haben wir mehr Platz gewonnen weiter im Norden. Das System bewegt sich ja von Süden nach Norden mit einem ziemlich konstanten Tempo. Wir müssen nur jedes Jahr zurückkommen und die Früchte der Arbeit

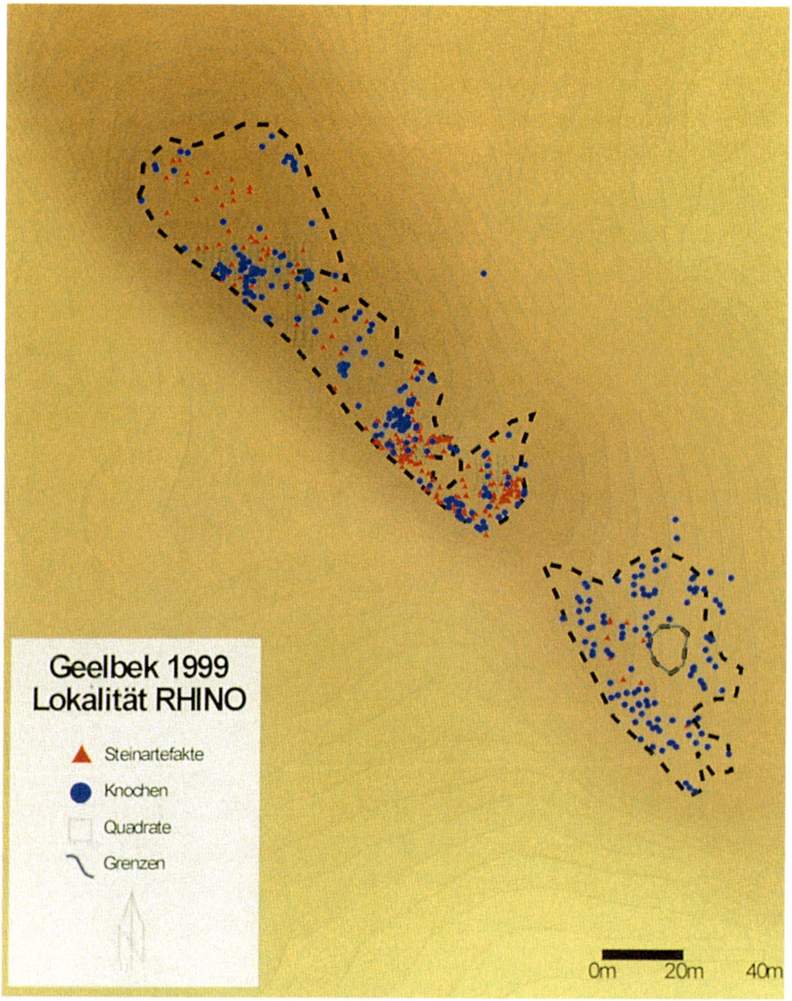

38 *Die digital aufbereitete topographische Karte der Fundverteilung am Fundplatz »Rhino«, dem Fundort des Schwarzen Nashorns.*

ernten, die die Natur für uns geleistet hat. So großflächig könnte man in Deutschland nie arbeiten, weil man überall auf Ackerland, Städte, Straßen und Vegetation stößt, die eine weitere Grabung behindern, ja oft unmöglich machen. Hier in den Dünen, ohne Vegetation, ist eine beinahe grenzenlose Ausdehnung der erforschten Flächen problemlos zu erreichen. Da dieses Gebiet hier Hunderttausende von Jahren bewohnt war, können wir davon ausgehen, daß es sehr viele Fundplätze gibt, beinahe endlos viele. Die Kunst besteht nun darin, die aussagekräftigsten Stellen zu erkunden. Die Dünen sind dabei unsere Verbündeten. Durch den Wind werden immer wieder neue

Stellen ausgeblasen, und die Funde liegen dann einfach im Sand. Oder was noch schöner ist: Die ersten paar Funde liegen an der Oberfläche, und die anderen können wir dann klassisch ausgraben. Das bringt die besten Resultate.«

High-Tech in den Dünen. Um alle Vorteile des Geelbek-Gebiets wissenschaftlich nutzen zu können, müssen Conard und sein Team schnell, exakt und effektiv eine große Menge an Daten und Funden erfassen, bearbeiten und auswerten. Modernste Technik ist für die Tübinger Archäologen dabei unverzichtbar. Die Arbeit mit Maßband, Zollstock und Theodolit, bis vor wenigen Jahren auf jeder Grabung vermessungstechnisch das höchste der Gefühle, wäre viel zu umständlich, aufwendig und ungenau. Alle Funde, die heute in Geelbek kartiert werden, werden auf den Zentimeter genau eingemessen, und das in einem Gebiet, das mehrere Hektar groß ist. Computergesteuerte Totalstationen ermöglichen diese unglaublich präzisen Meßergebnisse.

Conard kann sich noch gut an die Zeiten des Maßbandes und des herkömmlichen Theodolits erinnern. Er weiß, daß er mit diesen Hilfsmitteln in Geelbek auf verlorenem Posten stünde: »Wenn auf einer Fläche von mehreren Hektar die Punkte auf einen Zentimeter genau bestimmt werden können, ist das eine unglaubliche Genauigkeit. So etwas mit einem Maßband zu machen geht einfach nicht, das ist unmöglich. Und es geht zudem auch noch sehr zügig. Wir haben vorgestern 600 Einzelfunde an einem Tag geschafft. Das heißt also, jede Minute wird ein Fund eingemessen, beschrieben, bestimmt und eingetütet, wenn man von einem Zehn-Stunden-Arbeitstag ausgeht. An diesem Tag haben wir zwar etwas mehr als zehn Stunden gearbeitet, aber das spielt keine Rolle. Mit dem computergestützten Lasertheodolit kann man so viel mehr Funde viel, viel genauer dokumentieren als noch vor wenigen Jahren.«

Die elektronischen Helfer sind nicht nur schneller und genauer, sie eröffnen den Archäologen auch ganz neue Möglichkeiten. So können sie zum Beispiel topographische Karten von jeder erforschten Deflationsbucht in wenigen Stunden selbst herstellen. Vor Ort im Grabungshaus können diese Karten sofort ausgedruckt und ausgewertet werden. Diese detaillierte Zusatzinformation ermöglicht es den Tübingern, exakt zu belegen, um wie viele Zentimeter in welche Richtung sich das Dünensystem bewegt und welche Formen es ausbildet.

Auch das satellitengestützte GPS-System, mit dem man seine Position auf dem Erdball immer und überall auf etwa zehn Meter genau bestimmen kann, ist für Conards Arbeit unverzichtbar geworden. Der erste Schritt seiner Forschung vor Ort ist der sogenannte Survey, eine Erkundung des Geländes. Dabei wandert er mit seinem Assistenten durch die Dünen und sichtet, wenn er Glück hat, verschiedene Fundplätze, die er sofort einmißt. Denn der beste Fundplatz nützt nichts, wenn man ihn später nicht wiederfinden kann. In den Geelbek-Dünen ist das nicht immer einfach. Nach einem solchen Survey-Gang erklärt Conard die Schwierigkeit: »Geelbek ist zwar kein riesiges Dünensystem, aber ich kann Ihnen versprechen, daß man ohne Anhaltspunkte keine Chance hat, die erkundeten Stellen wiederzufinden. Wir haben das Glück, daß in den letzten Jahren die GPS-Technologie sehr gut vorwärtsgekommen ist. Man mißt den Fundort ein, und bis auf zehn Meter genau hat man den Punkt dann abgespeichert. Ich kann ihn morgen, aber auch in zehn Jahren wiederfinden. Ohne diese Möglichkeiten des GPS hätten wir hier erhebliche Probleme.«

Bei den großflächigen Grabungen in Geelbek, die zumeist eine beträchtliche Anzahl von fossilen Funden und Steinartefakten bergen, ist es von entscheidender Bedeutung für den Forschungserfolg, die anfallende enorme Datenmenge schnell verarbeiten zu können. Das Bild vom Leben der ersten modernen Menschen verbirgt sich nämlich hinter einer Unmenge von Zahlen und Informationen. Statistik ist einer der Schlüssel zur Lösung der großen Fragen nach unseren direkten Vorfahren. Deshalb ist für Conards Team der Computer heute genauso wichtig wie Schaufel und Pinsel.

Ohne hochaufgerüstete moderne Rechner könnten die Tübinger in Geelbek also gar nicht arbeiten. Conard verdeutlicht das an einem Beispiel: »Während meiner Promotion vor zehn Jahren hatte ich Datensätze, die viel kleiner waren als die, die wir jetzt hier in Geelbek haben, und der Computer kam nicht damit klar. Jetzt kann man mehrere Millionen Einheiten in ein einzelnes Programm hineinpumpen. Wir haben pro Grabungskampagne rund 10 000 einzelne Punkte, die

39 *Mit Hilfe eines Rasterrahmens werden die Knochenfunde am Nashornplatz zeichnerisch aufgenommen.*

gegliedert dargestellt werden können. Diese Daten, die täglich draußen in unserer Totalstation gespeichert werden, umfassen sehr detaillierte Beschreibungen, XYZ-Koordinaten, Erhaltungsbedingungen, geologische Position. Eine unglaubliche Erleichterung unserer Arbeit. Die Speicherkapazitäten sind mittlerweile so groß, daß wir ein Leben lang das tun könnten, was wir jetzt machen, und wir würden trotzdem alles in einer Datenbank unterbringen und auch sinnvoll damit arbeiten können. Auf meinen Grabungen vor zehn Jahren wurde das alles noch mit der Hand gemacht. Ich könnte natürlich nostalgisch werden und sagen, daß ich meinen Bleistift vermisse, aber ich muß auf jeden Fall auch praktisch denken: Es spart Zeit, es spart Geld, und es macht zudem Analysen möglich, die ohne hochwertige EDV-Ausstattung gar nicht durchzuführen wären.«

Mit den mobilen Laptops können die Wissenschaftler gleich im Grabungshaus mit der Auswertung der Grabungsergebnisse beginnen. Mit einem Mausklick läßt sich jeder gewünschte Aspekt aufrufen: Will man schnell eine Topokarte vom Fundplatz »Mathilda Rose« mit dem brandneuen »Nashorn«-Fundplatz bezüglich der

40 *Vorsichtig werden die Nashornknochen freipräpariert. Ihre Einlagerung in Kalkstein hilft bei der Datierung.*

Funddichte vergleichen, ruft man die beiden Karten auf, hat sie dann nebeneinander auf dem Bildschirm und kann sie drehen, schieben und statistisch auswerten. Die ersten Segmente zu einem lebendigen Bild des Lebens vor 100 000 Jahren entstehen auf dem Computer-Bildschirm.

Das schwarze Nashorn. Auf der Grabung herrscht Aufregung. Der Professor wird eilig herbeigerufen. Außergewöhnlich große Knochen sind direkt an der Oberfläche einer Deflationsbucht entdeckt worden. So einen Fund macht man nicht alle Tage. Conard ist hoch erfreut, wie ein Goldsucher, der ein Nugget in seiner Pfanne entdeckt. Trotzdem bleibt er mit seinen Aussagen zurückhaltend, als seine Mitarbeiter wissen wollen, was von dem Fundplatz zu halten sei. Die Knochen und Steinartefakte müssen genauestens untersucht werden. Erst im Grabungshaus können die Steinwerkzeuge vermessen, gewogen und endgültig bestimmt werden. Doch dann gibt Conard schon eine erste Bewertung ab: »So wie ich die Lage einschätze, haben wir es hier mit einem Nashorn zu tun. Es war ein mittelgroßes Tier, wahrscheinlich ein Schwarznashorn, eine Tierart, die es bis vor ein paar hundert Jahren hier noch gab. Wir können im Moment noch nicht beweisen, daß das Tier von Menschen umgebracht wurde, aber wir können deutlich sehen, daß die Knochen auch von Menschen aufgeschlagen wurden, um an das Knochenmark heranzukommen. Das ist eindeutiges Faktum. Es gibt also einen kausalen Zusammenhang zwischen Mensch und Tier.«

Die Steinartefakte, faustgroße Messer und Schaber, die Conards Leute neben den Nashornknochen gefunden haben, könnten mit dem Jagen und Schlachten des Tiers zu tun haben. Sie liegen in der gleichen Schicht wie die Knochen, dazu noch in einer ungewöhnlich hohen Konzentration. Außerdem sind sie für den vermuteten Zweck, die Zerlegung eines großen Tieres, perfekt geeignet. Es ist also davon auszugehen, daß das Schlachtwerkzeug und die wahrscheinlich beim Schlachten übriggebliebenen Knochen zusammengehören. Aufgrund des ersten Eindrucks vermutet Conard, daß sich die mutmaßliche Schlachtszene vor ungefähr 100 000 Jahren abgespielt habe. Für die Datierung ist jedoch eine sehr detaillierte geologische Beobachtung vonnöten. Aus genau welcher Schicht kommen die Fundstücke? Daß die Nashornknochen fest im Kalkstein einzementiert sind, ist für die Altersbestimmung eine große Hilfe. Aus dem Alter des Gesteins kann der Archäologe auf den Zeitpunkt der Schlachtung schließen. Die Nashornknochen sind so fest mit dem Kalkstein verbunden, daß Maria, die Grabungstechnikerin, sie mit Hammer und Meißel freigraben muß. Im Labor in Kapstadt wird Professor Hans-Peter Uerpmann die genaue Bestimmung der Tierart vornehmen, Alter, Geschlecht und sogar die Jahreszeit, in der der Tod eintrat, ermitteln.

Der Fund bietet ein gutes Beispiel für die archäologische Detektivarbeit: Das Mark aus dem Beinknochen eines Nashorns enthält immerhin 5000 Kilokalorien und war damit für unsere Vorfahren ein ebenso opulentes wie energiereiches Mahl. Aber zuerst mußten die Knochen mit Hilfe eines Schlagsteins aufgeschlagen werden, um an die Kalorien heranzukommen. Die Schlagspuren und Werkzeugfunde in der Nähe der Knochen lassen erste Rückschlüsse auf die Schlachtmethoden zu. Außerdem weiß der Archäologe, zu welchen Jahreszeiten die Knochen sehr fettreich oder fettarm sind. Geschlachtet wurde am liebsten ein fettes, energiehaltiges Tier, also kann man die Schlachtzeit genauer eingrenzen.

Es gibt noch exaktere Methoden, um die Jahreszeit zu bestimmen. Man kann zum Beispiel die Zähne, die an einem Fundplatz angetroffen wurden, aufschneiden und feststellen, ob das Tier im Frühling oder im Herbst gestorben ist. Daraus ergibt sich dann, wie das erbeutete Fleisch verwendet wurde. Im kühleren Winter konnte es länger konserviert werden als im heißen Sommer. Und dann kann man sich natürlich auch ausrechnen, wieviel Kilogramm Fleisch das Tier gebracht hat und wie lange der Aufenthalt unserer Steinzeitgruppe an dieser Stelle gedauert haben könnte. Manchmal kann man auch sehen, daß ein Tier sehr intensiv verarbeitet wurde, das heißt, die Menschen hatten damals schon genaue Kenntnisse über die Anatomie und Zusammensetzung des Tieres und wußten, wie sie es am besten nutzen konnten. Anhand solcher Informationen kann man ein Bild aufbauen. Schnelle Antworten auf unsere Fragen an die Vergangenheit sind dabei nicht zu erwarten, wohl aber stetige und eindeutige Fortschritte.

Für Nicholas Conard spielen die Ernährungsstrategien der Steinzeitmenschen eine überaus wichtige Rolle in unserer Entwicklungsgeschichte. Denn nur eine energiereiche Diät sicherte das Überleben und bot zudem genügend Reserven, um sich immer raffiniertere Techniken des kulinarischen Genußgewinns auszudenken. Hat sich der Mensch also schlau gegessen? »Kopf und Bauch gehörten immer schon zusammen«, meint der Archäologe zustimmend, als er sich nach einem langen Arbeitstag in den Dünen im Grabungshaus bei einem guten Glas Rotwein Spaghetti Carbonara schmecken läßt.

Archäologische Detektivarbeit. Die Archäologen können das Alter der Funde bestimmen, die Knochenfragmente einer Tierart, auch wenn sie ausgestorben ist, zuordnen, Werkzeuge benennen und ihre Funktion erkennen, doch die Hauptfragen, wie lebten die Menschen damals, wie sah ihre Gesellschaft aus, ihre Kommunikation, ihre Kultur, diese Fragen lassen sich anhand der Fundstücke nur sehr schwer beantworten. Deshalb greifen die Forscher gerne zu einem kleinen Trick. Sie vergleichen »ihre« 100 000 Jahre alten Menschen mit Bevölkerungsgruppen, die in einem ähnlichen geographischen Umfeld

41 *Ein Schlagstein, Kerne, Abschläge und Werkzeuge der Fundstelle »Stella«.*

heute noch ihr Leben als Jäger und Sammler meistern. Der Ethnologe wird so zum Ideengeber für den mit spärlichen Beweisen ausgestatteten Archäologen.

Auch Nicholas Conard sucht nach Anknüpfungspunkten zwischen seinen Fundanalysen und ethnographisch belegten Völkern. Er bezieht dabei hauptsächlich verschiedene Buschmänner-Gruppen in seine Untersuchungen ein, die bis vor kurzem noch mit Steinzeit-Technologie recht gut das Leben in der Wüste bewältigten. Solche Verbindungen herzustellen ist innerhalb bestimmter Grenzen sicherlich legitim, aber der Forscher ist sich durchaus des Problems bewußt, daß

man dabei Erkenntnisse der Ethnographie übernimmt, ohne konkrete Beweise zu haben. So wird dann plötzlich behauptet, daß schon damals eine Kernfamilie existierte mit Mutter, Vater und drei Kindern oder daß ein typischer Gesellschaftsverband in der mittleren Steinzeit, also vor 100 000 Jahren, wahrscheinlich aus fünf Familien bestand mit jeweils zwei, drei Kindern, Großmutter und Großvater. Ethnographische Parallelen lassen sich genügend finden. Aber sie archäologisch zu belegen ist eine völlig andere Sache. Hierfür brauchen Conard und seine Kollegen handfeste Daten. Je mehr, desto besser. Deshalb freut sich der Teamchef immer, wenn jeden Abend im Grabungshaus in Geelbek die Computer mit vielen neuen Zahlen und Beschreibungen gefüttert werden und auf der Datenautobahn die Hölle los ist.

Eine der Kernfragen der Wissenschaft von der Ur- und Frühgeschichte des Menschen lautet: Wie alt ist mein Fundstück? Da noch keine Schrift existierte, ohnehin der Begriff der Zeit bei unseren Urvorfahren sicher ein anderer war, gibt es keine direkten, für uns verwertbaren Hinweise. Um trotzdem eine Antwort auf diese höchst bedeutsame Frage geben zu können, wurden die Naturwissenschaftler bemüht, den verzweifelten Archäologen aus der Klemme zu helfen. Man legte ihnen bestimmte Materialien vor, die man in der direkten Umgebung der Fundstücke angetroffen hat, oder die Funde selbst. Diese fungieren als eine Art natürliche Uhr. Radioaktivität ist die Triebfeder all dieser Uhren.

Die bekannteste Naturuhr ist wohl die sogenannte Radiokohlenstoff-Methode C-14. Ein Fachmann, Professor Henry Schwarcz, beschreibt sie so: »In allen lebenden Organismen gibt es winzige Mengen des radioaktiven Isotops Carbon-14. Stirbt ein Organismus, zerfallen die C-14-Isotope, und man kann die Zeit, die seit dem Tod verstrichen ist, am verbliebenen C-14-Gehalt ablesen. Nach ungefähr 50 000 Jahren ist das meiste C-14 allerdings zerfallen, was die Datierungen von älteren Proben unmöglich macht.« Für Conards Suche nach den Ursprüngen des ersten modernen Menschen in Afrika ist die C-14 Methode also wenig hilfreich, ihm geht es ja um wesentlich ältere Funde.

Häufig zum Einsatz kommt auch die Argon-Methode. Hierbei wird vulkanisches Gestein untersucht. Dieses enthält das Element Kalium. Bei seinem Zerfall entstehen Atome des Edelgases Argon.

42 *(Vorhergehende Seite) Eine auffällige kreisförmige Konzentration von schwarzgefärbten, wahrscheinlich gebrannten Steinen. Die Reste eines Grillplatzes unserer Ahnen?*

Vulkanische Lava bildet sich bei sehr hohen Temperaturen, wobei sämtliches Argon verfliegt. Sobald die Lava jedoch abkühlt und sich verfestigt, bildet sich erneut Argon. So kann man den Zeitpunkt eines Vulkanausbruchs am Argon-Gehalt des Gesteins messen. Leider liegt der nächste Vulkan einige hundert Kilometer von Conards Dünen entfernt. Doch die Chemiker und Physiker sind mit ihrem Latein noch lange nicht am Ende.

Wenn radioaktive Strahlen auf feste Objekte treffen, können Elektronen eingefangen werden. Die Ansammlung dieser eingefangenen Elektronen stellt eine weitere Art von Uhr dar. Es gibt zwei Möglichkeiten der Messung. Zum einen die Thermolumineszens-Datierung: Man erhitzt das Objekt (zum Beispiel Keramik, Flint oder Sediment) im Labor, dabei geben die Elektronen Licht ab, dessen Helligkeit der Zahl der Elektronen entspricht. Diese wiederum geben uns das Alter des Objekts an. Diese Methode kann man zum Beispiel bei Feuersteinen anwenden, die von Urmenschen erhitzt worden waren. Bei der Erhitzung sind nämlich alle in geologischer Zeit eingefangenen Elektronen ausgetrieben worden, die uns lediglich gesagt hätten, wie alt der Stein ist. Wir wollen aber wissen, wann der Feuerstein von einem Menschen benutzt wurde. Mit seinem Feuer hat der Urmensch also die Elektronenuhr auf Null gestellt. Erst danach konnte der Feuerstein wieder Elektronen einfangen, die uns nun sein Alter verraten. Die zweite Möglichkeit ist die Elektronenspin-Resonanz-Datierung: Sie funktioniert nach dem gleichen Prinzip. Nur werden die eingefangenen Elektronen mit einem speziellen Spektrometer gemessen. Mit dieser Methode kann zum Beispiel Zahnschmelz von Tieren und Menschen untersucht werden, die vor über 100 000 Jahren gestorben sind.

Sehr aufschlußreich ist auch ein Blick auf das Magnetfeld der Erde. Daß der magnetische Nordpol nahe dem geographischen Nordpol liegt, war nämlich nicht immer so. Vor genau 780 000 Jahren hat sich das Magnetfeld gedreht, und das nicht zum erstenmal. Der Paläomagnetismus ist in magnetisierbaren Gesteinen gespeichert. Diese sind so ausgerichtet wie zur Zeit ihrer Entstehung. Hat ein stark eisenhaltiger Stein also eine umgedrehte Ausrichtung zum heutigen Magnetfeld, muß er vor 780 000 Jahren entstanden sein. Da weiß man doch gleich, wie man dran ist ...

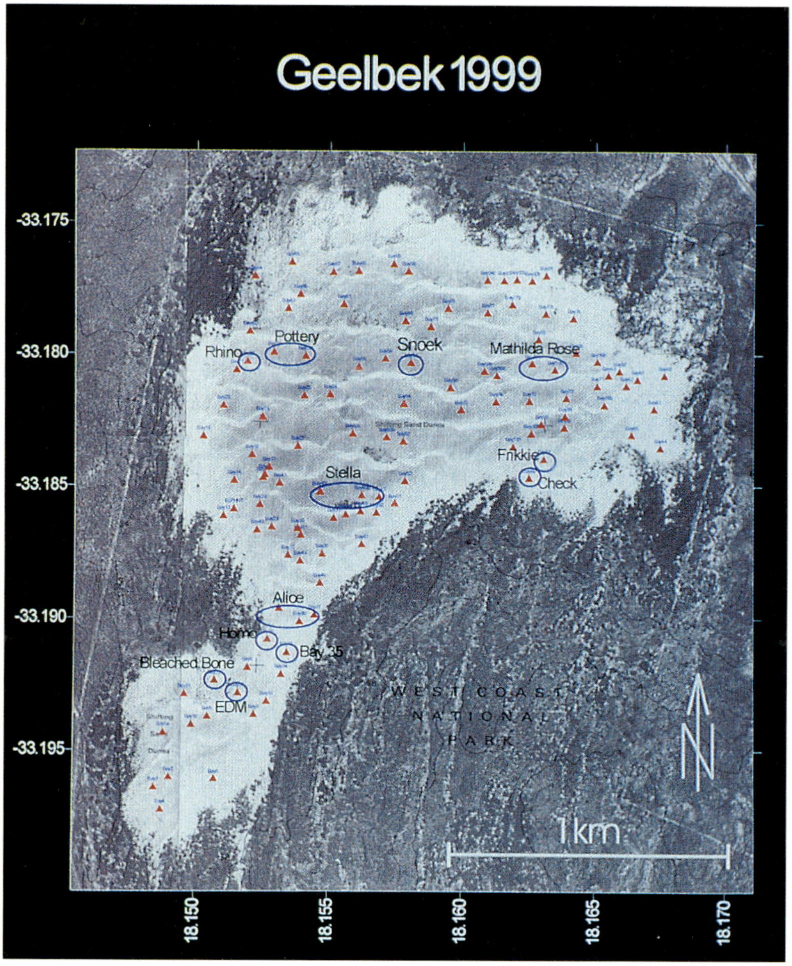

43 *Ein computerbearbeitetes Luftbild der Geelbek-Dünen mit den bislang untersuchten Fundstellen verdeutlicht die enorme Dichte von archäologisch bedeutsamen Stellen in diesem sandigen Fenster in die Vergangenheit.*

Eine weitere Methode der Datierung von versteinerten Knochen, menschlichen wie tierischen, ist das Uran-Ungleichgewichts-Verfahren. Dabei werden Zerfallsprodukte des Uran-Atoms miteinander verglichen. Aus dem Mengenverhältnis der Zerfallsprodukte, zum Beispiel Thorium, zum Mutterelement Uran läßt sich das Alter der Probe errechnen. Diese »Atomuhr« in den Knochen ermöglicht Datierungen für eine Zeitspanne von 300 000 bis 5000 vor heute. Bei dem Einsatz eines neuen Geräts, das die Gammastrahlung der Fossilien mißt, muß das Fundstück überhaupt nicht mehr berührt werden, das nicht sonderlich beliebte Nehmen von Proben entfällt. Der einzige Nachteil dieser Methode liegt in der Dauer der Unter-

suchung: Mehrere Monate müssen die ungeduldigen Forscher auf ein endgültiges Resultat warten.

Ebenso geben geologische, biologische und klimatische Ereignisse Hinweise auf das Alter eines Fundes. Ausgestorbene Pflanzen und Tiere sowie Eis- oder Warmzeiten werden gerne zur Verifizierung anderer Meßdaten herangezogen. Oft läßt sich nur durch einen Uhrenvergleich der verschiedenen natürlichen Zeitmesser eine genaue Datierung erreichen.

44 *Noch ganz vereinzelt trifft man in der Kalahari-Wüste auf Buschmann-Gruppen, die so leben wie vor Tausenden von Jahren.*

Die Mannschaft ist der Star. Die Sonne steht schon tief am südafrikanischen Himmel, als Andrew Kandel, der Assistent von Nicholas

Conard, mit einer großen Eisbox über die Dünen gestapft kommt. Auf diesen Moment hat die ganze Grabungsmannschaft gewartet, mit ihm bricht die schönste Stunde des Tages an, die »Happy Hour«. Kaltes Bier für alle, spendiert vom Chef, mehr als eine Wohltat nach zehn Stunden Arbeit in der sengenden Sonne. So gestärkt, läßt es sich schon noch zwei Stunden in den Dünen aushalten, denn auf der Grabung muß es ja zügig vorangehen, in ein paar Tagen ist die Kampagne vorbei, und nächstes Jahr haben die Dünen alles wieder zugedeckt.

Mit unkonventionellen Methoden wie der »Happy Hour« motiviert der amerikanische Grabungsleiter seine Leute zu Höchstleistungen, ohne daß dabei die Stimmung leiden würde. Im Gegenteil, auch nach zwölf Stunden anstrengender Arbeit haben alle im Team noch ein Lächeln auf den Lippen und ein aufmunterndes Wort für den anderen, alle wissen: Wir ziehen an einem Strang! Conards Erfolgsrezept: Der bescheidene Professor sieht sich als »Erster unter Gleichen«. Nur wenn jeder im Team seine Aufgabe zu hundert Prozent erfüllt, kann ein gutes Resultat am Ende der Arbeit stehen. Wie ein Fußballtrainer stellt der Archäologe seine Mannschaft in den Vordergrund: »Man braucht Teamarbeit. Ich habe zwar einen guten Überblick über die gesamte archäologische Arbeit, die hier läuft, aber ohne Spezialisten wäre ich nichts. Wir haben Cracks, die das Einmessen schnell und ohne Fehler vornehmen, andere, die die Computerarbeit lieben. Eine Person alleine schafft das alles gar nicht. Die hochentwickelte Technologie fordert eine gewisse Spezialisierung. Auch die Studenten im Grabungshaus unterstützen das Projekt nach besten Kräften, entlasten die Leute draußen in den Dünen. Es ist heute nicht mehr wie in der Vergangenheit, als eine Person alles machen konnte, als einer der geniale Entdecker war. Deshalb lege ich großen Wert auf gute und vor allem motivierte Leute in meiner Mannschaft.«

Conard hat das Forschungsprojekt in Geelbek langfristig angelegt. Nur wenn er mit seinem Team möglichst viele Fundstellen möglichst genau untersuchen kann, sieht er eine Chance, seinem großen Ziel entscheidend näher zu kommen, die Spur des ersten modernen Menschen zu entdecken. Die Vorarbeit dazu haben Kollegen in Südafrika schon geleistet. Vor 130 000 Jahren, also während der Periode des »Middle Stone Age«, hat sich der frühe *Homo sapiens* zum anatomisch modernen Menschen *(Homo sapiens sapiens)* entwickelt. Die Funde in den Klasies-River-Mouth-Höhlen am Indischen Ozean östlich des Kaps der Guten Hoffnung beweisen diese Aussage. Zum ersten Mal haben Menschen ein hervorstehendes Kinn und verkleinerte Schneide- und Backenzähne – immer weiter entwickelte Steinwerkzeuge erledigten nun die Aufgabe der Kauwerkzeuge. Besonders aufschlußreich sind die Schädelfragmente rund um Augenhöhlen, Jochbein und Stirnbein. Daran läßt sich am genauesten eine moderne Anatomie diagnostizieren. Experten stellten dabei eine frappante Übereinstimmung mit heutigen afrikanischen Gesichtsformen fest.

Die Klasies-River-Mouth-Höhlen sind wohl die am besten erforschten Fundplätze mit Knochen und Schädelfragmenten aus der Frühzeit des modernen Menschen. Zwischen Kapstadt und Port Elisabeth gelegen, sind sie nur 300 Kilometer Luftlinie von den Geelbek-Dünen entfernt. Diese so wertvollen menschlichen Überreste sind leider extrem bruchstückhaft, zum Teil verbrannt, und einige weisen Schnittspuren auf. Das ist ein mögliches Anzeichen dafür, daß die damaligen Bewohner dieser wunderschönen Küstenlandschaft Appetit auf ihresgleichen hatten. Kannibalismus, nicht gerade sehr modern …

Verschiedene Grabungskampagnen mit immer genaueren Datierungsmethoden bestätigten das schon früher festgestellte hohe Alter der Funde von Klasies River Mouth. Nicht nur Nicholas Conard sieht sie als bedeutende Beweise für die sehr frühe Präsenz des anatomisch modernen Menschen im südlichen Afrika an. Zur selben Zeit, also vor 100 000 Jahren, finden wir in Europa nur den weniger entwickelten Neandertaler und im Fernen Osten auch noch sehr archaische Menschenformen. Das stützt die These, daß der moderne Mensch von Afrika aus die Welt erobert hat. Conard ist sich sicher: »Ja, wir kommen aus Afrika!« Ihn bewegt im Moment vor allem die spannende archäologische Frage, ob sich mit dem Auftreten des anatomisch modernen Menschen zeitgleich auch moderne menschliche Verhaltens- und Äußerungsweisen, also Sprache, Kunst und Kultur entwickelten. Bisher kann man darüber nur spekulieren. Man muß ausgraben, um die Annahmen zu belegen.

45 *Ab wann die frühen Menschen auch moderne Verhaltens- und Äußerungsweisen entwickelten, darüber kann man bisher nur spekulieren. Man muß graben, um das herauszufinden.*

Am Anfang war das Wort. Ein Kriterium für menschliche Kultur, die Sprache, ist besonders schwierig zu erforschen, da es von ihr keine dinglichen Überbleibsel gibt, die man irgendwo ausgraben könnte. Wie wichtig es trotzdem ist, der Entwicklung unserer Sprache auf die Spur zu kommen, hat schon Charles Darwin gewußt. Er sah in der Möglichkeit der differenzierten Artikulation die entscheidende Errungenschaft des Menschen gegenüber unseren äffischen Vettern. Klar ist nur, daß dieser Entwicklungsschritt im Kopf des Menschen stattgefunden haben muß. Seither untersuchen Anatomen versteinerte Schädelpartien, und Neurobiologen vergleichen auf der Suche nach Sprachzentren, Resonanzräumen und Kehlkopflagen Hirnareale von Menschen mit denen tierischer Primaten. Unumstritten ist

46 *Das Grabungshaus der Tübinger Archäologen in Geelbek. Da könnte so mancher Kollege neidisch werden …*

dabei, daß der anatomisch moderne Mensch die Möglichkeiten hatte, ein Sprachsystem zu entwickeln, das über Grunzen und Kreischen hinausging und längere »Wortketten« aufwies. Doch es gibt auch ernstzunehmende Wissenschaftler, die zum Beispiel dem Neandertaler, der oft als Dorftrottel der Menschheitsgeschichte herhalten muß, sehr wohl sprachliche Fähigkeiten zubilligen. Da es weder dafür noch dagegen handfeste Belege gibt, steht dem Gelehrtenstreit bis auf weiteres nichts im Wege. Über die Frage, wer das erste Wort sprach, ist sicher noch nicht das letzte Wort gesprochen.

Die Entstehung der menschlichen Sprache geht nach Ansicht vieler Wissenschaftler mit der Entwicklung von technischen und künstlerischen Fähigkeiten einher. Steinwerkzeuge wurden immer feiner bearbeitet, Klingen, Pfeilspitzen, Bogen und Speerschleudern hergestellt. Der Mensch wurde eitel, fertigte Schmuck aus Tierzähnen, Elfenbein und Straußenei-Schalen, und Künstler schufen die ersten Malereien. Der Mensch lernte sich immer differenzierter zu äußern. Es bildeten sich deutliche Kulturstufen heraus. Im europäischen Jungpaläolithikum haben wir mit den spektakulären Höhlenfunden von Lascaux und Chauvet in Frankreich oder den Funden aus Deutschland im Vogelherd Kunstwerke, die eindeutig zeigen, daß die Menschen, die diese Gegenstände gemacht hatten, über die gleichen geistigen Fähigkeiten verfügten wie wir heute.

Nach der Analyse von Funden und Felszeichnungen ist sich Conard ganz sicher, daß er sich in der Zeit von Lascaux oder Vogelherd oder einer vergleichbaren Entwicklungsstufe in Afrika zurechtfinden könnte. Gut, er müßte erst eine neue Sprache lernen, aber er könnte problemlos mit den Leuten auskommen. Sie wären wie wir, meint Conard, und vergleicht sie mit traditionell lebenden Eskimo-Gruppen oder den hier in der Kalahari noch vereinzelt lebenden Buschmann-Familien, die jeden Kontakt mit der Außenwelt meiden. Nicholas Conard würde sich gerne auf eine solche Zeitreise begeben: »An sich wäre das kein gravierendes Problem. Die Menschen sind alle gleich, sie sehen zwar ein bißchen anders aus, aber wir wissen heute, daß sie die gleichen intellektuellen Fähigkeiten hatten, wie wir sie heute haben.«

Conards Hauptinteresse gilt der Entwicklung des modernen Menschen in Afrika. Er und viele seiner Kollegen glauben, daß sich die »Menschen wie wir« außerhalb Europas entwickelt haben und daß sie höchstwahrscheinlich aus Afrika stammen. Funde wie die in Klasies River Mouth und seine Arbeit in Geelbek bestärken diese »Out-of-Africa«-These. Dabei ist die Zeit zwischen 100 000 und 40 000 Jahren vor heute die spannendste Periode. Aus Conards Sicht gibt es viele Argumente, die für eine voll entwickelte »Modernität« der Menschen aus dieser Zeit sprechen, aber noch zu wenige wirklich stichhaltige Beweise.

Der Nachthimmel hat sich über die Dünen von Geelbek gesenkt. Die National Park Rangers haben die letzten Besucher verabschiedet und die Tore geschlossen. Zurück bleiben die Archäologen in ihrem idyllisch an der großen Lagune gelegenen Grabungshaus. In die Stille des Abends mischen sich Gitarrenklang und junge Stimmen. »99 Luftballons«, Nenas Lied für eine friedlichere Welt, dringt durch die offene Tür. Ein Blick ins Innere des reetgedeckten Hauses verrät, daß wir trotz Wandergitarre und entspannter Atmosphäre nicht in einem Ferienlager der Pfadfinder sind. Während Liane, Maria und Christina singend den Feierabend einläuten, sitzt Philipp noch am Laptop und verarbeitet die heutigen Grabungsergebnisse in Computerdaten. Tim brütet über der gerade ausgedruckten topographischen Landkarte des »Nashorn«-Fundplatzes und pinnt sie danach stolz an die Wand; es ist die achte Karte, seit sie hier sind. Nicholas hat sich in eine ruhige Ecke zurückgezogen und schreibt seinen Bericht über den vergangenen Tag in das Grabungstagebuch. Er ist müde, zwölf Stunden draußen bei Sonne und Wind fordern ihren Tribut. Doch als er den letzten Satz in die Tasten seines Laptops hämmert und hinaus auf die Lagune schaut, möchte er mit keinem Menschen auf der Welt tauschen.

Nicholas Conard macht aus der Freude an seinem Beruf keinen Hehl: »Man soll es nicht laut sagen, aber ich werde für mein Hobby bezahlt, und ich habe einfach sehr viel Spaß an meiner Arbeit. Ich kann mir wirklich nichts Schöneres vorstellen, als Archäologe zu sein. Ich mache die Forschungsarbeit weitgehend aus persönlichen Gründen. Zum Glück kann ich diese mit sinnvollen wissenschaftlichen Fragestellungen kombinieren. Es liegt sicherlich ein Reiz darin, wichtige wissenschaftliche Fragen mit meinen Kenntnissen und meinem Know-how beantworten zu können. Aber grundsätzlich möchte ich einfach wissen, woher wir kommen. Und wenn ich auf dem Weg zur Beantwortung dieser Frage ein Stückchen weitergekommen bin, schmeckt mir der Frühstückskaffee viel, viel besser.«

Wertvoller als alle Diamanten – Archäologie im Sperrgebiet

Von Peter Prestel

Ein starker, kalter Wind weht weißen Wüstensand über die gerade verlegten Eisenbahnschienen. Mit Schaufeln und Schubkarren kämpft ein Trupp schwarzer Arbeiter gegen die feinkörnige Flut. Wir befinden uns in Deutsch-Südwestafrika, der stolzen Kolonie des Kaiserreichs, und schreiben das Jahr 1908. Auf der ganzen Neubaustrecke von Lüderitz nach Keetmanshoop sind solche Trupps eingesetzt. Vor allem in dem dünenreichen Küstenstreifen haben sie alle Hände voll zu tun. Die Bahn muß schließlich immer befahrbar bleiben. Auf ihr waren die deutschen Schutztruppen transportiert worden, um die aufständischen Hottentotten im Süden Namibias in dem 1907 beendeten Krieg zu bekämpfen.

Einer der unentwegt Schaufelnden ist Zacharias Lewala. Die Station »Grasplatz« ist sein Einsatzort. Zacharias ist ein Junge aus dem Kapland, ein ehemaliger Kutscher, der nun seinen Dienst in der Namib-Wüste angetreten hat. Vor zwei Wochen hat ihm sein deutscher Chef, der sich für alles interessierte, was die Wüste so an Pflanzen, Tieren und Steinen zu bieten hatte, befohlen, nach »sonderbaren Steinen« Ausschau zu halten. Scherzend fügte er noch hinzu, daß besonders auf Diamanten zu achten wäre. Zacharias nimmt den Auftrag sehr ernst und hat schon bald etwas »Sonderbares« gefunden: einen matt glitzernden Stein, den er an seinen Chef, den Bahnmeister August Stauch aus Thüringen, weitergibt. Was Zacharias nicht ahnt, wird für August Stauch rasch zur Gewißheit.

Der unscheinbare Stein zerkratzt sein Uhrglas. Es ist ein Diamant! Diese »Prüfung« war zwar sinnlos – ein Quarzkristall hätte ebenso das Glas zerritzt –, aber die Folgerung war richtig. Die Entdeckung sollte das Leben des Thüringer Eisenbahners ebenso verändern wie das Schicksal der gesamten Kolonie Deutsch-Südwest. Zacharias, der Junge vom Kap, hat mit seinem kleinen Stein ein veritables Diamantenfieber ausgelöst.

Der Mann und die Wüste. Der Mann trinkt gierig aus seiner Wasserflasche. Seit Stunden brennt die Sonne unbarmherzig vom Himmel. Und jetzt auch noch das: Er hat sich im Gelände verrechnet, und der Landrover hat sich im weichen Dünensand eingegraben. Da gibt's nur eins: Schaufeln, schaufeln, schaufeln und hoffen, daß die Sandbleche den Reifen genügend Halt geben, damit der Wagen der sandigen Falle entkommen kann. Der Mann wischt sich den Schweiß von der Stirn und startet den Motor. Das Getriebe vermeldet mit lautem Knirschen, daß der erste Gang mit Allradantrieb und Untersetzung eingelegt ist, die Hände umklammern das Lenkrad, dann geht es los. Die Räder greifen, der Landy kommt in Fahrt, ist schon auf dem weichen Sand. Jetzt heißt es, nicht die Nerven verlieren, immer auf dem Gas bleiben, aber nicht zu heftig, sonst geben Motor, Getriebe oder Achse nach, und dann ist Feierabend. »Lieber zehnmal steckenbleiben, als einmal den Wagen zu Schrott fahren«, sagen die alten Wüstenfüchse. Deswegen sind sie ja auch alt geworden …

Der Mann hat es geschafft und endlich wieder festeren Boden unter den Rädern. Wie vor 90 Jahren hat auch ihn das Fieber gepackt. In der Wüste sucht er sein Glück in Form von kleinen Steinen. Und für diese Steine ist ihm keine Strapaze zuviel. Am Fuße eines kahlen Berges parkt er sein treues Gefährt. Das Grün des Landrovers ist kaum noch zu erkennen, unzählige Sandstürme haben den Lack abgestrahlt; mit über 30 Jahren ist das Auto nur unwesentlich jünger als der Mann, dem es mittlerweile viel mehr bedeutet, als nur reines Fortbewegungsmittel zu sein. Dieter Noli und sein Landy sind ein Paar.

Doch jetzt denkt Dieter Noli nur noch an den Berg. Auf dessen Spitze erhofft er sich ein Eldorado. Der Aufstieg ist beschwerlich. Nach einer halben Stunde ist er oben, noch ein kräftiger Schluck aus der Wasserflasche, dann beginnt die Suche. Kurz darauf bückt sich Noli und hebt einen hellen, etwa fünf Zentimeter langen spitzen Stein vom heißen Boden. Er ist am Ziel: Auf den zweiten Blick erkennt er, daß die Stelle übersät ist mit ähnlichen Stücken. Noli strahlt. Er hält ein steinzeitliches Messer in Händen, das zum letzten Mal wohl vor 40 000 Jahren von einem Menschen benutzt wurde.

Diamantenfieber. Der Glückspilz August Stauch macht mit der Entdeckung seines Arbeiters Zacharias Lewala ein Vermögen – und verliert es wieder. Als er 1947 in seiner thüringischen Heimat stirbt, hat er gerade noch drei Reichsmark in der Tasche. Doch er war es, der die Gier nach den edlen Steinen der Namib-Wüste weckte. »Schon bald hatte in und um Lüderitzbucht auch der Schwerfälligste begriffen, daß es hier hieß, das Glück beim Schopfe zu fassen. Jedermann wurde vom Diamantenfieber gepackt. Der Wettlauf um die Besitzanteile an dem neuen Schatzland begann.« So beschreibt ein Chronist die Anfänge der Diamantensuche in Deutsch-Südwest, als man sich nur zu bücken brauchte, um im Sand die glitzernden Steine zu finden. Sein Claim-Schild an die richtige Stelle zu stecken konnte Reichtum über Nacht bedeuten.

Aber wir befinden uns schließlich in einer deutschen Kolonie, also wird die Edelsteinsuche mit preußischer Gründlichkeit organisiert. Staatliche Bergbau- und Diamantengesellschaften werden rasch gegründet, um die Diamantenfelder systematisch auszubeuten. Für einzelne Abenteurer ist da kein Platz. Bergbauingenieure, Landvermesser und Techniker werden mit den Dampfschiffen der Hamburger Woermann-Linie aus Deutschland importiert. Als Arbeiter werden Ovambos aus dem Norden der Kolonie angeheuert und in den Techniken der Diamantengewinnung unterwiesen. Von Stund an sind Schaufel und Siebe rastlos im Einsatz. Seit 1910 werden so jährlich 800 000 Karat »deutsche« Diamanten gefördert. Das sind 160 Kilo des härtesten Edelsteins der Welt mit einem Wert von damals 22 Millionen Goldmark.

Betreten verboten. Damit die Kreise der Diamantensucher nicht gestört werden, erklärt die deutsche Kolonialverwaltung die Wüste, in der die ersten edlen Steine gefunden wurden, 1908 kurzerhand zum

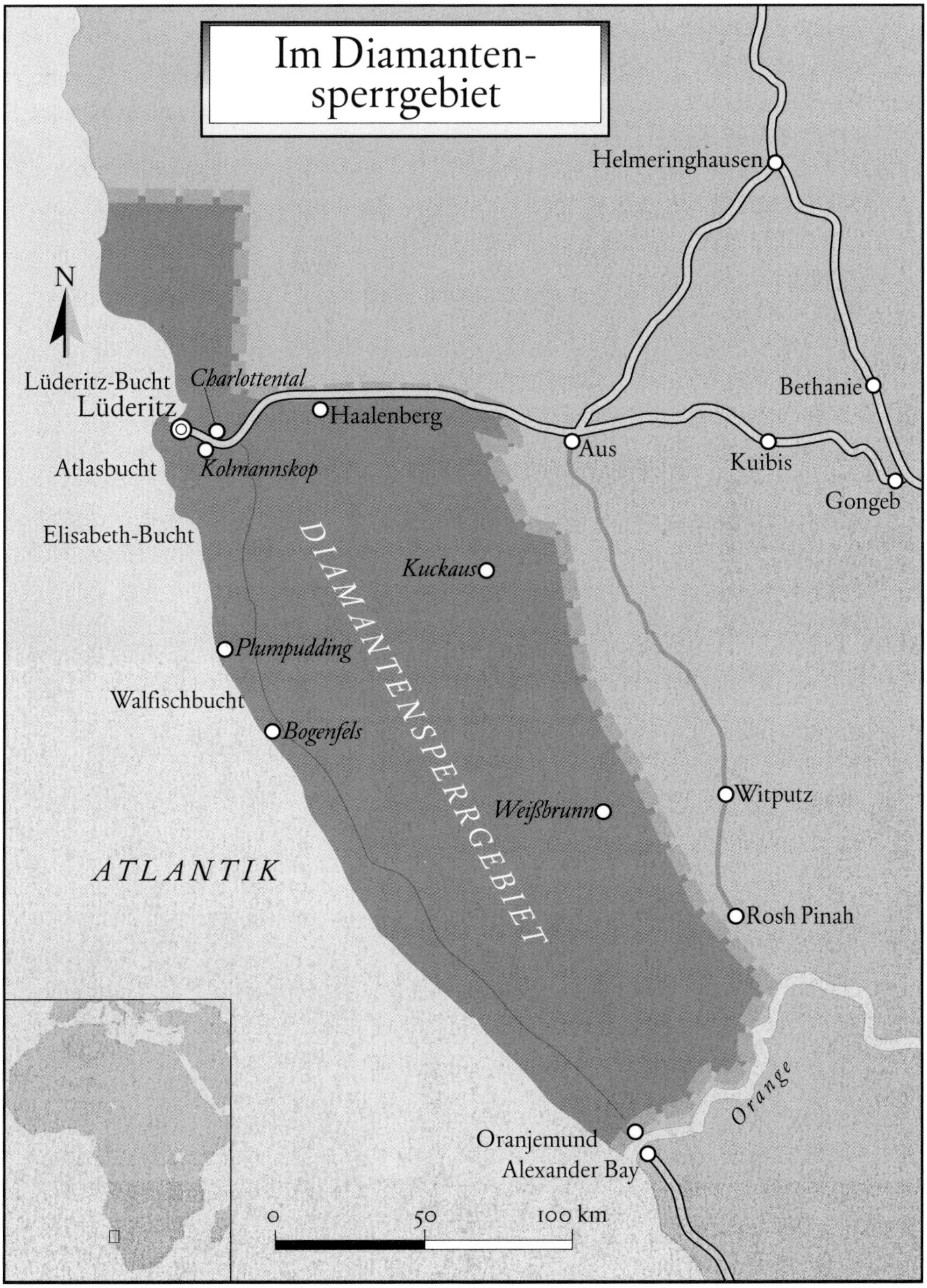
Im Diamanten-
sperrgebiet
N
Helmeringhausen
Lüderitz-Bucht
Charlottental
Lüderitz
Haalenberg
Bethanie
Aus
Kuibis
Atlasbucht
Kolmannskop
Gongeb
Elisabeth-Bucht
DIAMANTENSPERRGEBIET
Kuckaus
Plumpudding
Walfischbucht
Bogenfels
Witputz
Weißbrunn
ATLANTIK
Rosh Pinah
Orange
Oranjemund
Alexander Bay
0
50
100 km

47 Die Bahnstation »Grasplatz«. Hier präsentierte Zacharias Lewala seinem Boß, dem Bahnmeister August Stauch, einen glitzernden Stein, den er beim Freischaufeln der Schienen gefunden hatte. Der Beginn des Diamantenfiebers in »Deutsch-Südwest«.

Sperrgebiet. Strenge Strafen standen und stehen noch auf das widerrechtliche Betreten der Diamantenfelder und schon gar auf Diebstahl der funkelnden Steine. Doch die Versuchung war für manch einen einfach zu groß. Immer wieder berichteten die Zeitungen in Lüderitzbucht über spektakuläre Fälle: Tauben wurden zu fliegenden Schmugglern abgerichtet, mit Pfeil und Bogen wollten einige die Diamanten einfach aus dem Sperrgebiet hinausschießen. Doch die meisten Versuche schlugen fehl. Das Areal ist einfach zu groß – rund 300 Kilometer lang und 100 Kilometer breit. Im Norden wird es vom 26. Breitengrad begrenzt, im Süden vom Oranje-Fluß, im Westen vom Atlantischen Ozean und im Osten von einer Linie, die parallel zu der 100 Kilometer entfernten Küste verläuft. Die enorme Größe des Sperrgebiets, vergleichbar mit der Ausdehnung des Bundeslandes Baden-Württemberg, ist um so erstaunlicher, als die Diamanten nur in einem ungefähr 16 Kilometer breiten Küstenstreifen gefunden werden. Dahinter steckt die Idee, daß das diamantenlose Gebiet als eine Art Pufferzone dienen soll. Schließlich sind 100 Kilometer Wüste schwerer zu überwinden als ein zwei Meter hoher Zaun.

48 *Lüderitz – die Stadt, die nach dem Bremer Kaufmann Adolf Lüderitz benannt ist, der die Vision von einer deutschen Kolonie in der Wüste Namib verwirklichte.*

Das gesamte Sperrgebiet liegt in einer der trockensten Wüsten der Welt, der Namib. Dennoch ist es eine sehr lebendige Wüste, in deren Weiten es eine große Anzahl von Gemsböcken, Springböcken, Straußen, Schakalen, Vögeln, Schlangen, Insekten, Eidechsen, Pflanzen, Gräsern und Bäumen gibt, und an der Küste sind nicht nur Fische und Muscheln, sondern auch Robbenkolonien und braune Hyänen zu finden. Obwohl es nur ungefähr alle zehn Jahre einmal kräftig regnet, bringt dieser Regen Leben in die Ödnis. Dann blüht die ganze Wüste auf, überall stehen Wasserpfützen, und alle Wasserlöcher sind – wenn auch nur für kurze Zeit – randvoll. Aber auch wenn es nicht regnet, kann Wasser gefunden werden: in natürlichen Brunnen, die von unterirdischen Bächen das kostbare Naß beziehen. Die Stadt Lüderitz zum Beispiel bekommt schon seit den sechziger Jahren ihr ganzes Trinkwasser von einer Fossilwasserreserve im Koichab-Gebiet. Frisches Wasser, das mindestens 10 000 Jahre alt ist. Aus alten Reiseberichten geht hervor, daß viele Wasserlöcher jedoch in den letzten 100 Jahren versiegt sind; die Wüste im Sperrgebiet trocknet immer mehr aus.

Indiana Jones lebt! Dr. Dieter Noli, der Mann, der mit Wasserflasche und Landrover das Sperrgebiet durchstreift, ist in Kapstadt geboren und hat dort Archäologie studiert. Sein Vater stammt aus dem Sudetenland, seine Mutter aus Südafrika, so daß er einen deutschen und einen südafrikanischen Paß besitzt. Er spricht perfekt Englisch, Afrikaans und natürlich Deutsch, mit dem markant rollenden Böhmerwäldler »r«. Das Abenteuer hat ihn seit seiner frühesten Jugend gelockt, und so ist er mit einer Segeljacht über den Südatlantik gekreuzt, mit einem Kanu 1700 Kilometer den Mississippi hinuntergefahren und mit seinem Fallschirm auch schon mal in einem Baum gelandet. Wenn er nicht gerade in der Weite des Sperrgebiets forscht, wohnt er in Lüderitz in einem eigenhändig restaurierten Eisenbahnwaggon aus den dreißiger Jahren. Dieter Noli ist unverheiratet, was er nicht seinem Beruf, sondern seiner Wahlheimat Lüderitzbucht in die Schuhe schiebt: »Eine Frau in Lüderitz suchen ist wie fischen im Trüben. Man kann's versuchen, aber viel rauskommen wird dabei nicht.« Daß sein Lieblingsfilm »Indiana Jones« ist, verwundert keinen, der Noli einmal persönlich gesehen und erlebt hat. Ein Schuß Abenteuer muß immer dabei sein, sonst macht ihm die ganze wissenschaftliche Arbeit keinen Spaß.

Seine Arbeit beschreibt er so: »Archäologie ist die Erforschung der Vergangenheit der Menschen mittels dessen, was die Menschen hinterlassen haben, also eine Art Detektivarbeit mit uraltem Müll. Das Endresultat dieser Arbeit sollte eine glaubwürdige Ergänzung der Geschichte der Menschheit sein. In Afrika ist aber für solche Späße kein Geld vorhanden. Die namibische Regierung hat mich zum ehrenamtlichen, sprich unbezahlten Staatsarchäologen des Sperrgebiets ernannt. Zudem werde ich von der Minengesellschaft NAMDEB, einem Joint-venture zwischen dem namibischen Staat und dem Diamantenkonzern de Beers, engagiert, die im Sperrgebiet nach Diamanten schürft. Laut Gesetz dürfen nämlich keine archäologischen Fundstellen zerstört werden, wenn irgendwo eine Straße gebaut, ein Hafen angelegt oder ein Bergwerk erweitert wird. Deswegen muß heutzutage bei solchen Gelegenheiten eine Umweltstudie in Auftrag gegeben werden, und ich darf dann das Kapitel über die Archäologie schreiben. Somit kann ich mich mit Fug und Recht ›freischaffender Staatsarchäologe‹ nennen. Von der NAMDEB kommen auch die meisten Aufträge. Jedesmal, wenn in einem neuen Gebiet geschürft werden soll, muß ich erst rein und das wissenschaftliche ›Minenfeld‹ räumen. Der große Vorteil dieser Arbeit ist, daß ich auch außerhalb solcher Aufträge Zugang zum gesamten Sperrgebiet habe für meine eigene Forschung, die ich dann aber selbst finanzieren muß. Diese Ausflüge in die menschenleere Wüste sind sehr einsam – eine Hilfe oder ein Team kann ich mir einfach nicht leisten – und deshalb auch gefährlich. Satellitentelefon und GPS sind für mich deshalb ebenso lebensnotwendig wie genügend Wasser und Benzin für meinen Landrover. Wenn draußen etwas schiefgeht, muß ich wissen, wo ich bin, und ich muß mit der Außenwelt Verbindung aufnehmen können, sonst ist der Ofen aus. Auf meinem Grabstein könnte dann so etwas Ähnliches stehen wie: ›Hier liegt Dr. Noli, für alles zu haben, von der Wüste begraben, betrauert von den Raben.‹ Eine Runde Mitleid? Danke!«

Zwischen Mitleid und Neid schwanken denn auch die Gefühle, wenn die Einwohner von Lüderitz »ihren« Archäologen rausfahren sehen. Sie wissen, es ist gefährlich, was er macht. Sie wissen aber auch, daß er zu den ganz wenigen Privilegierten gehört, die sich in dieser Wüste überhaupt frei bewegen dürfen. 30 000 Quadratkilometer wissenschaftlicher Abenteuerspielplatz für einen einzigen Menschen.

Damit Dieter Noli nicht zu oft im Sand der großen Wüste steckenbleibt, erkundet er seine Forschungsrouten vorher sehr genau. Satellitenbilder geben ihm einen ersten Hinweis auf die mögliche Fahrstrecke. Doch bevor er mit seinem Landrover aufbricht, macht er sich mit seinem Zwillingsbruder Gino auf den Weg zum Flugplatz von Lüderitz. Gino war früher Pilot bei der Südafrikanischen Luftwaffe und fliegt heute als »archäologischer Aufklärer« in einem knallgelben Doppeldecker oder in einer zweisitzigen Kunstflugmaschine über die Dünenlandschaft des Diamantensperrgebiets.

»Aus der Luft sehe ich genau, welcher Pfad der günstigste ist und wo ich auf dem Holzweg gelandet wäre«, sagt der Archäologe nicht ohne Stolz auf seinen tollkühnen Bruder. Da nur in ungefähr 10 Prozent des Sperrgebiets Diamantenabbau stattgefunden hat, sind 90 Prozent unberührte Wüste. Das heißt, es gibt weder Wege noch genaue Karten. Deshalb ist die Luftaufklärung so wichtig. Schnell

49 *Dieter Noli in seinem »Schlafzimmer« – ein umgebautes Abteil des von ihm restaurierten Eisenbahnwaggons aus den dreißiger Jahren, in dem der Junggeselle lebt, wenn er nicht gerade in der Wüste nach den Zeugnissen der Vergangenheit sucht.*

wäre der Einzelgänger Noli hier verloren, wenn er nicht auf der idealen Route zu den archäologischen Fundplätzen fahren würde.

Spuren im Sand. Doch am meisten fürchtet Noli, daß er unnötige Spuren im unberührten Wüstensand zurücklassen müßte, wenn er nicht den idealen Weg wählen würde. Spuren, die in manchen Fällen noch in zehn und zwanzig Jahren zu sehen sind. Diese »Narben der Wüste« sind ihm ein Greuel, da er die Unberührtheit als eines der höchsten Güter des Sperrgebiets ansieht. »Hier haben wir eines der ganz wenigen Beispiele weltweit, beinahe ein ideales Stück Umwelt, das nicht von der Menschheit zerstört wurde. Deshalb versuche ich bei meiner Arbeit hier, so wenig Spuren wie möglich zu hinterlassen«, sagt Noli, als wir ihn nach dem Sinn einer uns seltsam anmutenden Aktion fragen: Nach einem Wendemanöver mit seinem Geländewagen hat er mit einem Handbesen die Reifenspuren wieder verwischt, so als ob er nie dagewesen wäre. Eine Bescheidenheit im Umgang mit der Natur, die er von den Indianern oder den Buschleuten gelernt haben könnte.

Reifenspuren sind ihm also ein notwendiges Übel, um an andere Spuren heranzukommen – die Spuren der Vergangenheit. Da seit der Steinzeit in diesem Gebiet die Zeit quasi stehengeblieben ist, sind die Funde hier für den Wüstenarchäologen von unschätzbarem Wert. Noli erklärt das ganz einfach: »Der Archäologe ist wie ein Polizist, der irgendwohin kommt, wo einer umgebracht wurde, und sich dann die einzelnen Beweisstücke zusammenkratzt. Wenn eine Fundstelle in einem zivilisierten Gebiet liegt, und der Polizist beziehungsweise Archäologe kommt 2000 Jahre zu spät an den Tatort, dann sind die meisten Beweisstücke weggetragen, aufgegessen, begraben oder

50 Mit dem Satelliten-Navigationssystem GPS (Global Positioning System) überprüft der Archäologe seine Diamantensperrgebietskarten aus dem Jahre 1913, die ihm immer noch gute Dienste tun.

bewegt worden. Wenn ich hier im Sperrgebiet in eine Höhle marschiere oder auf einen Berg steige, und ich sehe da ein steinzeitliches Werkzeug liegen, dann weiß ich, daß dieses Werkzeug dort liegt, wo der letzte Steinzeitmensch es hingelegt hat. Egal, ob es 40 000 oder 2000 Jahre alt ist. Ich brauche nicht groß zu ›zaubern‹ und darüber nachzudenken, wo das Ding ursprünglich gelegen hatte. Es liegt einfach dort, wo es immer war. Und das ist natürlich ein riesengroßer Vorteil.«

Für Noli ergibt sich aus seinen Funden ein klares Bild vom Leben der Menschen in der Steinzeit. »Ja, das ganze Sperrgebiet ist wie ein Tagebuch der Vorgeschichte. Es ist aber auch ein Tagebuch der Natur. Der Steinzeitmensch lebte sehr eng mit der Natur zusammen. Hier in der Wüste geht alles hart auf hart, hängt alles zusammen. Wenn der Mensch die Natur in der Wüste zerstört, geht er ein. Das Überleben des Menschen hängt auf das engste mit dem Überleben der Natur zusammen. Das sieht man hier in der Wüste sehr, sehr genau. Und wenn ich die Artefakte und Knochenfunde betrachte, sehe ich, daß die Steinzeitmenschen ganz genau um die Zusammenhänge des Ökosystems Wüste gewußt haben.«

Eine Million Jahre Menschheitsgeschichte. Seit den fünfziger Jahren wird im Sperrgebiet archäologisch gearbeitet. Die meisten Funde konzentrieren sich um den Oranje-Fluß, wo Artefakte aus der Altsteinzeit (3,5 Millionen bis 200 000 Jahre vor heutiger Zeit) genauso gefunden wurden wie Tonscherben aus den letzten Tagen der Jungsteinzeit (40 000 bis 100 Jahre vor heutiger Zeit). Die vielen Einzelfunde zu einem schlüssigen Bild der Vergangenheit in der Namib zusammenzusetzen, das hat sich Noli zur Lebensaufgabe gemacht. Nicht gerade bescheiden, wenn man bedenkt, daß er immerhin eine Zeitspanne von mindestens einer Million Jahren abdecken muß.

Doch fangen wir in grauer Vorzeit an. Die wohl ältesten Funde wie Handäxte, Messer, Schaber, Abschläge und deren Kerne sind an den Atlantikstränden nahe der Mündung des Oranje-Flusses geborgen worden. Ihr Alter wurde auf etwa eine Million Jahre datiert. Weitere Forschungen in diesem Gebiet sind jedoch durch den intensiven Diamantabbau vereitelt worden, so daß aus relativ wenigen Beweisstücken die Geschichte der Altsteinzeitmenschen rekonstruiert werden muß. Als sicher gilt, daß diese Urmenschen das Tal des Oranje-Flusses als Hauptwanderroute zur Küste benutzt hatten. Dort sind sie dann bis zu 70 Kilometer nach Norden gezogen, immer an der Küste entlang. Da im Innern der Namib keine frühsteinzeitlichen Funde gemacht wurden, schließt Noli, daß sich die Altsteinzeitmenschen aus diesem Gebiet herausgehalten haben. Auch das Bild an der Küste ist noch diffus. Der Diamantenabbau rund um Oranjemund, ein Ansteigen des Meeresspiegels in den letzten 200 000 Jahren sowie zahlreiche Überschwemmungen des Oranje-Flusses haben die Arbeit der Archäologen nicht gerade erleichtert. Bisher wurde erst eine einzige Wohnstelle der Altsteinzeitmenschen entdeckt.

Vielversprechender ist die Lage in bezug auf die Mittlere Steinzeit (200 000 bis 40 000 Jahre vor heute). Werkzeuge wie Klingen, Schaber und Nadeln wurden sogar 12 Kilometer von der Küste entfernt gefunden. Erstaunlich sind die Fundorte: Hügel, meist gute Ausguckpunkte, sind zum Teil übersät mit Artefakten. Sie liegen direkt an der Oberfläche, da im Gegensatz zu »kultivierten« Gebieten hier nie umgepflügt, gepflanzt oder überbaut wurde. Buddeln muß Archäologe Noli deswegen an seinen Fundstellen äußerst selten. Auch vor 100 000 Jahren scheinen die Menschen die Vorzüge einer guten Aussicht und einer erfrischenden Brise geschätzt zu haben. Wenn es zudem in der Nähe noch Wasser gab, war der Platz ideal.

Wasser ist sowieso der wichtigste Faktor für das Überleben in der Wüste. So ist es nicht verwunderlich, daß an Wasserstellen, auch wenn sie heute ausgetrocknet sind, immer wieder Funde gemacht werden. Auch in Höhlen wurden Werkzeuge gefunden. Am spektakulärsten war die Entdeckung der sogenannten »Apollo-11-Höhle«, die ihren Namen der Tatsache verdankt, daß während ihrer Ausgrabung die Apollo-11-Rakete der Amerikaner von der ersten Mondlandung zurückkehrte. Nach den Untersuchungen des deutschen Archäologen Dr. Wendt war die Höhle von der Mittleren Steinzeit bis zum Ende der Jungsteinzeit bewohnt und birgt zudem bemerkenswerte Felsmalereien, die ältesten datierten Kunstwerke Afrikas.

Die Jungsteinzeit hat vor ungefähr 40 000 Jahren begonnen und in diesem Teil Afrikas an einigen Stellen beinahe bis heute gedauert.

51 *Das haben die Steinzeitmenschen hier liegengelassen. Dieter Noli ist der erste Mensch, der die Steinwerkzeuge nach 40 000 Jahren wieder in Händen hält.*

Neben den bekannten Steinwerkzeugen enthalten die Fundstellen aus dieser Epoche oft auch Straußeneifragmente, von Eiern, die als Wasserbehälter benutzt wurden, zudem fein bearbeitete Straußeneiperlen – die Schmuckstücke der Steinzeitmenschen – sowie Muscheln, Seevogeleier, Knochen und Tontopfscherben. Entlang der Küste sind die Jungsteinzeitfunde meist Muschelhaufen, Fundstellen gibt es aber auch an Wasserstellen in Küstennähe und an den natürlichen Routen durch die Wüste ins Landesinnere. Daraus zieht Noli den Schluß, daß die Menschen der Jungsteinzeit hauptsächlich an der Küste lebten und die Wüste selbst nur durchwanderten. Der untere Lauf des Oranje-Flusses, der sowohl als Wasserreservoir wie als Weg ins Landesinnere diente, weist natürlich die höchste Konzentration von jungsteinzeitlichen Funden auf. Gewohnt haben die Menschen vor 40 000 Jahren meist im Freien, Höhlen haben sie, falls vorhanden, auch nicht verachtet. Die gefundenen Tontopfreste sind meist weniger als 500 Jahre alt. Die Wissenschaft geht allerdings

52 *Funde aus der Jungsteinzeit: Keramikscherben, ein Schlagstein, eine kunstvoll gefertigte Perlenkette aus Straußeneischalen und ein verziertes Straußeneifragment, das zu einer steinzeitlichen Wasserflasche gehörte.*

davon aus, daß die Keramik um 2000 vor heute ins südliche Afrika eingeführt wurde. Nur gefunden hat man solche Stücke im Sperrgebiet noch nicht.

Was zog die Menschen in die Wüste? Diese Frage stellt sich jeder, der mal einen Tag durch die Namib gewandert ist. Stechende Sonne und Temperaturen um 35 Grad im Schatten – wenn es den hier nur gäbe – wechseln ab mit starken kalten Winden, die sich rasch zum Sandsturm aufplustern können. Wenn sich der Himmel verdunkelt, der Wüstensand wie feine Nägel gegen die Haut trommelt, hilft nur noch eins: Deckung suchen. Um einen Tag in der Namib zu überleben, benötigt ein Mensch zudem etwa acht Liter Wasser. Und das ist hier schwerer zu finden als Diamanten. Trotzdem hat es den Steinzeitmenschen immer wieder in die unwirtliche Gegend des heutigen Sperrgebiets verschlagen. Dieter Noli hat herausgefunden, daß die Urmenschen nicht fortwährend hier siedelten, sondern nur dann, wenn es kräftig geregnet hatte. Im Schnitt geschieht das alle zehn Jahre. »Das hört sich nach nicht sehr viel an, aber über 40 000 oder mehr Jahre sind das dann doch etliche Besuche«, meint der Archäologe schmunzelnd.

Um diese Besiedelung zu verstehen, muß man berücksichtigen, daß sich die Pflanzen und Tiere ja auch den extremen Wetterbedingungen angepaßt haben. So wandert das Großwild immer auf der Suche nach Gras umher, und wenn es im Sperrgebiet keines mehr gibt, weichen die Tiere in das Farmland östlich der Wüste aus oder gehen hinunter zum Oranje-Fluß, der sich wie eine lange Oase durch das südliche Sperrgebiet schlängelt. In der Trockenzeit ziehen sich die Pflanzen in ihre Knollen zurück oder überlassen das Überleben ihren Samen, derweil die Bienenvölker einfach auswandern. Wenn es nun aber regnet, wird aus der Wüste ein Paradies. Das Gras schießt in die Höhe, alle Pflanzen blühen, das Großwild und die Bienen kehren zurück, und die gesamte Natur widmet sich intensiv der Nahrungsaufnahme und der Fortpflanzung. Alles scheint zu wissen: Die nächste Trockenzeit kommt bestimmt. Die Tiere speichern hier sehr schnell extrem viel Fett, und die Pflanzen formen große Knollen und nährstoffreiche Samen. Dieter Noli nennt deswegen die auf den ersten Blick so karg erscheinende Wüste »eines der wirkungsvollsten Kalorienlagerhäuser der Natur«.

Die Steinzeitmenschen wußten um diese Zusammenhänge und zogen deshalb den Kalorien hinterher in die »Ödnis der Wüste«. Doch damit nicht genug. Sie mußten auch über die klimatischen Verhältnisse orientiert gewesen sein, denn wenn es in der Wüste regnet, herrscht im Umland meist große Dürre. Die Wüste wurde dann zum idealen Zufluchtsort. Und zusätzlich bietet die Küste ein riesengroßes Buffet mit Robben, Fischen, Muscheln, Seevögeln und ihren Eiern und ab und an auch mit einem gestrandeten Wal. Das alles wußten die Urmenschen, und sie verstanden es, dieses Wissen über viele Generationen weiterzugeben. Und wenn einmal im ganzen Land Dürre herrschte, gab es besondere Spezialisten unter unseren Vorfahren, die genau wußten, wo es in der Wüste immer Wasser gab, um sich durch die Wüste ans Meer durchschlagen zu können und dort zu überleben. Bis vor ein paar hundert Jahren, das belegen Nolis Forschungen, haben Menschen hier so existiert.

Das Wasser-Wissen. Das Wissen um das Wasser war aber auch für die deutschen Diamantensucher ein entscheidender Faktor. Deshalb galt die Aufmerksamkeit der Ingenieure nicht nur den kleinen glitzernden Steinen, sondern auch einem besonderen Felsgestein: dem blauen Dolomit. Wo er anstand, war Hoffnung, denn der Stein hält, was seine Farbe verspricht. Die Geologen hatten herausgefunden, daß unter gewissen Umständen unter dem blauen Dolomit frisches Wasser sprudelt. Man mußte nur an der richtigen Stelle tief genug bohren. Noch heute findet man die Überreste von Pumpstationen, mit denen das Wasser aus bis zu 100 Metern Tiefe durch den blauen Dolomit gefördert wurde. Doch oft war das Wasser sehr salzig und mußte mit Kondenswasser gemischt werden. Dieses Kondenswasser wurde in Bogenfels in einer eigens installierten Meerwasser-Entsalzungsanlage produziert. In grandioser Küstenlandschaft gelegen, wurde der reichlich vorhandene Rohstoff Meerwasser durch die Rohre der Kondensatoren geschickt und damit das dringend benötigte Trinkwasser für Mensch und Tier produziert. Die Diamantenindustrie in der Wüste verbrauchte viel Wasser. Die Dampfkessel der Eisenbahn benötigten es ebenso wie die vielen Zugtiere der Ochsenfuhrwerke. Mit Trinkwasser gefüllte Rollfässer wurden von Eseln zu den einzelnen Schürfplätzen im Sperrgebiet transportiert. In größeren Fuhrwerken wurde Bier geliefert. Viele Deutsche gehorchten schon damals in diesem »Durstland« dem Gebot: »Spart Wasser – trinkt Bier!«

Von Missionaren, Händlern, Diamantensuchern und anderen Halunken. Das deutsche Engagement im heutigen Namibia begann nicht erst

53 Der Bogenfels. Er gab einer Siedlung der deutschen Diamantensucher an der abweisenden Küste des Südatlantiks seinen Namen.

mit der Ausbeutung der Diamantenfelder. Der Bremer Kaufmann Adolf Lüderitz hatte schon 1883 dem Nama-Häuptling Fredericks für 60 Gewehre und 500 Pfund Sterling in Gold die gesamte Küste von der Oranje-Mündung bis zum 26. Breitengrad abgekauft. Dieser Besitz wurde die Keimzelle der späteren Kolonie Deutsch-Südwestafrika. Im Auftrag Christi waren vor Lüderitz schon deutsche Missionare ins Land gekommen. Johann Heinrich Schmelen, ebenfalls aus Bremen, errichtete bereits 1814 in Bethanien ein bescheidenes Gotteshaus und versuchte von dort aus, die Hottentotten, wie damals die Nama wegen ihrer seltsam stotternden Sprache genannt wurden, zu bekehren.

Die Missionare mißbrauchten in der Folgezeit allerdings, wie Dieter Noli mit spürbarer Empörung berichtet, das Evangelium, um die politische Kontrolle über das Land zu erringen. Skrupellose Händler belieferten damals die Nama-Stämme des Gebiets mit Waffen, Munition, Pferden und Branntwein. Anstatt das Tun dieser Händler zu beenden, machten die Missionare ihnen alles nach.

54 *Die Überreste einer Meerwasser-Entsalzungsanlage, mit der die deutschen Ingenieure Trinkwasser für die Arbeiter in den Diamantenminen des Sperrgebiets erzeugten.*

»Unbestreitbare Tatsache ist«, so Noli, »daß die Missionare vor 1840 die Hauptlieferanten von Waffen und Munition waren. Als Bezahlung bekamen diese Deutschen dann Vieh, das die Nama von den Herero gestohlen hatten, manchmal auch Elfenbein und Straußenfedern. Das Endresultat war, daß der Reichtum Namibias eingetauscht wurde für Munition, die während mörderischer Raubzüge verschossen wurde, für Pferde, die dem Klima nicht gewachsen waren und krepierten, und für Branntwein, der zum kollektiven Alkoholismus der Schwarzen führte. Pocken und Geschlechtskrankheiten gab es als Werbegeschenke gratis dazu.« Und er ergänzt noch: »Die Einführung des Christentums in Namibia ist mit dem heutigen Drogenhandel zu vergleichen: Nur die ›Dealer‹ – Missionare und Händler – haben von der Sache profitiert, während die Eingeborenen kulturell und finanziell liquidiert wurden.«

Aus dieser radikalen Parteinahme des Archäologen Noli für die Urbevölkerung spricht seine Sympathie und Anteilnahme für das Schicksal der Menschen, deren Geschichte er sein Leben lang erforscht hat. Es bestärkt ihn in dieser Haltung sicher auch die Erkenntnis, daß die Errungenschaften der westlichen Welt nur in wenigen einzelnen Teilbereichen der Kultur der Urbevölkerung überlegen waren. Oft genug griff der weiße Mann gern auf das Wissen der »Buschleute« zurück, die nicht nur die ökologischen Zusammenhänge in diesem Gebiet kannten, sondern sich auch in einem komplizierten Netz von Straßen und Wegen zu bewegen wußten. »Das ist ein Grund dafür«, erklärt Dieter Noli, »daß die ersten deutschen Siedler die letzten Buschmänner als Pfadfinder engagiert haben. Da die deutschen Kolonisten entweder zu Fuß, zu Roß oder mit dem Ochsenwagen unterwegs waren, mußten sie Zugriff auf Wasser haben. Die Buschmann-Scouts führten ihre europäischen Reisegäste auf den besten Routen zu den wichtigsten Wasserstellen, bei denen nicht selten Farmen errichtet wurden. Manchmal entstanden dort ganze Dörfer. Die Routen der Buschmänner wurden von den Deutschen sorgfältig kartiert, und aus den ersten Pfaden wurden später sogar Straßen. Im Sperrgebiet sind diese Wege inzwischen verschwunden. Die Deutschen waren nach dem Ersten Weltkrieg nicht mehr da, und die Buschmänner durften hier nicht mehr wandern. Doch für mich als Archäologe sind die alten 1:100 000-Karten von Sprigade und Lotz aus dem Jahre 1913 von unschätzbarem Wert. Entlang der alten Wege an den eingezeichneten Wasserstellen finden sich nicht nur Relikte aus der Kolonialzeit, es gibt dort auch jede Menge archäologischer Fundstellen.«

Archäologische Beweisstücke und Informationen über ein Wegenetz in der Wüste, das ist der Nachlaß der Namib-Nomaden, den Dieter Noli heute verwaltet. Sie selbst gibt es nicht mehr. »Im Jahre 1931«, erzählt Noli, »als das Gebiet schon unter südafrikanischer Herrschaft war, wurden die letzten frei umherwandernden Gruppen von Sammlern und Jägern von der Polizei in der Nähe der Aurus-Berge gefangen und vor Gericht gestellt. Den Erwachsenen wurde unter anderem das widergesetzliche Betreten des Sperrgebiets, der Besitz von scharfen Hunden sowie das Führen von Waffen – Pfeile, Bogen und Speere – und der Besitz von Springbockfellen und Gemsbockfleisch zur Last gelegt. Die Namib-Nomaden wurden zu fünf Monaten Gefängnis verurteilt. Das Urteil bedeutete für sie zugleich, daß sie ihrer Lebensgrundlage beraubt waren. Eine seit der Altsteinzeit existierende, also fast eine Millionen Jahre alte Lebensform war damit an ihr Ende gekommen.«

David gegen Goliath. Der Minenbetrieb im Sperrgebiet ist heute eine der wichtigsten Einnahmequellen des Staates Namibia. Entsprechend groß ist die Aufmerksamkeit, die die Regierung dieser Industrie widmet. Der Direktor der Diamantenmine ist ein kleiner König, sein Wort ist zumindest im Sperrgebiet Gesetz. Um so erstaunlicher sind die Befugnisse, die der Minen-Archäologe Dieter Noli hat. Aufgrund seiner uneingeschränkten Bewegungsfreiheit ist er einer von ganz wenigen Externen, die Mißstände und Veränderungen in der sensiblen Wüste überhaupt zu Gesicht bekommen. Zudem hat er als Gutachter ein Mitspracherecht bei jedem neuen Schürfvorhaben. Dabei geht es immer um Millionen, und trotzdem wird sein Wort gehört, wenn ein »paar Scherben« den Abbaubaggern im Weg liegen sollten. »Die tun das nur, um nicht in der Weltöffentlichkeit eine schlechte Presse zu bekommen. Schlagzeilen wie ›Diamantenindustrie zerstört einmalige Naturlandschaft!‹ möchten die Diamantenhändler einer ökologisch immer bewußteren Kundschaft nicht zumuten. Das Beispiel der Pelzindustrie, die von Tierschützern an den Rand des Ruins getrieben wurde, ist ihnen ein warnendes Beispiel«, sagt der Archäologe kühl. »Trotzdem bin ich immer wieder erstaunt, was ich hier alles bewegen kann!«

Vor kurzem erkundete Noli das Gebiet an der Atlas-Bucht, 50 Kilometer südlich von Lüderitz. In direkter Küstennähe wollte die NAMDEB ein neues Schürfgebiet ausweisen. Also mußte der Archäologe sein Gutachten vorlegen. Aber gerade hier an der Atlas-Bucht hat eine der größten Robbenkolonien des Landes ihr ungestörtes Refugium gefunden. Über 600 000 Tiere bevölkern die Felsenklippen, hier bringen sie ihre Jungen zur Welt. Abgesehen von einer kurzen jährlichen »Jagdsaison« nach der Brut- und Brunstzeit stört sie kein Mensch, es darf ja niemand hier hinein – der Segen des Sperrgebiets. Doch jetzt sollen die gigantischen Bagger gerade hier den Sand nach den kleinen glitzernden Steinen durchwühlen. 400 Tonnen Wüstensand müssen stündlich abgebaut werden, um im Jahr eine Ausbeute von 50 Kilogramm Diamanten zu erhalten! Das wäre das Ende des Robbenparadieses. Doch noch ist es nicht soweit. Noch

55 *(Folgende Seite, oben) Die Baken der preußischen Vermessungsingenieure helfen heute noch, das Land zu erschließen.*

56 *(Folgende Seite, unten)Die Wege durch die Wüste sind heute nicht mehr zu erkennen. Nur der Archäologe findet noch Spuren der Ochsenwagentrecks der Siedler im 19. Jahrhundert, die meist entlang der selben Routen führten, die schon die Steinzeitmenschen durch die extrem trockene Namib-Wüste gewählt hatten.*

tummeln sich die Robben unbehelligt im eiskalten Wasser des Benguela-Stroms, dem die Wüste ihre Trockenheit zu verdanken hat.

Dieter Noli weiß, was auf dem Spiel steht, als er zu seiner archäologischen Erkundung in die Atlas-Bucht aufbricht. Nach wenigen Stunden stößt er auf einen Muschelhaufen, nur einige hundert Meter von den Robben entfernt und mitten in der geplanten Abbautrasse. Bei genauerem Hinsehen kann Noli sein Glück kaum fassen. Bearbeitete Straußeneischalen, steinerne Schneidewerkzeuge, Straußenperlen, Keramik und sogar ein Stück Ocker – steinzeitliche Schminke – findet er, als ob es die Götter für ihn so hingelegt hätten. Der Wüstenarchäologe ruft sofort via Satellitentelefon den Minenboß an und berichtet von seinem spektakulären Fund. Der will es genauer wissen und bestellt Noli deswegen am nächsten Tag in sein Büro.

57 *Die Robbenkolonie an der Atlas-Bucht zählt über 600 000 Tiere. Geschützt werden sie bisher durch das streng bewachte Diamantensperrgebiet.*

Zusammen mit George Schimanene, einem befreundeten Ovambo und zudem SWAPO-Mitglied, fährt er am nächsten Morgen zur Mine. Seit der Unabhängigkeit Namibias regiert die frühere Rebellenpartei SWAPO das Land, und seit dieser Zeit ist die namibische Regierung auch zu 50 Prozent am Diamantengeschäft beteiligt. Dieter und George haben sich eine Strategie zurechtgelegt. Der Archäologe stellt seine fachlichen Erkenntnisse vor, während der SWAPO-Mann die politische Karte spielt und die ökologischen Aspekte in die Waagschale werfen wird. Trotzdem will der Minenboß nicht so schnell von dem viel Geld versprechenden Küstenstreifen ablassen. Die Argumente gehen hin und her. Der Minenchef ist verhältnismäßig jung und hat somit mehr Gefühl für die Natur als seine Vorgänger, für die »Ökologie« etwas war, was eine Planierraupe zum Rosten brachte. Dennoch, seine Aufgabe ist es, Diamanten zu finden. Da kommen Dieter Noli die alten deutschen Landkarten von

1913 in den Sinn, die ihm bei der Erkundung des Sperrgebiets immer gute Dienste geleistet haben. Darauf sind auch sogenannte Baken eingezeichnet, Vermessungspunkte der kaiserlichen Bergbauingenieure. Wenn man diese Punkte auf ihre Richtigkeit hin überprüfen würde, könnte die heutige Mine die Prospektionsunterlagen der Deutschen nutzen. Mit preußischer Gründlichkeit wurde nämlich nach 1908 das gesamte Sperrgebiet auf Diamanten führenden Kies untersucht.

Daß diese Unterlagen einen sehr großen Wert darstellen, begreift der mächtige Minenchef sofort. Noli erklärt ihm, daß nach den Unterlagen aus der Kolonialzeit das zehn Kilometer östlich von Lüderitz gelegene – und seltsamerweise von Robben freie – Charlottental viel reicher an Diamanten sei. Er läßt wie nebenbei eine Bemerkung zur alten Jahresförderung des Tales fallen, die mit annähernd 147 000 Karat im Jahr 1910 schon sehr beachtlich war. Der Chef will wissen, ob Noli die alten deutschen Baken wieder aufspüren und vermessen könnte? Kein Problem! Das nun auf einmal viel uninteressanter gewordene Atlas-Bucht-Projekt wird gestoppt, dafür vermißt Noli mit GPS die alten deutschen Baken im Charlottental. Der Archäologe ist zufrieden, er weiß, daß das Leben immer Geben und Nehmen bedeutet. »Die Mine muß weitergehen, sie ist für Namibia einfach zu wichtig. Doch besser, sie graben in einem ökologisch weniger sensiblen Bereich als direkt bei den Robben. Es sind ja nur zehn Prozent des ganzen Sperrgebiets, die überhaupt berührt werden. Bleiben immer noch neunzig Prozent Paradies,« erklärt der Pragmatiker. »Viel mehr Sorgen machen mir die Überlegungen der Regierung, einen Teil dieser neunzig Prozent dem Massentourismus, der Viehzucht und den Jägern zu überlassen, um damit ihre Kasse zu füllen. Dagegen werde ich bis zum letzten kämpfen, diese neunzig Prozent des Sperrgebiets müssen unberührt bleiben. Die absolute Unberührtheit ist der größte Schatz, den wir in Namibia haben, wertvoller als alle Diamanten, die wir je aus diesem Boden holen werden!« Das Herz des Dieter Noli, es schlägt für diese Wüste als Ganzes, als Ökosystem genauso wie als perfekt erhaltenes Tagebuch der Urgeschichte. Dafür wird er kämpfen.

Die Wüste hat viele Geschichten zu erzählen. Flughafen Lüderitz, das ist eine Landebahn, zwei Wellblechhangars und eine Baracke, die als Abflughalle dient. Etwas Wehmut umfängt uns doch, als wir uns von Dieter Noli verabschieden, der mit seinem Bruder zu einem neuen Erkundungsflug in die Namib startet. Als wir ihn fragen, ob er nicht lieber mit uns nach Frankfurt fliegen möchte, winkt er ab: »Letzten Endes ist die Wüste heute mein Zuhause. Ich verstehe sie sehr gut, ich weiß ziemlich viel über sie, aber noch nicht genug. Also werde ich hier bleiben, bis ich genug weiß, und das heißt, ich werde für immer hier bleiben. Denn die Wüste hat immer etwas Neues zu erzählen.«

Diese Sätze klingen uns noch im Ohr, als wir auf die zweimotorige Piper aus Windhuk warten, die uns und eine Handvoll weiterer Passagiere aus der Wüste zurück in die »normale« Welt bringen soll. Die sehr gepflegte alte Dame war uns gleich in der Abflugbaracke aufgefallen. Frisch gestärkte Hemdbluse, wertvolle, aber dezente Kette, die Haare diskret gefärbt und ordentlich hochgesteckt – so wie die alteingesessenen Damen an der Elbchaussee in Hamburg. Sie sprach Deutsch wie fast alle, die hier auf den Flug nach Windhuk warteten. Es hatte sich so ergeben, daß sie direkt vor uns saß. Gleich nach dem Start der Piper, wir kurvten direkt über dem Diamantensperrgebiet, drehte sie sich zu uns herum und erklärte aufgeregt: »Da, da unten bin ich geboren. In Charlottental. Aber ich kann ja nicht mehr hin, Sperrgebiet.« Die Geisterstädte Kolsmanskop und Bogenfels sind bekannt, sogar auf Karten eingetragen. Doch Charlottental findet sich nirgends.

Ihr Vater sei als Schutztruppler 1911 nach Deutsch-Südwest gekommen. Ihre Mutter stammte aus Bayreuth, da war der Vater »in Garnison« gewesen. Kostenlos wurden die Frauen mit der Woermann-Linie von Hamburg nach Lüderitzbucht verschifft: Deutsche Frauen für deutsche Männer in deutschem Land. Jetzt fiel mir auch ein, wo ich den Namen Charlottental schon einmal gelesen hatte: in Hans Grimms »Volk ohne Raum«, 1925 bereits eine Auflage von 460 000 Exemplaren. Der Held dieser nationalen Erbauungsgeschichte, Cornelius Friebott, hatte 1907 den Kalahari-Feldzug des Hauptmanns von Erckert mitgemacht, sich dadurch das Anrecht auf eine Kriegsfarm erworben und bis zur Zuteilung sein Geld als Zimmermann in Keetmanshoop, Lüderitz und – eben! – Charlottental verdient. Der Bau der Eisenbahn und die sich schnell herumspre-

58 *(Folgende Doppelseite) Die Wüste holt sich zurück, was der Mensch ihr genommen hat …*

chenden Diamantenfunde an der Bahnstation »Grasplatz« machten Friebott dann zu einem reichen Bauunternehmer.

»Manchmal war es sehr kalt, ich erinnere mich noch an meinen kleinen Mantel mit dem Pelzkragen und das warme Pelzmützchen, an die Stiefelchen, die ich tragen mußte. Meine Mutter wollte immer, daß ich wie ein wohlerzogenes kleines Mädchen aussah. Dabei wollte ich lieber herumtoben und mit den Schwarzen barfuß laufen. Ich half unseren schwarzen Angestellten auch beim Diamantensuchen. Wir hatten so eine Art Trommel, die man drehte. Die schweren Steine, also die Diamanten, sammelten sich in der Mitte, wo wir sie auflasen. Natürlich alles streng bewacht. Mein Vater arbeitete nach dem Ende der deutschen Schutztruppe für die Diamantenmine.« Über Ostern war sie in Lüderitz gewesen, alte Freunde besuchen – und den Friedhof. Sie selbst wohnt seit langem mit ihrer Familie – natürlich hat auch sie einen deutschen Ehemann – in Swakopmund. Ob sich etwas für sie geändert hätte, seit Namibia selbständig sei? Ob sie nicht manchmal Angst hätte, als Weiße vertrieben zu werden? Dies wird mit einer Handbewegung weggewischt. Offensichtlich kein Gedanke, mit dem man sich beschäftigt, zumindest nicht in ihrer Generation.

Doch dann fallen Sätze, wie sie direkt aus der Kolonialzeit sein könnten: »Wissen Sie«, sagt sie vertrauensvoll, aber keineswegs mit gedämpfter Stimme, »die Schwarzen sind nicht wie wir, sie lügen alle, stehlen alle, Aids haben sie auch alle, und sie können nicht anders, als sich gegenseitig umzubringen. Sie hatten Tausende von Jahren Zeit auf diesem riesigen Kontinent. Aber gibt es irgendwo in Afrika ein Bauwerk wie den Kölner Dom? Sie haben einfach keine Kultur. Sie sind nicht wie wir Europäer. Aber sie sind auch Geschöpfe Gottes. Und wir sind gut zu ihnen. Mein Hausmädchen bekommt immer meine abgelegten Kleider. Warum sollten sie uns etwas tun?«

Nachdenklich starre ich aus dem Fenster nach unten in die unendliche Weite der Wüste. Kein fruchtbares, aber ein schönes Land, das man lernen kann zu lieben. Und von Kriminalität hört man hier sehr viel weniger als in Südafrika. Ist die Zeit hier wirklich so stehengeblieben? In der deutschsprachigen Tageszeitung wird zu einer Veranstaltung zum 60. Jahrestag des Reichsturnerfestes 1939 eingeladen. In einer anderen Anzeige verkünden sieben deutsche Familien stolz, daß sie alle vor mindestens 100 Jahren hergekommen sind. Was viele stolze Deutsche dabei leicht vergessen, ist, daß schon mindestens 40 000 Jahre vor ihnen Menschen in der unwirtlichen Weite dieses schönen Landes überlebt haben. Sie haben zwar keinen Dom hinterlassen, aber sie hatten ein Wissen, das ihnen erlaubte, in und mit der Wüste zu leben. So waren sie auch in der Lage, uns eine unberührte Wüste zu hinterlassen, einen so großen und seltenen Schatz, vor dem jeder von Menschenhand errichtete Dom zur Bedeutungslosigkeit herabsinkt.

59 *Das Diamantensperrgebiet: 100 Kilometer breit und 300 Kilometer lang, eine karge Ödnis und doch ein Paradies für Tiere, Diamantensucher und Archäologen.*

Expedition ins Reich der Bilder

Von Tilman Lenssen-Erz und Marie-Theres Erz

Ich lasse den Blick nicht von den Fersen meines Vordermannes. Genau in seinem langsamen, aber stetigen Schrittrhythmus steige ich ihm hinterher. Nicht hochsehen. Ich würde sicher wieder einen Bergkamm erblicken, der wie das Ende des Aufstiegs aussieht – und doch nur ein kleiner Absatz im schier endlosen Hang ist. Die Augen brennen vom Schweiß, dabei ist die Sonne noch nicht einmal über den Bergrücken geklettert. Eigentlich ist dies hier eine Viecherei.

Ich bin ein Stadtmensch! Mein »Biotop« sind mehrspurige Straßen, U-Bahn-Schächte und Rolltreppen. Wann gehe ich schon mal längere Strecken zu Fuß? Was mache ich also hier? Bergsteigen ausgerechnet in Afrika, und dann am Rand einer Wüste. Weshalb das Gebirge, das wir besteigen, Brandberg heißt, kann für mich nur einen Grund haben: die sengende Hitze, die hier in den steil ansteigenden Tälern herrscht. Andere sagen, der Name käme von der brennend roten Farbe, die der Granit in der untergehenden Sonne annimmt. Auch bei den hier einheimischen Damara heißt der Berg Daureb, »der Brennende«. Für mich ist alles, was mit schweißtreibenden Temperaturen zu tun hat, eine treffende Erklärung.

60 *Einen Weg finden, wo es keine Pfade gibt: Der Aufstieg am Brandberg ist heute so anstrengend wie vor Jahrtausenden.*

Wo eine solche Gluthitze herrscht, kann eine Wüste nicht fern sein. Die Namib-Wüste, die dem Land Namibia im Südwesten Afrikas seinen Namen gab, können wir am Fuß des Berges sehen, wenn wir uns umwenden. Dort erstreckte sie sich vor Zehntausenden von Jahren genauso wie heute. Anders als in der Sahara gab es hier keine dra-

stischen Umweltveränderungen, vermutlich weil der kalte Benguela-Strom für stabile Klimaverhältnisse sorgt. Und der Atlantische Ozean ist nicht fern: Nur 80 Kilometer trennen den Brandberg von der Küste. Doch dazwischen ist scheinbar tote Landschaft, Wüste, die ihr Gesicht, seit es Menschen gibt, wohl nie gewandelt hat.

Unseren Bergführer Angula Shipahu, der vor mir geht, scheint die Hitze nicht anzufechten. Dabei hat er fraglos den schwersten Rucksack, der sicher um die 30 Kilogramm wiegt. Gleichmäßig setzt er Fuß vor Fuß. Er weiß genau, was er seiner Gruppe zumuten kann, macht immer exakt das richtige Tempo. Drei Stunden sind wir jetzt unterwegs, seit sechs Uhr. Bis elf, so ist eine Faustregel, sollte man die Hälfte des Tagespensums geschafft haben. Das hieße für heute

61 *Der Brandberg – »der Brennende«. Für die Augen ist es ein Genuß, aber für den Körper eine Strapaze, wenn die Landschaft unter den Sonnenstrahlen erglüht.*

500 Höhenmeter. Mein Rücken und meine Beine fühlen sich an, als wäre ich schon zwei Tage unterwegs.

Wir, das sind fünf Personen. Zwei Mitarbeiter des Heinrich-Barth-Instituts an der Universität Köln und drei Namibianer. Marie-Theres ist Grabungstechnikerin und damit für Dokumentation (Fotos, Zeichnungen) und Organisation zuständig. Ich bin Felsbildarchäologe und beschäftige mich mit Analysen und Interpretationen von Felskunst. Zwei unserer afrikanischen Begleiter, Angula Shipahu und Efraim Mateus, sind erfahrene Bergführer im Brandberg. Der dritte ist Goodman Gwasira, Kurator für Archäologie im namibischen Nationalmuseum. Er steht für die neue Zeit: ein Afrikaner mit einem Studienabschluß an der renommierten Universität von Kapstadt. Er stammt aus Zimbabwe, aber seine Passion ist die Urgeschichte Namibias. Wir kennen uns seit seinem Studienbeginn.

Unser Unternehmen gilt der Suche nach prähistorischen Felsmalereien. Eigentlich sind sie nicht allzu schwer zu finden, denn es gibt etwa 1000 Fundstellen in diesem kreisrunden Gebirge von knapp 30 Kilometern Durchmesser. Sie liegen jedoch fast alle im oberen Bereich des Brandberges, und um dorthin zu gelangen, muß man sich einen Tag den Berg hinaufquälen. In unseren Rucksäcken tragen wir alles mit, was wir benötigen, um eine Woche in der vollkommenen Einsamkeit leben und arbeiten zu können. Neben dem Proviant vor allem Zeichenmaterial, Fotoausrüstung und Satelliten-Navigationsgerät (GPS).

»Eine kleine Pause«, radebreche ich auf Afrikaans. Die Südafrikaner, die Namibia vor der Unabhängigkeit besetzt hielten, haben dem Land die Sprache der Buren als Verkehrssprache hinterlassen, mit der sich auch die verschiedenen schwarzen Bevölkerungsgruppen untereinander verständigen. Die neue Amtssprache Englisch wird noch Jahre brauchen, um sich durchzusetzen.

»All right, bei di boom«, antwortet Angula und steuert auf einen nahezu blattlosen Baum zu. Erschöpft lassen wir uns in dem schütteren Schatten nieder. Das Wasser in den Trinkflaschen ist lauwarm. Ein Müsliriegel soll etwas neue Kraft geben. Goodman hat seine Bergstiefel ausgezogen und zupft sich allerlei quälende Kletten und Dornen aus den Socken. Marie-Theres gießt unterdessen ein wenig Wasser in ihre Sonnenmütze und zieht sie so wieder auf. Für ein, zwei

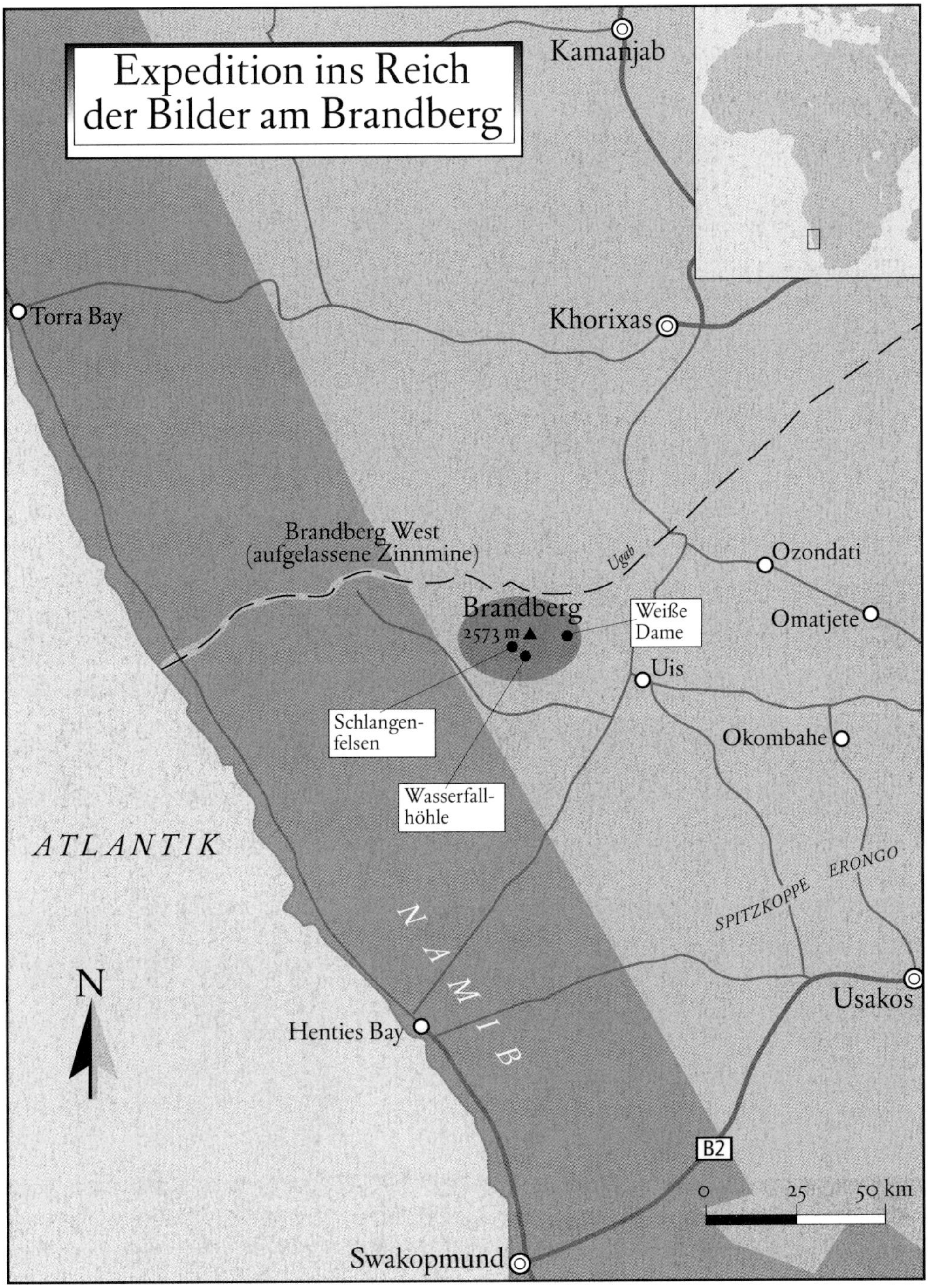
Expedition ins Reich
der Bilder am Brandberg
Kamanjab
Torra Bay
Khorixas
Brandberg West
(aufgelassene Zinnmine)
Ugab
Ozondati
Brandberg
2573 m
Weiße
Dame
Omatjete
Uis
Schlangen-
felsen
Okombahe
Wasserfall-
höhle
ATLANTIK
SPITZKOPPE
ERONGO
NAMIB
N
Usakos
Henties Bay
B2
0
25
50 km
Swakopmund

Minuten verschafft das Kühlung. Angula hat seinen Rucksack abgesetzt und steigt nun seitwärts den Hang hoch. Natürlich hat er recht, dieser auffällige Felsblock dort oben sieht tatsächlich wie eine Felsbildstelle aus. Ich bin allerdings zu erschöpft, um auf gut Glück irgendeinen größeren Gesteinsbrocken anzusteuern. Mal eben 50 Höhenmeter durch Geröll hinauf- und wieder hinuntersteigen, nur um sich zu vergewissern, daß da wirklich nichts ist, das ist mehr Angulas Sache. Er gibt nie auf, nach neuen Felsbildstellen zu suchen, dabei hat er schon Hunderte gefunden. Fast sieben Jahre verbrachte er als Feldassistent mit Harald Pager im Brandberg, als dieser im Auftrag des Instituts für Ur- und Frühgeschichte der Universität Köln die hiesigen Felsmalereien dokumentierte. 43 000 Bilder pauste Pager ab, von weit über 800 Fundstellen zeichnete er maßstäbliche Pläne – ein einmaliges Werk, das hier im Alleingang entstand. Wir haben die Aufgabe, dieses Œuvre zu veröffentlichen. Dazu müssen jedoch vor Ort noch Fragen geklärt werden, viele Fotos sind zu machen, neue Daten sind aufzunehmen. Deshalb sind wir hier.

»Keene tekeningen«, kommt Angula zurück. Also keine Zeichnungen da oben. So sehr ich Felsbilder liebe, im Moment finde ich das beruhigend. Denn nun bleibt die Pause ungestört. Aber sie darf nicht zu lang werden, sonst wird der erneute Aufbruch um so schwerer. Das weiß auch Angula, und daher gibt er bald das Zeichen weiterzugehen. »Tuende«, sagt er in seiner Muttersprache Oshivambo, »gehen wir.«

Wieder der stampfende Schritt. Nicht innehalten, nicht nachdenken, nur auf genau dieselben Steine treten wie der Vordermann. Hinter Angula herzutrotten erlaubt, völlig abzuschalten. Doch wenn man es schafft, die Sinne wachzuhalten, zu beobachten, dann kann man vieles lernen. Zum Beispiel über ein anderes Verständnis von Arbeit. Die Afrikaner müssen nicht, so wie wir Europäer, zeigen, daß sie arbeiten, daß sie schwitzen, daß Energie umgesetzt wird. Wenn wir durch den Berg gehen, dann »machen wir den Weg frei«. Da rollen die Steine und fliegen die Äste. Das kracht und poltert, und wir schnaufen und fluchen. Angula führt die andere Arbeitsweise vor: Auch er kommt effektiv voran. Aber die Steine rollen nicht bis zur Talsohle, die Äste fliegen nicht im hohen Bogen, sondern fallen direkt neben den Füßen zu Boden, da, wo sie nicht mehr stören. Alles passiert beiläufig und ohne auch nur eine Kalorie zuviel zu verbrennen.

Arbeit ist keine Show für die Mitmenschen, sondern Arbeit hat ein Ziel, das es zu erreichen gilt, den Weg muß nicht unbedingt jeder mitbekommen.

Kurz vor Sonnenuntergang ist es dann tatsächlich geschafft. Wir sind wie gerädert, aber die Stelle, zu der Angula uns geführt hat, ist wie ein Paradies. Wir entdecken unmittelbar an unserem Lagerplatz einige sehr ergiebige Wasserstellen, die durch eine gute Regenzeit gefüllt wurden. Wasser zu finden ist das Wichtigste für uns, denn davon können wir allenfalls einen Tagesvorrat mit uns tragen. Das köstliche Naß ist kühl und glasklar und steht in etlichen Vertiefungen im Granit. Am untersten Becken können wir uns sogar waschen, so üppig fließt es hier. Unser Wohnplatz für die nächste Woche ist ein riesiger Gesteinsblock, gegen den eine ebenso große Felsplatte lehnt und so einen geschützten Raum bildet. Das war es, was die Maler vor zwei oder drei Jahrtausenden schätzten: ein Ort, wo sie mit einer Gruppe von vielleicht 20 Personen verweilen konnten. Und hier wurde gemalt, vielleicht manchmal zum Vergnügen, zumeist jedoch als rituelle Handlung. So wie durch Tanz und Gesang geheilt, der gute Zustand der Natur beschworen oder der Zusammenhalt der Gruppe gefördert wurde, so auch durch Malerei. Die Bilder waren der spirituelle Kitt, der die Gesellschaft zusammenhielt.

62 *Orientierung in einem Gelände, in dem ein Felsbrocken so aussieht wie Tausende anderer, ist nur mit großen Luftfotos möglich. Karte und Kompaß sind hier überfordert.*

Wir schlagen unser Lager auf der fast ebenen Granitfläche am Fuß des immensen Felsblocks auf, und mit den uralten Bildern im Rücken sitzen wir kurz darauf um ein kleines Feuer. Es knistert, wie es auch vor 3000 Jahren nicht anders geknistert hätte, und über uns wölbt sich ein überwältigender Sternenhimmel, der ebenfalls schon vor

Jahrtausenden selbst ohne Mond die Nacht erhellen konnte. Wir fühlen uns, als hätten wir eine Zeitreise hinter uns. So saßen sie damals auch hier und ruhten ihre müden Glieder aus. Und trotz aller Erschöpfung nach einem solchen Tag – erstaunlicherweise vermisse ich jetzt »mein Biotop« mit seinen Lampen, Steinhäusern und weichen Betten gar nicht.

Eine Urlandschaft über den Wolken. Im Brandberg führt die Sonne Regie. Wenn sie versinkt, endet ein Tag, wenn sie wieder am Horizont erscheint, beginnt ein neuer. Ein Regime, dem man sich aber gerne unterwirft, gibt sich die Sonne doch stets aufs neue die allergrößte Mühe, besonders eindrucksvoll auf- und unterzugehen. Harald Pager sagte einmal, er werde vor allem durch Sonnenuntergänge für seine aufreibende Arbeit bezahlt.

So ist die frühe Morgendämmerung das Signal für uns zum Aufstehen. Die bald darauf blitzenden ersten Sonnenstrahlen geben Gelegenheit, einmal in Ruhe den Rundblick zu genießen. Wie eine gigantische Aussichtsplattform dehnt sich unsere Granitterrasse aus. In der Ferne erblicken wir von hier aus nicht mehr die Namib-Wüste, sondern die mehr in nordöstlicher Richtung gelegene Savanne. Vor uns liegen die Hänge und Schluchten des Brandberges mit ihrer so vielfältigen Pflanzenwelt. Nur 100 Millimeter Niederschlag im Jahresmittel hat man in dieser Gegend gemessen, das ist andernorts Wüste. Wir staunen über ein Grün, das uns ahnen läßt, warum die Menschen schon vor Jahrtausenden hierherkamen. Denn hier schaute es auch damals wohl kaum anders aus, das ganze Klima war eben dem heutigen sehr ähnlich. Wir sehen uns in einem Naturraum, wie es ihn in Europa nirgends gibt: eine wahre Urlandschaft, ein landschaftliches Fossil, das der Mensch nicht verändert hat. Wir können heute Eindrücke aufnehmen und Erfahrungen machen genau wie die Menschen der Urzeit. So aßen sie damals sicher von den Knollen der Ipomea, die am Rande der Granitplatten wächst. Wenn sie noch jung und klein sind, schmecken sie saftig und zuckersüß. Allgegenwärtig dürfte auch damals das Dassie gewesen sein, dessen Pfeifen wir in der Nähe hören können. Nach Größe und Aussehen ist es eine Art Murmeltier, die Zoologen sagen ihm jedoch kurioserweise eine Verwandtschaft zum Elefanten nach. Die beiden Arten gehen aber seit

130 Millionen Jahre getrennte Entwicklungswege – seit der Zeit, als der Brandberg gerade entstanden war.

In diese Urwelten können die Gedanken herrlich abschweifen, während wir unseren dampfenden Morgenkaffee genießen. Efraim hat als erstes ein Feuer gemacht und unseren völlig verrußten Wasserkessel aufgestellt. Noch während des Frühstücks aus Müsli mit Milchpulver und Wasser beginnen wir mit der Tagesplanung. Wir werden wieder viel laufen müssen, doch heute wird alles ganz anders sein. Es sind keine großen Aufstiege mehr zu bewältigen – schließlich befinden wir nur uns bereits auf etwa 2100 Metern Höhe –, und vor allem haben wir nur unser Tagesgepäck zu tragen.

Zur Orientierung setzen wir hochmoderne Mittel ein: große Luftfotos mit hoher Auflösung, auf denen einzelne Bäume und große Felsbrocken erkennbar sind, dazu die Satelliten-Navigation GPS, die jederzeit eine sehr präzise Ortsbestimmung erlaubt. Und dennoch: All dies ist bei weitem nicht so nützlich wie die scharfen menschlichen Sinne. Unser wichtigstes Leit- und Orientierungssystem befindet sich in den Köpfen unserer Bergführer. Der Berg mit seinen fast 600 Quadratkilometern ist ihnen so vertraut wie uns unser angestammtes Stadtviertel.

So legen wir anhand der Luftfotos grob die Region fest, in der wir arbeiten wollen, überlassen es aber Angula, uns den Weg zu den einzelnen Fundorten zu weisen. Er wird einen Felsen, an dem er einmal fündig wurde, nie vergessen. Wir sehen uns gemeinsam die Fotos von einigen Felsbildstellen an, die wir heute aufsuchen wollen. Die Bilder stammen von Harald Pager, der stets auch die Gesteinsformationen fotografierte, wenn er die Malereien abzeichnete. Wir müssen nun noch einmal dorthin, um neue Daten aufzunehmen, neue Fotos zu machen und eine Beschreibung der umliegenden Landschaft abzufassen. Gelegentlich müssen wir noch Felsbilder abpausen, etwa dort, wo wir neue Funde machen (was selten ist), oder dort, wo Aufzeichnungen Pagers verlorengingen (was noch seltener vorkommt).

Angula und Efraim betrachten die Bilder eingehend und wechseln ab und zu ein paar Worte darüber. Ein langgezogenes »Eeee« zeigt mir, daß sie sicher sind, die Stellen wiedererkannt zu haben. Wie man das macht, einen nahezu merkmalslosen Felsen unter Tausenden in Erinnerung zu behalten, wird mir immer rätselhaft bleiben.

Nachdem etwas Proviant für den Tag eingepackt ist, kann die Suche losgehen. Es verblüfft immer wieder, wie leichtfüßig man ohne schweres Gepäck ist – eine wichtige Erfahrung auch im Hinblick auf die Forschung, die ja ein Lebensbild von den urzeitlichen Menschen entwerfen will: Mit geringer Traglast wird der gesamte obere Bergbereich zu einem beherrschbaren Raum. So mag es für die prähistorischen Jäger und Sammler ganz alltäglich gewesen sein, hier oben von einem geeigneten Lagerplatz aus mehrere Kilometer weit umherzuschweifen auf der Suche nach pflanzlicher Nahrung oder nach Jagdwild. Die alten Lagerplätze erkennen wir heute an den auf dem Boden liegenden Steinwerkzeugen – und an den Malereien auf den Felswänden.

Wenn man sich einmal auskennt, ist es gar nicht so schwierig, eine Felsbildstelle zu finden, denn die Maler achteten darauf, daß bestimmte Bedingungen in der näheren Umgebung erfüllt waren. Als oberstes auf ihrer Wunschliste stand eine ebene Freifläche, auf der man sich aufhalten und ohne Mühen fortbewegen kann und auf der Platz für ein paar Feuerstellen ist. Außerdem suchten sie gerne Felsdächer auf, unter denen wenigstens einige Leute Schlafplätze finden konnten. Dagegen war ihnen die Nähe zu einer Wasserstelle nicht so wichtig – manche Felsbilder sind an so abgelegenen Orten, daß man eine Stunde laufen muß, um an das nächste offene Wasser zu gelangen. Wir haben es heute besser und müssen nicht so lange laufen. Schon bald sagt Angula »Tekeningen daso«, dort sind Zeichnungen, und zeigt auf einen rundlichen Felsblock, auf dem eine riesige dicke Granitplatte aufliegt. Beim Näherkommen entdeckt Goodman ein winziges Steinwerkzeug, nicht größer als ein Fingernagel. Dies ist ein typischer sogenannter Mikrolith, vermutlich aus der Zeit, als hier gemalt wurde. An sich nichts Besonderes, denn stets finden wir solche Steinwerkzeuge nahe bei den Felsbildstellen. Aber Goodman hat erkannt, daß dieses ein seltenes Stück ist: Es wurde aus einem Bergkristall geschlagen. Direkt vor der bemalten Wand liegen noch mehrere solcher Funde.

Die natürlichen und archäologischen Umstände an diesem Ort lassen vermuten, daß es sich hier um eine ganz typische Felsbildstelle handelt. Sie wurde vermutlich ein paarmal, offenbar in Trockenzeiten, von Gruppen mit 10 bis 15 Personen aufgesucht, die aber nie

63 *(Linke Seite) Hinter jedem Granitklotz kann im Brandberg eine kleine Sensation lauern – Bilder so frisch, als habe der Maler den Ort gerade erst verlassen. Hier ein Ausschnitt aus dem Schlangenfelsen.*

lange verweilten. Daß sie trotz des kurzen Aufenthalts Bilder anfertigten, läßt auf ihre Stimmungslage schließen. Wir gehen davon aus, daß Malerei ein Bestandteil der rituellen und religiösen Tätigkeiten war. Und diese übt man besonders dann aus, wenn man den Beistand einer höheren Macht benötigt. Das bedeutet, die Menschen befanden sich in einer Krisenstimmung, und das Malen, als Bestandteil der Riten, diente der Krisenbewältigung. Die Gruppe mußte stabilisiert und an die alten Werte der Gesellschaft erinnert werden. Diese Annahmen (oder Hypothesen) beruhen auf der Auswertung von mehreren hundert Felsbildstellen.

»Unmöglich«, höre ich indessen Marie-Theres schimpfen, »ich möchte wissen, wer auf diese Idee gekommen ist!« Etwas besorgt blicke ich von meinen Notizen auf. »Jetzt sieh dir das an«, sagt sie mit gespielter Entrüstung und versucht, sich im Staube wälzend, eine vernünftige Position für ein gutes Foto einzunehmen. Ich bin beruhigt, denn ihre vermeintliche Empörung gilt der Plazierung einiger Bilder: Wir sind wieder an einer Stelle, wo die Figuren so tief unten an einer schrägen Felswand angebracht sind, daß es fast unmöglich ist, sie mit dem Fotoapparat aufzunehmen. Der Wunsch nach bequemen Betrachtungssituationen spielte offenbar bei der Malerei die geringste Rolle. An einer solchen Stelle konnten Bilder nicht von größeren Gruppen genutzt, das heißt, angesehen werden. Vielmehr war ihre Betrachtung eine eher private Angelegenheit, bei der sich eine einzelne Person unter den Motiven auf den Boden legte – gerade so, wie Marie-Theres es jetzt tun muß.

Etwas höher am Felsen befinden sich weitere Darstellungen, die aber so verblaßt sind, daß ich sie erst erkenne, als Efraim mich auf sie aufmerksam macht. Hier fließt bei den seltenen Niederschlägen das Regenwasser herunter und trägt so ganz allmählich die Oberfläche ab. Die Farben selber verlieren von sich aus nicht ihren Ton, denn sie sind aus Mineralien gewonnen. Wir haben es selbst ausprobiert: In kurzer Zeit kann man an einer geeigneten Stelle eine reichhaltige Palette roter, gelber, violetter und brauner Steine auflesen. Diese werden auf einem rauhen Untergrund zu Pulver zerrieben und dann mit Flüssigkeit zu einer Paste angerührt, die mit einem Pinsel aufgetragen werden kann. Dringt diese Farbe in den Felsen ein, so bleibt sie über Jahrhunderte unverändert. Lediglich Weiß ist nicht so dauerhaft. Denn die Körner dieses Pigments müssen gröber sein als etwa bei Rot, sonst wirkt es transparent statt weiß. Wie eine Kruste sitzt es auf dem Felsen und kann von Wind und Wetter leicht angegriffen werden. An besonders geschützten Stellen sind aber hin und wieder noch alle Farben erhalten und geben so einen Eindruck von der bunten Vielfalt, die einmal überall auf dem Berg geherrscht haben muß. Heute sieht man zumeist nur ein rötliches Einerlei.

Mein Satelliten-Navigationsgerät ist inzwischen auf Empfang und zeigt die Koordinaten dieses Ortes an. Nachdem ich sie notiert habe, nehme ich die übrigen Merkmale der Fundstelle und ihre Einbindung in die Landschaft auf: Geräumigkeit, Position der Bilder oder Entfernungen zur nächsten Felsbildstelle, zum Wasser und zur nächsten Freifläche gehören zu den Kriterien der Untersuchung. Ihre Betrachtung ermöglicht, wenn man genügend Stellen aufgenommen hat, die Formulierung eines Modells für die Nutzung dieser Malereistellen und letztlich auch des gesamten Berges.

»Ein schöner Tanzboden«, befindet Goodman (wir sprechen Englisch), der sich die Freifläche vor dem Fundort genauer angesehen hat, »und mit vielen Artefakten.« Hier fand das Leben mit all seinen Facetten statt: Religiöse oder rituelle Handlungen gehörten ebenso dazu wie das alltägliche Herstellen und Nachschärfen der Steinwerkzeuge. Aber auch kunstvollere Dinge wurden geschaffen, wie etwa Schmuck.

Das beliebteste Material dafür wuchs unten in den Ebenen um den Brandberg stets nach: Straußeneier. War der Inhalt erst verspeist, konnten sie zunächst als Wasserbehälter dienen. Wenn sie zerbrachen, konnten die Scherben verwendet werden, um Straußenei-Perlen daraus herzustellen. Wie man das macht, ist aus der Völkerkunde bekannt, und dieselbe Technik kann mit archäologischen Funden auch für urgeschichtliche Zeiten belegt werden: Ein Stück vom Straußenei wird zunächst nur grob gebrochen, so daß es die Größe eines kleinen Fingernagels erreicht. Dann muß es mit einem spitzen Stein durchbohrt werden. Erst wenn das gelungen ist, geht man daran, den Umfang der Perle zu verkleinern und sie kreisrund zu machen. Zunächst durch vorsichtiges Brechen, dann durch Schleifen. Hunderte Perlen gehören zu einer einzigen Kette, und auch vor Jahrtausenden zierte man sich damit. Nicht nur archäologische Boden-

64 *Felsmalereien in Afrika befinden sich nicht in Höhlen, sondern am Tageslicht, und dennoch sind manche Bilder an verborgenen, geheimnisvollen Stellen. Hiervon gute Bilder zu schießen erfordert den Griff in die fotografische Trickkiste.*

funde beweisen das, man kann auch perlengeschmückte Menschen in den Felsbildern sehen.

Ort der Magie. »Wo stecken eigentlich Angula und Efraim?« frage ich, als im nächsten Moment Angula zwischen den Felsen auftaucht. Er zeigt den Hang hinauf, wo ich Efraim als kleinen Punkt vor einem riesigen, laibförmigen Granitblock erkenne. Dort ist also die nächste Stelle, zu der er schon vorgegangen ist. Die Lage überrascht mich etwas, denn nach Betrachtung des Luftfotos hätte ich sie weit weniger hoch vermutet. Ohne unsere Bergführer hätten wir einmal mehr lange in der falschen Gegend suchen können.

Auch wenn dieser Fundort in Sichtweite liegt, bedeutet das leider nicht, daß es nur ein Katzensprung dorthin ist. Der Aufstieg erweist sich auch ohne Gepäck als ziemlich häßlich. Neben dem steilen Hang ist es diesmal die Vegetation, die uns zu schaffen macht: Der Boden ist dicht bedeckt mit einem Wolfsmilchgewächs, das meterlange Arme mit vielen Abzweigen in alle Richtungen aussendet, die wie Tentakel nach den Füßen greifen. Höchste Konzentration ist gefordert, damit man nicht stürzt. Als wir endlich bei Efraim angekommen

sind und uns umwenden, entringt sich mir ein anerkennender Pfiff. Ja, wenn man diesen Ausblick sieht, dann lohnt sich der Aufstieg.

Eine kurze Beurteilung der Charakteristika dieser Malereistelle legt nahe: Das ist ein besonderer Ort, den man als »Heiligtum« oder »Eremitenwohnplatz« bezeichnen könnte. Allerdings sind dies nur Hilfsbegriffe, die man nicht wörtlich nehmen darf, denn Eremiten gab es unter den frühen Jägern und Sammlern wohl kaum. Die Begriffe sollen ausdrücken, was diese Stelle hervorhebt: Ihre Abgeschiedenheit, die markante Lage, die Übersichtsposition und auch die versteckten Bilder. Diese Kombination ist ein wiederkehrendes

65 *Harald Pager hat die Methode der zeichnerischen Dokumentation von Felskunst in acht Jahren auf dem Brandberg zur Perfektion getrieben.*

66 *Mehr als das bekommt man vom Leoparden meist nicht zu sehen: ein Trittsiegel.*

Muster. Solche »Heiligtümer« waren nicht dort, wo man sich alltäglich aufhielt, wer hierhin kam, suchte die Einsamkeit.

In dieses Muster passen auch die Plazierung und Motive der Malereien: Sie befinden sich an verborgenen Stellen im hinteren Bereich des weiten Überhangs, und was sie darstellen, ist eher ungewöhnlich. »Sieh mal hier dieses Zebra«, sagt Marie-Theres, die, halb auf dem Rücken liegend, ihren Kopf in den hinteren Winkel zwischen abfallender Decke und Boden gestreckt hat. »Vollkommen verdreht, als ob es ausgewrungen wäre. Hoffentlich kriege ich das gut ins Bild.« Aber dieses Problem kann sie mit Hilfe unserer Bergführer lösen: Während Marie-Theres sich eine bessere Position sucht, nehmen Angula und Efraim große, faltbare Reflektoren zur Hand und »schaufeln« geradezu jede Menge Licht in den hinteren Teil des Überhangs. Zum Fotografieren ist das ideal. Anders als beim Blitzlicht hat man so genaue Kontrolle darüber, wie das Licht die Motive aufhellt.

Goodman, dessen Erfahrungen mit Felsbildern vor allem aus den flacheren Landesteilen Namibias stammen, hat eine solche Stelle noch nie gesehen. »Was haben die Menschen hier gemacht?« fragt er. »Hier kann man nicht herumlaufen, weil vor dem Felsdach der Hang abfällt, und wer Wasser holen will, muß man echter Kletterkünstler sein. Hier ist man doch auf verlorenem Posten!«

Ein wenig muß ich ihm recht geben: »Ja, das ist schon ziemlich einsam hier. Pager hat solche Orte ›Sitz des Magiers‹ genannt. Nach seiner Vorstellung saß hier ein machtvoller Medizinmann, zu dessen herausragender Bedeutung diese ungewöhnlichen Bilder und die grandiose Aussicht beitrugen.« Ein Rundblick kann solche Ideen beflügeln, denn man überschaut nicht nur den Hang und das Becken an seinem Fuß, sondern man sieht über ein riesiges Areal hinweg bis weit in das Umland des Brandberges hinein. »Pager meinte«, fahre ich fort, »die Leute wären zu dem Magier gekommen, hätten ihn gebeten, Regen zu machen oder so etwas, und ihn mit Nahrungsmitteln und Wasser für seinen Service bezahlt. Aber ganz so wird es wohl nicht gewesen sein. Es ist eher anzunehmen, daß an solchen Stellen zum Beispiel Initiationen stattgefunden haben. Das kennt man ja aus der Völkerkunde, daß die Jungen oder Mädchen isoliert und in die Geheimnisse des kulturellen Wissens eingeweiht werden. Vielleicht deswegen zeigen die Felsbilder hier auch nicht das, was man an allen Wohnstellen findet und was die Jugendlichen schon kannten. Und einsam genug war es hier oben ja für Initiationsriten.«

Nach getaner Arbeit beschließen wir, hier unsere Mittagspause zu machen, die allerdings nur kurz ist. Am Nachmittag haben wir noch drei kleinere Fundstellen zu bearbeiten, und da es hier früh dunkel wird, dürfen wir den Heimweg nicht zu spät antreten.

Ein Workaholic im Berg. Kurz vor sechs kommen wir schließlich zu unserem Lagerplatz zurück. Immer wieder beschleicht mich kurz vor der Rückkehr ein komisches Gefühl: Wie, wenn doch jemand gekommen ist und alles zerwühlt hat, wenn Filme und wichtige Aufzeichnungen weg sind? Wir haben allerdings noch nie schlechte Erfahrungen gemacht, wer sollte hier auch vorbeikommen? Kein Mensch würde uns je finden, das ist richtig – aber es gibt auch noch Tiere. Pager mußte einmal, als er zu seinem Camp zurückkam, feststellen, daß seine ganz Ausrüstung von einem Leoparden zerfetzt worden war. Schuhe und Schlafsack waren ebenso zerbissen wie Töpfe und Wasserflaschen, nichts hatte er unversehrt gelassen. Übermäßiger Durst und rasende Wut schienen ihn getrieben zu haben, und Pager war froh, mit seinen Leuten nicht in der Nähe gewesen zu sein. Denn die Kraft eines Leoparden reicht leicht dazu aus, einen Menschen in Sekundenschnelle zu töten. Dennoch scheuen Leoparden den Menschen – glücklicherweise.

Eine solch unliebsame Überraschung bleibt uns erspart, es steht ein beschaulicher Abend am Lagerfeuer bevor. Goodman nutzt die Gelegenheit und will von Angula und Efraim Näheres über Harald Pager und seine Arbeit erfahren. Vieles über ihn weiß er aus der Literatur, aber den Menschen lernt man darin nicht kennen. Unsere Bergführer bestätigen, daß Pager ein echter Arbeitswütiger war. Vom ersten Licht bis in die Nacht, in der er eine Gaslampe benutzte, war er tätig, sieben Tage in der Woche. »He werkt un werkt un werkt«, sagt Angula bewundernd, der selber über ein nicht gerade geringes Leistungsvermögen verfügt. Pager liebte die Einsamkeit des Berges, diese Abgeschiedenheit, in der doch ein Schlangenbiß oder ein gebrochenes Bein das Ende bedeuten können. Wochenlang auf dem Boden zu schlafen, nur auf rauhen Steinen herumzusitzen, äußerst

67 *Das berühmteste Felsbild Afrikas: die »Weiße Dame« vom Brandberg.*

eintönige und bescheidene Kost zu sich zu nehmen – all das konnte Pager nicht schrecken. Und in seinen Bergführern fand er kongeniale Begleiter. Als gesellige Menschen war es für sie nicht leicht, auf Wochen hinaus tagaus tagein nur dieselben Gesichter zu sehen – und dennoch gehen sie auch heute noch immer wieder gern mit uns auf den Berg. Angula, der am längsten dabei ist, hat ihn mehrere hundert Male bestiegen und bei jedem Aufstieg mindestens 1000 Höhenmeter überwunden. Während Pager an einem Ort blieb, um die Bilder zu kopieren, zogen die Bergführer durch das gesamte Gebirge, um neue Fundstellen aufzuspüren. Auch aus reiner Entdeckungslust, denn der kleine finanzielle Bonus, den Pager damals pro Neufund ausschüttete, konnte für die Anstrengungen kaum entschädigen.

68 *Eine Prozession reich geschmückter Menschen in einer Fundstelle der Tsisab-Schlucht, nur wenige Wegminuten von der »Weißen Dame« entfernt. Der große französische Prähistoriker Henri Breuil nannte diese Figuren »die Mädchenschule«.*

»Hat Pager mit euch über die Malereien gesprochen?« will Goodman von Angula wissen. Der verneint. Er habe nie etwas zu den Bildern gesagt.

Auch in seinen Feldtagebüchern finden wir nur selten Anmerkungen. Er verstand sich, so viel ist klar, zunächst als Dokumentarist, der die Kunst des Brandberges ungeschönt, aber so vollständig und detailgetreu wie möglich aufnimmt. Ihm lag nichts an dem Ruhm, die schönsten oder ungewöhnlichsten Gemälde entdeckt zu haben, die Suche überließ er ja seinen Mitarbeitern. Auch wollte er nicht die tiefgründigsten Interpretationen vorlegen. Vielmehr wollte er dem Berg auch das letzte Bild abringen. Wäre er nicht 1985 überraschend gestorben, hätte er wohl zwei Jahre später sein Ziel erreicht. Bis dahin hatte er in fast acht Jahren über 40 000 Figuren in nahezu 900 Fundstellen kopiert und damit die weltweit umfassendste Dokumentation geschaffen. Seine Zeichnungen sind auf Tausenden von Folien in unserem Institut archiviert, ebenso die Pläne im Maßstab 1:100, die er von jeder Fundstelle wie ein Architekt in Ansicht und Aufsicht erstellte. Unsere Bewunderung gilt nicht nur dem immensen Umfang seiner Arbeit, sondern auch der durchgängigen Präzision. Für eine solche Aufgabe unter diesen schwierigen Umständen muß man geboren sein. Das kann man weder erlernen, noch durch gute Bezahlung erkaufen. Die Kölner Universität und die Deutsche Forschungsgemeinschaft, die die Forschungen finanziert, haben fraglos eine historische Chance genutzt, um ein kulturgeschichtlich einmaliges Dokument schaffen zu lassen. Wir stehen nun in der Pflicht, diese Arbeit angemessen fortzuführen, indem wir die Felskunst des Brandbergs in Buchform für jeden zugänglich machen.

Die Dame, die ein Herr ist. Wie andere vor ihm stellt Goodman die naheliegende Frage, ob wir den Rest, den Pager nicht machen konnte, auch noch erfassen werden. Wir müssen abwinken. Zum einen ist unser Publikationsprojekt auf die bestehende Dokumentation bezogen, und zum anderen sind wir wohl nicht dazu geboren, so zu leben und zu arbeiten wie Pager, so sehr wir die Abenteuer hier oben genießen. Aber Goodman hakt nach: »Wie wäre es denn wenigstens mit der Weißen Dame? In der Gegend hat Pager doch auch nicht gearbeitet.«

Natürlich, als kundiger Archäologe weiß er um die Bedeutung der »Weißen Dame«, die das berühmteste Felsbild Afrikas ist. Es wurde bereits 1918 von dem Landvermesser Reinhard Maack durch Zufall entdeckt. Am Fuß des östlichen Brandberges zog er sich mittags in eine schattige kleine Grotte zurück, und zu seiner großen Verblüffung war sie dicht bemalt mit zahlreichen mehrfarbigen Figuren. Eine darunter fiel ihm besonders auf: Mit langer Haartracht, reichem Schmuck und detailliert ausgearbeiteten weiteren Accessoires schreitet sie einher. Der Körper ist von der Brust abwärts weiß bemalt, und so taufte Maack dieses Bildnis die »Weiße Dame«. Hätte er nur genauer hingesehen, wir Archäologen müßten heute nicht immer wieder gegen diesen Mythos ankämpfen: Diese Figur ist nämlich ein Mann. Und trotz der weißen Farbe ein Afrikaner. Keine Rede davon, daß dieses Motiv seinen Ursprung im östlichen Mittelmeerraum haben könnte, wie nach Maack sogar der große französische Prähistoriker Henri Breuil behauptete.

Seit Jahrzehnten ist die kleine Grotte, in der diese Malerei zu sehen ist, das Ziel von Touristen, denn im Vergleich zu den Felsbildern im Hohen Brandberg ist sie einfach zu erreichen. Daher ist sie auch das einzige Kunstwerk in Namibia, das hinter Gittern ist. Zum

Schutz vor Vandalismus und unachtsamen Besuchern mußte ein Käfig um die Grotte gebaut werden.

All das kennt Goodman aus eigener Anschauung, und er weiß, daß eine gute Dokumentation der Weißen Dame auch ein Beitrag zu ihrer Erhaltung wäre. Aber ich kann ihn beruhigen: »Die Weiße Dame hat Pager auch komplett abgezeichnet, mit allen anderen Figuren in dieser Fundstelle dazu. Es ist nur nicht vollständig veröffentlicht worden. Allerdings gibt es an die dreißig weitere Stellen um die Weiße Dame herum. Da ist tatsächlich noch viel zu tun. Aber im Moment ist die Forschungssituation leider nicht so, daß bald etwas geschehen könnte. Zum einen wird überall gespart, und zum anderen will man heute lieber Interpretationen als Dokumentationen. Und wie du bei Lewis-Williams siehst, kann diese Haltung zu einem heftigen Gelehrtenstreit führen.«

Der genannte Wissenschaftler ist der neue Papst der Felsbildforschung. Er arbeitet an der Witwatersrand-Universität in Johannesburg, Südafrika. Ihm verdanken wir immense Fortschritte in der Forschung, aber er ist auch umstritten. So sagt seine zentrale These, daß Felskunst zu allen Zeiten und überall auf der Welt eng mit den Halluzinationen von Schamanen verbunden ist. Die Belege dafür können wir in der Felskunst Namibias aber nicht entdecken, da sind wir uns mit Goodman einig.

»Trotzdem«, macht er einen weiteren Anlauf, »man könnte die Aufnahme doch weniger aufwendig machen. Es müßte ja nicht alles in monatelanger Arbeit abgezeichnet werden, man könnte es zum Beispiel abfotografieren.« Jetzt schaltet Marie-Theres sich ein, denn das ist ihr Metier. »Natürlich wäre das möglich«, sagt sie, »aber diese Art der Dokumentation wäre sehr viel schlechter als die durch Zeichnungen. Es sei denn, man würde die Bilder später am Computer mit einem Bildprogramm nachbearbeiten. Da kann man heute schon einiges erreichen. Nur leider ist das weder billiger noch schneller noch genauer. Es geht halt nichts über das geschulte menschliche Auge.«

Mittlerweile ist es doch spät geworden, das Feuerchen ist heruntergebrannt, und so erlahmt Goodmans Widerstand. Ein letzter Blick im Schein der Taschenlampe auf die herumliegenden Dinge, um sicherzustellen, daß weder Mäuse noch Windböen etwas davontragen können, dann zieht sich jeder in seine Schlafecke zurück.

Was sind die Beine des Regens? Die nächsten Tage vergehen damit, daß wir etliche unspektakuläre Felsbildstellen aufsuchen. Die Arbeit geht so gut voran, daß wir uns nach drei Tagen eine Belohnung gönnen. Nicht allzuweit von unserem Arbeitsgebiet liegen zwei der schönsten und bekanntesten Fundorte des Brandberges: die »Wasserfallhöhle« und die »Schlangenhöhle«. Die wollen wir Goodman zeigen.

Der Name »Wasserfallhöhle« rührt daher, daß in besonders guten Regenjahren ein kleiner Wasserfall an der Vorderseite dieser tiefen Grotte herabströmt. Leider hatten wir noch nie das Glück, dies zu erleben. Um so freudiger ist daher die Überraschung, als im Herannahen an die Höhle Angula »O mea nawa!« (»gutes Wasser«) ausruft. Es hat also in den letzten Wochen so stark geregnet, daß die natürlichen Zisternen auf dem Plateau oberhalb der Höhle gefüllt sind und nun langsam leerrinnen. Das erklärt, warum der Brandberg für den Menschen während der gesamten Geschichte des Homo sapiens ein attraktives Ziel war (denn die frühesten archäologischen Funde hier oben sind etliche zehntausend Jahre alt). Im Brandberg versickert der Regen nicht einfach im Boden, sondern er sammelt sich in Auswaschungen, Spalten und Vertiefungen. Stellenweise sind viele Hektar, zum Teil sogar einige Quadratkilometer der Erdoberfläche mit einer geschlossenen Granitschicht versiegelt, die die Niederschläge ableitet. Manche der Felsbecken enthalten daher mehrere hundert Liter Wasser, die von einer Regenzeit bis zur nächsten nicht gänzlich verdunsten. Aber auch dort, wo der Boden nicht so geschlossen ist, geht kein Tropfen verloren. An diesen Stellen saugt sich der Boden wie ein Schwamm voll. Durch sein Eigengewicht tritt das Wasser dort wieder aus, wo das Erdreich unterirdisch auf geschlossenen Granit trifft. Dann rinnt das Naß wochenlang aus dem Boden

69 *Regen ist das Lebenselexier der Wüste. Aber wer hat hier für einen Schauer gesorgt? Die mythische Giraffe oder die machtvollen Regenzauberer?*

heraus und sorgt zum Beispiel hier an der Wasserfallhöhle für diese herrliche Kaskade.

Nachdem wir uns unter dem Sturzbächlein erfrischt haben, wenden wir uns den Bildern zu. Das Repertoire kennen wir: Menschen, Springböcke, Oryxantilopen, aber auch vieles, das man wegen der starken Überlagerung mit Sinter nur schwer erkennen kann. Sinter besteht aus Mineralien, vor allem Kalk, die in Wasser gelöst sind und sich ablagern, wenn es verdunstet. Hier rinnt der Regen also so langsam über die Bilder ab, daß er dabei verdunstet und den Sinter zurückläßt.

»Schade«, bemerkt Marie-Theres, »keine Regenbeine in den Bildern, obwohl es doch so gut hierhin passen würde«, und damit weist sie auf den Wasserfall.

»Was um Himmels willen sind denn Regenbeine?« will Goodman wissen.

Das ist mein Stichwort: »Der Regen, der herabströmt, das sind die Regenbeine, auf denen er voranschreitet«, rezitiere ich gravitätisch.

»Wie bitte?« Der arme Goodman ist nun völlig entgeistert.

Marie-Theres gibt die fällige Erklärung. »Keine Sorge, er zitiert nur die Xam. Du weißt doch, es gibt diese Erzählungen, die Wilhelm

70 »Der Regen, der herabströmt, das sind die Regenbeine, auf denen er voranschreitet«.

Bleek und Lucy Lloyd vor über hundert Jahren in Kapstadt von Südbuschleuten aufgeschrieben haben.«

»Das sind doch die Texte«, wirft Goodman ein, »mit denen Lewis-Williams viel gearbeitet hat.«

»Genau«, bestätigt Marie-Theres, »und einige davon handeln vom Regen und von einem Regenmagier, der von Regenbeinen oder manchmal auch von Regenhaaren spricht. Das sind wirklich schöne Sprachbilder, denn wenn du mal einen Schauer in so einer weiten Landschaft wie hier betrachtest, dann siehst du: Das ist von Ferne keine eintönige graue Wand. Der Niederschlag geht eher in einzelnen Streifen ab – und das sieht dann tatsächlich aus wie Haare oder wie Beine, auf denen er steht.«

»Mir gefällt das so gut«, sage ich, »daß ich die schönsten Stellen auswendig kenne. Der Magier sagt zum Beispiel einmal: ›Der Regen weht die Regenhaare vor sich her, wenn sie noch weich sind. Dann werden sie hart und werden zu Wolken.‹ Ich finde, das ist alles sehr anschaulich.«

Marie-Theres ergänzt: »Und mich hat diese Idee von dem männlichen und dem weiblichen Regen angesprochen. Der weibliche Regen ist ganz sanft und macht alles schön feucht. Der männliche dagegen ist ein Regenbulle, vor dem alle Leute Angst haben, weil er alles kaputt macht. Ein Unwetter eben.«

Goodman hat aufmerksam zugehört: »Aber was hat das alles mit der Felskunst zu tun? Wo ist da der Regen?«

»Du hast recht, das ist nicht so einfach«, erwidere ich. »Wo das Wasser und die Niederschläge doch eigentlich das Wichtigste im Leben waren, ist es erstaunlich, daß es nur so wenige Bilder davon gibt. Ab und zu haben wir welche, und das sieht dann auch aus wie Regenhaare. Aber dieses Thema ist eher verschlüsselt in den Malereien zu finden.« Und nun versuche ich, ihm so kurz wie möglich die Sache mit dem Springbock zu erklären.

Warum der Springbock nicht springt. Springböcke sind etwa rehgroße Gazellen, die im ganzen südlichen Afrika verbreitet sind. Die Natur hat sie mit einem einzigartigen Spürsinn ausgestattet, der es ihnen erlaubt, Regen zu wittern, der in einer Entfernung von bis zu 100 Kilometern gefallen ist. Wenn das geschieht, tun sie sich in großen Herden zusammen und ziehen dorthin. Der Name dieser Gazelle kommt von den sogenannten Prellsprüngen, die diese Tiere vollführen, wenn sie verfolgt werden. Wie von einer Feder hochgeschnellt, springen sie zwei Meter in die Höhe, aber ohne daß das ihrem Entkommen besonders zuträglich wäre. Man nimmt an, daß solche Sprünge ein Signal an das verfolgende Raubtier sind, das besagt: Versuch's gar nicht erst, ich bin zu agil, mich kriegst du nie. Schaut man sich die Felsbilder an, wird man allerdings den Eindruck gewinnen, bei dem Springbock handle es sich um ein eher träges Tier. Drei Viertel dieser Gazellen in den Malereien stehen oder liegen. Wie ist das zu verstehen?

Eine Antwort auf diese Frage erhalten wir, wenn wir die in den Felsmalereien dargestellten Verhaltensweisen von Springböcken untersuchen. Wir finden zum Beispiel Werbungs-, Paarungs- und Territorialverhalten. Nun muß man wissen, daß all diese Signale beim Springbock zeitlich genau daran ausgerichtet sind, wann in seinem Lebensraum die Regenzeit kommt. Alles ist so abgestimmt, daß die Jungen kurz nach Beginn der Niederschlagsperiode zur Welt kommen, wenn das Gras hochgewachsen ist, und die Weibchen gut im Futter stehen. Was ich zu erklären versuche, wird durch eine Malerei hier in der Wasserfallhöhle gut illustriert: »Sieh dir dieses zunächst unglaubwürdig wirkende Bild an«, sage ich zu Goodman. »Da steht ein Springbock, dicht daneben liegt ein kleinerer, und unmittelbar daneben steht ein Löwe. Er hat dieselbe Farbe wie die Gazellen, und er ist auch genauso farbfrisch. Er ist also bestimmt von demselben Künstler gemalt worden.«

»In der Tat, sehr unglaubwürdig«, sagt Goodman, »so friedlich würden die nie nebeneinander stehen.«

»Sicher nicht«, pflichte ich ihm bei. »Aber ich glaube nicht, daß man dieses Bild so realistisch verstehen sollte. Meiner Meinung nach ist es vielmehr ein verschlüsseltes Inbild der Regenzeit: Wenn Springböcke geworfen haben, liegen die Jungtiere die ersten Tage, bis sie schnell laufen können, ganz ruhig im hohen Gras, während die Mutter irgendwo abseits äst. So sind die Kleinen am sichersten vor Raubtieren. Und genau das sehen wir hier: ein Muttertier, ein wohl im hohen Gras verstecktes Junges und einen Löwen, der dem Kitz nichts tut. Das ist eine Situation, die typisch ist für die Regenzeit.«

71 *Der Maler dieses Bildes wollte sicher nicht von einem lammfrommen Löwen erzählen, der den Springböcken nichts tut; vielmehr benutzte der Maler Bausteine typischer Verhaltensweisen, um eine Assoziation zur begrünten Natur hervorzurufen.*

»Das ist aber eine sehr weit gehende Interpretation«, sagt Goodman.

»Für sich allein genommen«, gebe ich zu, »wäre das auch nichts als wilde Spekulation. Aber zusammen mit den vielen anderen Verhaltensweisen, die in den Bildern gezeigt werden, ergibt sich immer wieder derselbe Sinnzusammenhang, nämlich die Regenzeit. Und daß die für die Menschen wichtig war, steht ja außer Frage.«

»Aber was ist mit den vielen Bildern, in denen man gar kein besonderes Verhalten erkennt, wo die Tiere einfach so herumstehen?« will er noch wissen.

»Ich glaube, diese Darstellungen geben die grundlegende Bedeutung des Springbocks wieder. Es gibt ihn reichlich, und die Tiere, die da sind, haben keinen Streß. Keine Verfolgung durch Raubtiere und keine Trecks durch das Land zu besseren Futterquellen. Es herrscht sozusagen Harmonie mit der Natur, und auch unter den Tieren selber geht es harmonisch zu. Es gibt zum Beispiel nicht eine einzige Szene, in der die Böcke kämpfen, obwohl sie das in Wirklichkeit natürlich tun. Die Tiere haben ihre Ruhe und sind folglich

72 *Die Bilder am Schlangenfelsen sind wie eine Werkschau durch die Jahrhunderte.*

eine reiche und einfache Beute für die Jäger. Die Botschaft ist: Wenn die Springböcke da sind, wird alles gut. Der Springbock war der Liebling der Jäger. Auch in den Geschichten der Xam ist er so etwas wie das Inbild einer heilen Welt.«

»Aber diese Geschichten sind doch viel jünger als die Bilder«, wendet Goodman ein.

Ich nicke: »Deswegen würde ich auch nie sagen, daß es einen direkten Sinnzusammenhang zwischen den Malereien und den Geschichten gibt, wie ihn Lewis-Williams ja stellenweise sieht. Aber wir haben in beiden zwei Jäger-Sammler-Lebenswelten, und die eine gibt uns Vorstellungshilfen für die andere.«

Gemeinschaft, Gleichheit, Mobilität. Die Schlangenhöhle, benannt nach dem Bild einer großen Schlange, überwältigt mich jedesmal wieder aufs neue. Auf dem Weg zu ihr kommt man zunächst an den Fuß eines etwa 30 Meter langen Abhanges, an dessen oberem Ende sich ein unglaublicher Granitklotz auftürmt, der schon durch seine schiere Masse beeindruckt. An der Vorderseite hat er einen geräumigen Unterzug, und hier finden sich einige der schönsten Malereien Namibias.

Goodman kennt diese Stelle zwar aus der archäologischen Fachliteratur, doch er empfindet dasselbe wie wir bei unserem ersten Besuch: ungläubiges Staunen. Niemals würde man denken, daß so etwas einfach inmitten der Natur auf einen wartet. Ein Museum würde man erwarten, Schlangen von Besuchern und Souvenirläden, die Postkarten und Nippes verkaufen. Doch hier herrscht Ruhe. In ihrer Vielfalt und Farbigkeit strahlen diese Bilder eine Erhabenheit aus, die ihrem Jahrtausende zählenden Alter würdig ist.

Hier ist eine breitere Palette an Motiven zu sehen als in der Wasserfallhöhle: neben den gewohnten Figuren auch Giraffen, Zebras, Elefanten, ein Nashorn und Kudu-Antilopen. Heute gibt es die letzteren noch sehr zahlreich in Namibia, in den Felsbildern sind sie jedoch selten. Ganz anders ist das leider bei den Nashörnern: Sowohl Breitmaul- als auch Spitzmaulnashörner kann man in den Felsbildern erkennen. Aber im heutigen Namibia sind sie fast ausgerottet, und die verbliebenen Exemplare versucht man vor Wilderern zu schützen, indem man ihnen das Horn, weswegen sie gejagt werden, vorsorglich absägt.

»Von den Tieren mal abgesehen«, meldet sich Marie-Theres zu Wort, »könnte das hier nicht eine typische Frauen-Malereistelle sein?«

Das kann ich nur bestätigen. Aus den Analysen vieler Felsbildstellen im Brandberg wissen wir, welches die weibliche Rolle in der Gesellschaft der Maler war. Frauen waren für das Rituelle zuständig und auch für das harmonische Zusammenleben. Sie hielten die Zeremonien ab und den Gemeinsinn wach. Kommunikation war für sie von großer Wichtigkeit. Dementsprechend sind bei den »Frauenstellen« zunächst einmal weit überdurchschnittlich viele weibliche Figuren zu sehen, darüber hinaus handelt es sich um Plätze, die viel Raum für Geselligkeit lassen, geeignet sind sowohl zum Wohnen als auch für Tänze oder andere gemeinschaftliche Aktivitäten. Hier konnten große Versammlungen stattfinden, bei denen man Neuigkeiten austauschte; außerdem waren es Gelegenheiten, bei denen man Heiratspartner finden konnte. Eine kleine Gruppe, in der üblicherweise etwa zwanzig Leute zusammenlebten, bot da nicht genug Auswahl.

»Und was bleibt dann für die Männer?« fragt Goodman.

»Die Männer waren eher die Spezialisten des Alltags«, erwidere ich. »Anders als die Frauen sind sie häufig mit den Gerätschaften des täglichen Gebrauchs zu sehen, und sie sind in kleineren Gruppen dargestellt. Sie sind die Individualisten, die wenig gemeinschaftlich handeln. Seltsamerweise sind sie fast nie bei der Jagd zu sehen, obwohl sie die Jagdutensilien oft bei sich tragen. Dazu muß man aber sagen, daß die Frauen genausowenig bei der Verrichtung ihrer üblichen Arbeiten gezeigt werden. Die Felskunst schildert also nicht den Alltag, sie entwarf wohl eher Idealbilder.«

73 *Eine kleine Gruppe unterwegs mit dem typischen Gepäck der Jäger und Sammler. Schwarzweiß-Zeichnung einer Malerei, die wegen ihrer schlechten Erhaltung auf einem Foto nicht mehr zu erkennen wäre.*

Etwas weiteres kommt noch hinzu. Die große Mehrzahl der Figuren ist gar nicht männlich oder weiblich gekennzeichnet, weder durch Geschlechtsorgane noch durch typische Gerätschaften oder stilistische Mittel. »Ich habe lange gebraucht«, erzähle ich, »um zu begreifen, daß ich da gar nichts suchen muß. Ich dachte immer, bei den Figuren, die nicht als Mann oder Frau erkennbar sind, muß ich nur richtig hinschauen, um das entscheidende Merkmal, was immer es auch sein mag, zu erfassen. Aber ich habe nie etwas gefunden. Eine ganze Weile habe ich, wie viele andere Leute auch, geglaubt, daß es alles verkappte Männer seien. Bis ich eines Tages darauf kam, einfach umzudenken.«

»O ja«, schaltet Marie-Theres sich ein, »im Grunde ist es wirklich ganz simpel – wenn man mal darauf gekommen ist: Das sind weder Frauen noch Männer, sondern einfach Menschen. Der Mensch als soziales Wesen ohne Alter, Rang, Geschlecht oder sonst was, schlicht das, was man bei uns mit dem Begriff Person beschreibt.«

Man kann das natürlich auch komplizierter ausdrücken: Ich nenne diese Figuren Null-markiert. Das bedeutet, daß sie gar keine Kennzeichnung haben, aber gerade das ist ihre Aussage und unterscheidet sie bewußt von den markierten Menschen. Das ist sogar das Hauptthema der Malereien: Eine große Anzahl Personen, die vollkommen gleich sind, nichts Besonderes an sich haben und zumeist in Gruppen unterwegs sind.

Um das zu bestätigen, braucht man sich nur in einer beliebigen Felsbildstelle umzusehen, wie wir es nun in der Schlangenhöhle tun. Man sieht zumeist Menschen unterwegs. Wohin sie gehen, ist nicht zu erkennen, auch nicht, von wo sie kommen. Unterwegs zu sein genügt schon. So gibt es offenbar drei Allgemeinbegriffe, die in den Malereien immer wieder thematisiert wurden und unter denen die Gesellschaft sich vereinte: Gemeinschaft, Gleichheit und Mobilität. Diese hohen Werte sollten von jedem in Ehren gehalten werden, und deshalb wurden sie immer und immer wieder dargestellt.

Als habe er mit dem Begriff Mobilität sein Stichwort erhalten, mahnt Angula uns, an den Heimweg zu denken. Eine Stunde werden wir jetzt sicher noch zurücklaufen, da sollten wir schleunigst aufbrechen.

Eine Zukunft, die aus der Vergangenheit kommt. Nach zwei weiteren Tagen, an denen wir Felsbildstellen aufnehmen und fotografieren, ist nicht nur unsere Arbeit beendet, sondern auch alle Essensvorräte sind aufgebraucht. Zeit, den Rückweg anzutreten. An einem glühend heißen Nachmittag kommen wir wieder zu unserem Auto und freuen uns über einen Motor, der klaglos anspringt. Und wir genießen es, einmal eine Strecke zurückzulegen, ohne uns im geringsten anstrengen zu müssen. Hat die Zivilisation vielleicht doch etwas Gutes?

Auf dem Rückweg machen wir noch einen Abstecher zu einem etwa 30 Kilometer entfernten Berg: Angula und Efraim zeigen uns ihre Mine. Hier hat jeder einen kleinen Claim, wo er nach Bergkristallen und Halbedelsteinen schürfen darf. So verdienen sie etwas Geld, wenn sie nicht als Bergführer arbeiten – und das ist leider zu selten der Fall. Die Region um den Brandberg ist wahrlich kein Eldo-

74 *Die Zukunft der Felskunst gestalten die Menschen, die mit ihr umgehen. Als Souvenirs haben die alten Motive ihre ursprüngliche Bedeutung verloren – und gewinnen doch einen neuen Sinn.*

rado. Seit die Zinnmine in Uis, 30 Kilometer vom Berg entfernt, 1990 geschlossen wurde, gibt es hier keinen Arbeitgeber mehr. Jeder muß versuchen, sich irgendwie durchzuschlagen. Dies gilt für unsere Freunde im Wortsinne: Nur mit Hammer und Meißel tragen sie in ihren Minen das drei Meter starke Deckgestein ab, bevor sie die Tiefe erreichen, in der sie mit wertvollen Steinen rechnen können. Die Ausbeute bei dieser unglaublichen Knochenarbeit ist jedoch zumeist erbärmlich: Zuletzt hat Efraim drei Monate hier geschuftet, so erzählt er uns, ohne auch nur einen einzigen verkäuflichen Stein zu finden. Und Dutzenden anderen Männern, die hier ebenfalls als »freie Unternehmer« arbeiten, geht es nicht besser.

Die Leute in der Region ebenso wie die höchsten Regierungsstellen setzen daher viel Hoffnung in den Brandberg und seinen kulturgeschichtlichen Wert. Wenn alles gutgeht auf seiten der Verwaltung, könnte er von der UNESCO zum Weltkulturerbe erklärt werden. Das würde seinen Schutz verbessern und sicher auch mehr Touristen anlocken. Und diese würden mehr Arbeit als Bergführer für unsere Freunde bringen.

Ein kleine Gruppe von Schulabgängern in Uis versucht heute, in diesen Dingen eine Vorreiterrolle zu spielen. Sie bieten, inzwischen auch mit offizieller Unterstützung, ihre Dienste als Führer zur Weißen Dame an. Auf längere Sicht wollen sie auch Touren in den Hohen Brandberg führen. Der Schlüssel für solche Dienste liegt in ihrer Ausbildung. Wer mit einem qualifizierten Wissen aufwarten kann, zu dem werden Besucher kommen. Schon bald sollen auch unsere Forschungsergebnisse zum festen Bestandteil eines Lehrprogramms für anerkannte Bergführer werden.

An einer anderen Stelle in Uis können wir bereits heute Auswirkungen unserer Arbeit sehen. Einige Dorfbewohner haben ein Kunsthandwerkszentrum gegründet, in dem sie Souvenirs herstellen, inspiriert von den Malereien des Brandbergs. Hier, so konnten wir erfreut feststellen, werden unsere Felsbildbücher als Vorlagen benutzt, um mit Motiven, die Jahrtausende alt sind, etwas Neues zu gestalten. Es gibt ein Wechselspiel zwischen den Menschen und den Bildern, alte Bedeutungen gehen verloren, neue werden gefunden. Und diese Kunstwerke haben in ihrem Alter von zweitausend, vielleicht viertausend Jahren noch eine hoffnungsvolle Zukunft vor sich. Sie können heute den Leuten am Brandberg helfen, ihr Leben zu meistern. Aber auch die Felsmalereien brauchen den Menschen. Denn ohne die Menschen, denen sie etwas bedeuten, sind sie nichts als Farbflecken auf Granit.

Literaturhinweise

Boden, Gertrud: Jäger und Gejagte. Die Buschleute im südlichen Afrika. Duisburg 1997.

Kuper, Rudolph (Hg.): Weiße Dame – Roter Riese. Felsbilder aus Namibia. Köln 1991.

Lenssen-Erz, Tilman: Gemeinschaft – Gleichheit – Mobilität. Felsbilder im Brandberg, Namibia, und ihre Bedeutung. Köln 1999.

Lenssen-Erz, Tilman / Erz, Marie-Theres: Wo Kunst Geschichte macht. Felskunst im südlichen Afrika. In: Gertrud Boden: Jäger und Gejagte. Duisburg 1997.

Lenssen-Erz, Tilman / Erz, Marie-Theres: Brandberg – Der Bilderberg in Namibia. Kunst und Geschichte einer Urlandschaft. Stuttgart 1999.

Lewis-Williams, David / Dowson, Thomas A.: Images of Power. Johannesburg 1989.

Lewis-Williams, David / Dowson, Thomas A.: Contested Images. Diversity in Southern African Rock Art Research. Witwatersrand 1994.

Pager, Harald: The Rock Paintings of the Upper Brandberg.
Part I – Amis Gorge. Köln 1989.
Part II – Hungorob Gorge. Köln 1993.
Part III – Southern Gorges. Köln 1995.
Part IV – Umuab and Karoab Gorges. Köln 1998.

Scherz, Ernst Rudolf: Felsbilder in Südwestafrika.
Teil I: Die Gravierungen in Südwest-Afrika ohne den Nordwesten des Landes. Köln, Wien 1970.
Teil II: Die Gravierungen im Nordwesten Südwest-Afrikas. Köln, Wien 1975.
Teil III: Die Malereien. Köln, Wien 1986.

Die Herren der eisigen Höhen

Von der Salzstraße zur Trekkingroute

Von Ernst Pohl

Überlebensstrategien im Hochgebirge. Will man heutzutage im Frühjahr oder im Herbst eine Reise nach Nepal buchen, wird man feststellen, daß die Flüge nach Kathmandu in der Regel sehr gut ausgelastet sind. Das Land an der Südabdachung des Himalaya hat sich nun schon seit den siebziger Jahren als Paradies sowohl für den professionellen Gipfelstürmer wie für den normalen Bergwanderer etabliert. Diese beiden Gruppen von Gebirgsfetischisten tragen denn auch erheblich zum Erwerb von Devisen bei, die das Entwicklungsland Nepal so dringend benötigt. Obwohl der größte Teil dieser Gelder in Form von Gebühren etwa zur Ersteigung eines der vierzehn nepalesischen Achttausender oder für die Ausstellung eines Trekkingpermits durch die zentrale Verwaltung in Kathmandu eingezogen wird, profitiert auch die an den Gebirgspfaden ansässige Bevölkerung von der alljährlich stattfindenden Invasion westlicher Bergtouristen. Die zunehmende Anzahl von Hotels und einfachen Unterkünften entlang der Trekkingrouten spricht hierbei eine deutliche Sprache. In gleicher Weise wie in den europäischen Alpen in den letzten beiden Jahrhunderten trägt der Tourismus also zur Entwicklung von Bergregionen bei, allerdings bei genau denselben ökonomischen wie ökologischen Problemen. Wofür der Europäer allerdings fast zwei Jahrhunderte Zeit hatte, hat sich in diesen abgelegenen Regionen innerhalb von etwa drei Jahrzehnten abgespielt. Allein in den letzten knapp zehn Jahren, in denen Archäologen nun im Himalaya tätig sind, hat sich die Anzahl der Lodges so stark vermehrt, daß selbst in der Hochsaison an einigen zentralen Plätzen keine wirtschaftliche Auslastung mehr erreicht werden kann. Hinzu kommt eine wachsende Beanspruchung der natürlichen Ressourcen, die in einem Hochgebirgsraum ja nur in einem begrenzten Umfang zur Verfügung stehen. Zunehmende Installationen von Duschen statt

75 (Vorhergehende Doppelseite) Spuren vergangener Macht im hohen Himalaya. Seit Anfang der neunziger Jahre sind deutsche Archäologen auf dem Dach der Welt unterwegs, um vorgeschichtliche Höhlen, mittelalterliche Burgen und aufgelassene Siedlungen zu untersuchen.

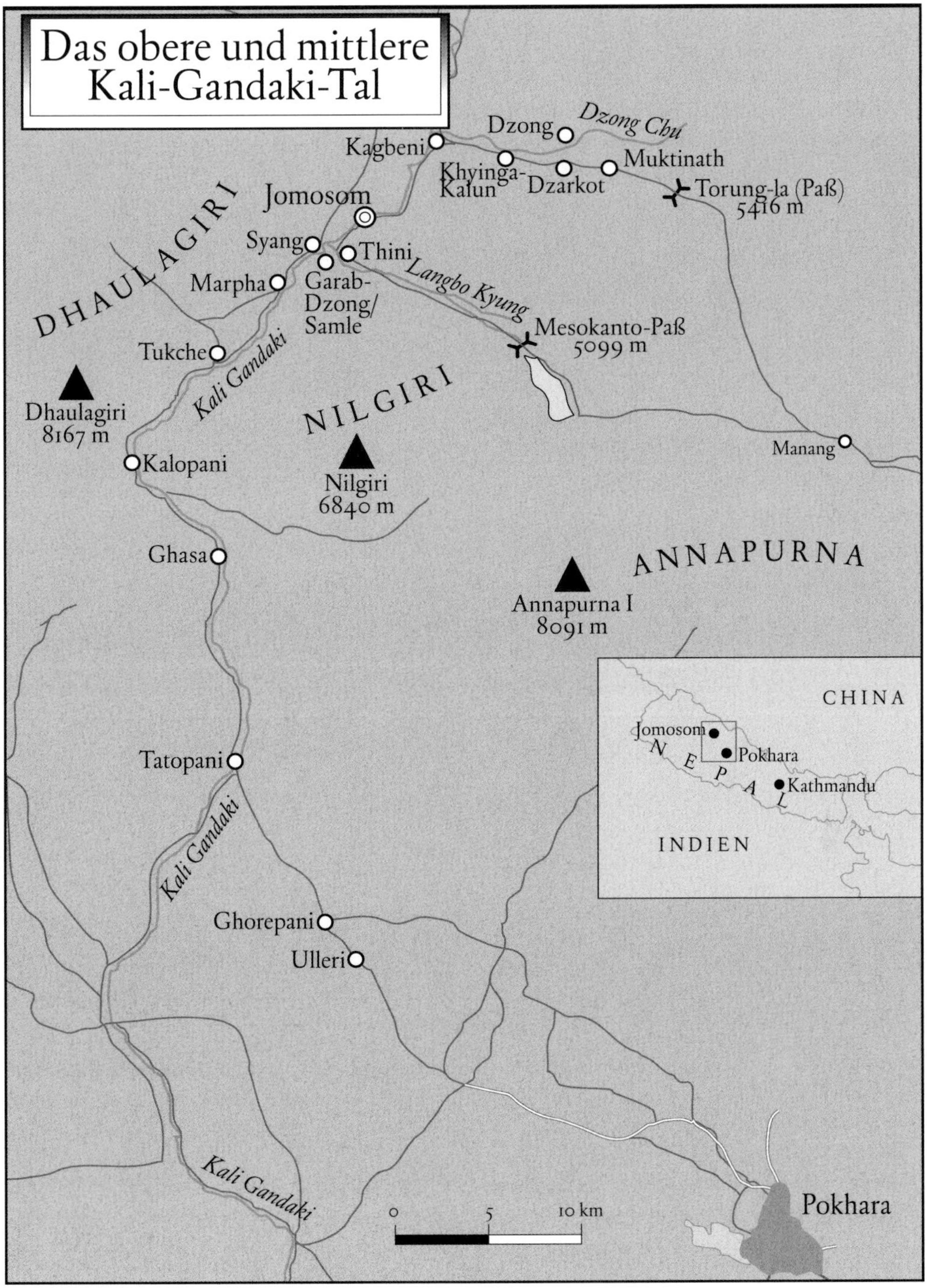
Das obere und mittlere Kali-Gandaki-Tal
Dzong
Dzong Chu
Kagbeni
Khyinga-Kalun
Dzarkot
Muktinath
Torung-la (Paß) 5416 m
Jomosom
DHAULAGIRI
Syang
Thini
Marpha
Garab-Dzong/Samle
Langbo Kyung
Mesokanto-Paß 5099 m
Tukche
Kali Gandaki
NILGIRI
Dhaulagiri 8167 m
Kalopani
Nilgiri 6840 m
Manang
Ghasa
ANNAPURNA
Annapurna I 8091 m
CHINA
Jomosom
NEPAL
Pokhara
Kathmandu
INDIEN
Tatopani
Kali Gandaki
Ghorepani
Ulleri
Kali Gandaki
0
5
10 km
Pokhara

76 Kathmandu. Die zunehmende Landflucht führte in den letzten Jahrzehnten in der Hauptstadt Nepals zu einer ausgedehnten Bautätigkeit, so daß im Tal immer weniger Platz für Anbauflächen übrigbleibt. Das ehemalige Reis-Exportland Nepal muß heute Reis importieren, um die Versorgung der Bevölkerung zu gewährleisten.

der Schüssel mit warmem Wasser, immer noch anwachsender Verbrauch von Feuerholz anstatt des Einsatzes von Kerosinkochern, die immer noch steigenden Touristenzahlen fordern einen maßvollen Umgang mit Menschen und Materialien, die das Land Nepal dem zunehmend verwöhnten Touristen zur Verfügung stellen kann.

Die Frage nach den sich ständig ändernden Lebensbedingungen und Überlebensstrategien in einem Hochgebirgsraum war eine der zentralen Fragestellungen eines interdisziplinären Forschungsprogrammes, welches Anfang der neunziger Jahre eingerichtet worden war. Initiator war der Bonner Tibetologe Dieter Schuh, der seit mehr als zwanzig Jahren im Nordwesten Nepals auf der Suche nach alten Dokumenten unterwegs war und feststellen mußte, daß anhand der schriftlichen Überlieferung Informationen zur Lokalgeschichte allenfalls aus den letzten drei bis vier Jahrhunderten zu gewinnen waren. Demgegenüber war durch Forschungsreisen von Ethnologen und Tibetologen seit langem bekannt, daß in diesen Gebieten zahlreiche Höhlensiedlungen und ein dichtes Netz von Burgruinen und verlassenen Siedlungen anzutreffen sind, von denen allerdings niemand so genau wußte, wie alt sie eigentlich sind. Schon die Tatsache

eines offensichtlich sehr dichten Siedlungsnetzes bei geringer Bevölkerungszahl legt den Schluß nahe, daß, aus welchen Gründen auch immer, häufige Siedlungsverlagerungen stattgefunden hatten. Der Auftrag an die Archäologie war damit deutlich formuliert: Es sollte ein Fenster in die Vergangenheit geöffnet werden, um Informationen über die Siedlungstätigkeit des Menschen in einer extremen Umwelt zu gewinnen, Informationen, die anderen historischen Fächern aufgrund fehlender Quellen versagt bleiben.

Warum aber gerade Nepal? Mehrere Gründe sprachen dafür: an erster Stelle das Land selbst. Seit dem Ende des 18. Jahrhunderts durch die heute noch herrschenden Gorkha-Könige erobert und politisch geeint, umfaßt es eine Vielzahl von unterschiedlichen ethnischen und religiösen Volksgruppen, die es zu einem Paradies für historisch-ethnologische Studien macht. Eine dieser Gruppen, die Thakali, wird auch im Mittelpunkt dieses Beitrages stehen. Hinzu kommt, daß das Land zwar größtenteils an den Südabhängen des Himalaya gelegen ist, gerade im Nordwesten aber über den Hauptkamm nach Norden ausgreift und so auch eine Reihe von Gebieten integriert, die seit Jahrhunderten von tibetisch-buddhistischen Bevölkerungsgruppen bewohnt werden. Dies ist nun für alle an Tibet und seiner Kultur interessierten Wissenschaften von großer Bedeutung, da sich hier bis zum heutigen Tage eine ununterbrochen tradierte tibetische Kultur vorfinden und studieren läßt. Zusammen mit dem im nordwestlichen Indien gelegenen Ladakh bilden diese Gebiete den sogenannten »Tibetischen Himalaya«. In der Abgeschiedenheit dieser Hochgebirgstäler hat die Bevölkerung bis zum heutigen Tage größtenteils unberührt von zivilisatorischen Einflüssen ihre typische Siedlungsweise, ihre spezifische Wirtschaftsstruktur und ihre religiösen Grundlagen bewahrt. Zudem findet sich dort ein außergewöhnlicher Reichtum an historisch auswertbaren Quellen, insbesondere literarischen, aber auch archäologischen, bau- und siedlungshistorischen Quellen, die von einer intensiven Auseinandersetzung des Menschen mit seiner Umwelt, aber auch von Konflikten innerhalb der dortigen Bevölkerung Zeugnis ablegen.

Vor der Einigung des Landes unter den Gorkha-Königen gegen Ende des 18. Jahrhunderts war insbesondere der Westen Nepals in viele unterschiedliche Herrschaftsgebiete aufgegliedert, deren Führer

77 (Vorhergehende Seite) Der Burghügel von Garab-Dzong (Bildmitte), Richtung Westen gesehen. Von der Spitze des Hügels konnte ungefährdet der gesamte Verkehr im Kali-Gandaki-Tal kontrolliert werden. Im Vordergrund links die einzelnen Häuser von Samle, rechts hinter dem Hügel Thini und im Hintergrund am Fluß Jomosom mit der Flugpiste. (Vergleiche auch Abbildung 91).

mal Bündnisse untereinander eingingen, häufiger allerdings den Versuch unternahmen, die anderen Regionen zu erobern. Dieses aus den verfügbaren Schriftquellen überlieferte Bild wird am besten durch die mittelalterlichen Burgen und befestigten Siedlungen illustriert, die als sichtbare Zeichen von Herrschaftsbildungen und Herrschaftssicherungen in allen bedeutenden Tallandschaften des Tibetischen Himalaya vorzufinden sind.

Im Zusammenhang mit dem Ausbau und der Sicherung von Herrschaftsräumen stellen diese Burgen und befestigten Siedlungen zum einen ein exzellentes Merkmal der Raumstrukturierung dar. Diesem Phänomen widmet sich neben anderem Hans-Georg Hüttel in seinem Beitrag über das in den Jahren von 1991 bis 1999 durchgeführte Grabungsprojekt in dem Dorf Khyinga. Auf der anderen Seite stellen Burgen und befestigte Siedlungen auch vielfach die politisch-wirtschaftlichen Zentren von Herrschaftsgebieten dar, wie in unserem Fall beschrieben werden wird. Die von uns von 1994 bis 1998 gegrabene Befestigung von Garab-Dzong, nur wenige Kilometer südlich der Provinzhauptstadt Jomosom im Mündungsgebiet des Langbo Kyung gelegen, ist sowohl durch die mündliche wie die schrifthistorische Überlieferung als Zentrum eines der vielen kleinen Regionalherrschaften im Nordwesten des heutigen Nepals nachgewiesen. Sie ist die größte der befestigten Anlagen im Süden des Distriktes Mustang, die aufgrund ihrer Position sowohl die Nord-Süd-Route durch das Kali-Gandaki-Tal wie einen nach Osten über den Mesokanto-Paß führenden Weg nach Manang beherrscht.

Die Siedlung selbst befindet sich auf einem Hügel, der durch Wasserläufe und Erosionsvorgänge aus den umgebenden Hochterrassen herausgeschnitten worden und nur über einen schmalen Sattel im Süden mit dem Hinterland verbunden ist. Der nach drei Seiten gut abzusichernde Hügel mit Hangneigungen von teilweise über 45 Grad eignet sich somit hervorragend für eine festungsartig ausgebaute Siedlung, von der sich umfangreiche Überreste auf dem Plateau und den Hängen erhalten haben. Diese Ansiedlung ist nach den oberirdisch noch sichtbaren Spuren durch mehrere Ringmauern geschützt gewesen.

Was aber hat den Menschen überhaupt dazu gebracht, das Hochgebirge zu besiedeln? Mit Blick auf die geographische Situation des

Großraumes vom tibetischen Hochplateau im Norden bis in die nordindische Ganges-Ebene im Süden ist festzuhalten, daß der Himalaya-Hauptkamm zwar eine scharfe Naturraumgrenze zwischen der monsunfeuchten Südseite des Gebirges und der im Regenschatten liegenden Nordabdachung bildet, jedoch keineswegs eine deutliche Kulturraumgrenze darstellt. In allen Regionen Nepals finden wir mehrere Bereiche, wo große Täler die Hauptkette durchbrechen und von alters her Verbindungen zwischen dem tibetischen Hochplateau und dem südnepalesisch-nordindischen Tiefland geschaffen haben. Diese Quertäler stellen denn auch intensive Kontaktzonen beider Kulturräume dar, durch sie führen die großen nord-süd-orientierten Handelsrouten, die den Himalaya über Pässe von teilweise unter 5000 Meter überwinden. Neben der Funktion als Rückzugsgebiet erfüllte der Himalaya also auch durch alle historisch bekannten Zeiten hindurch die Funktion einer *transit area,* die die Menschen dazu veranlaßte, sich in die unwirtlichen Höhen eines Gebirges zu begeben und sich dort anzusiedeln.

Die Auswahl des Kali-Gandaki-Tals im mittleren Westen Nepals als Forschungsgebiet war nun dadurch begründet, daß hier eine der Haupthandelsrouten quer durch den Himalaya führte, auf der bis zur Schließung der nepalesisch-tibetischen Grenze in den fünfziger Jahren vor allem Getreide und Salz transportiert wurden. Am nördlichsten Punkt dieser Handelsroute liegt auf nepalesischem Gebiet das sagenumwobene, bis zum heutigen Tage nur einem begrenzten Personenkreis zugängliche Königreich Mustang, welches trotz der Integration in das Gorkha-Reich noch einen eigenen König besitzt. Auch Mustang gehörte zu den vielen kleineren Herrschaftsgebieten, die sich im Wechselspiel der Geschichte mehrfach anderen Königreichen beugen mußten, welche ebenfalls von den wirtschaftlichen Vorteilen einer Handelsroute profitieren wollten.

Südlich des Königreiches Mustang, aber noch innerhalb des heutigen Verwaltungsdistriktes gleichen Namens, schließt sich ein Gebiet an, das von den Thakali bewohnt wird. Dieses mit einer heutigen Zahl von nur etwa 15 000 Personen kleine Volk gehört zu den am intensivsten erforschten Ethnien im Himalaya, wobei allerdings archäologische Untersuchungen bislang völlig fehlten. Vor der Eroberung der nordwestlichen Gebirgszonen durch die Gorkhas war

78 *Unsere archäologische Leitfrage lebendig vor Augen: Trennt der Himalaya oder verbindet er? Zu den begehrten Handelsgütern aus dem Norden zählt auch das Yak – dementsprechend trifft man auf dem Weg immer wieder auf Viehherden, die nach Süden getrieben werden.*

das Thak Khola, von dem die Thakali ihren Namen haben, in zunächst zwei, später dann drei Herrschaftsgebiete untergliedert, die von Dieter Schuh als demokratische Stadtstaaten definiert worden sind. Diese Einschätzung basiert auf der Auswertung einer Reihe von Schriftdokumenten, die in den Dörfern zwischen Thini im Norden und Ghasa im Süden aufbewahrt werden. Nach diesen Quellen, die mindestens in das 17./18. Jahrhundert zurückreichen, wird der südlichere Teil des Thak Khola zwischen Ghasa und Tukche als Thaksatsae oder Thag, der nördliche Teil mit den fünf Dörfern Cimang, Chairo, Marpha, Syang und Thini als Panchgaon oder Pacgaon (Nepalesisch für: »fünf Dörfer«) bezeichnet.

Über das Pacgaon wissen wir, daß hier vor der Eingliederung des Thak Khola in den nepalesischen Staatsverband ein eigenständiges Herrschaftsgebiet existierte, das unter den Namen Sum, Sumbo oder Sum Garab-Dzong mit dem Hauptort Garab-Dzong überliefert ist. Unter den veröffentlichten historischen Quellen stellt das Bem-chag von Cimang, eine in diesem Ort aufbewahrte Textsammlung, die bislang bedeutendste Überlieferung dar, sind hier doch sowohl die Erbauung von Garab-Dzong wie auch in verschiedenen Abschnitten die territorialen Ausmaße von Sum beschrieben. Leider fehlen in den ersten Kapiteln, in denen auch über die Gründung von Garab-Dzong berichtet wird, jegliche Hinweise zur chronologischen Einordnung.

Somit war auch für uns vom Institut für Vor- und Frühgeschichte der Universität Bonn die Aufgabenstellung des Projektes vorgegeben. Wir wollten herausfinden, wann die Ansiedlung von Garab-Dzong gegründet, wann sie aufgegeben worden war und welche politisch-historischen Vorgänge die Erbauung einer solch imposanten Anlage veranlaßt hatten. War diese Anlage überhaupt die erste Siedlung auf dem Hügel, oder gibt es Vorgängersiedlungen, die womöglich auch als zentrale Befestigungen ausgebaut waren? All diesen Fragestellungen wollten wir nachgehen.

Auf alten Pfaden nach Norden. Kathmandu, fünf Uhr morgens: Noch leicht verschlafen sitzen wir auf der Terrasse und warten auf den Bus, der uns nach Pokhara bringen soll. Obwohl seit mehreren Jahrzehnten zwischen Pokhara und Jomosom eine Flugverbindung besteht, haben die Grabungsteilnehmer begeistert zugestimmt, als ich ihnen die Möglichkeit einer Annäherung an unser Forschungsgebiet durch eine Trekkingtour anbot. Wir werden zusammen mit den Mitarbeitern von zwei weiteren Teams in vier bis fünf Tagen nach Jomosom laufen, um uns an die Höhe von knapp 3000 Metern zu akklimatisieren.

Als der Bus dann eintrifft, wird unsere gesamte Ausrüstung im Bus und auf dem Dach verstaut. Uns erwartet eine Fahrt durch das nepalesische Mittelgebirge, mit vielen Serpentinen rauf und runter, so daß wir für die knapp 250 Kilometer fast einen ganzen Tag brauchen. Als wir am frühen Nachmittag in Pokhara eintreffen, steigen unsere Träger mit in den Bus, so daß es bis zum Ende der Straße ganz schön eng wird. Ich hatte drei unserer nepalesischen Träger, die ich schon aus Khyinga kannte, vorher in Kathmandu getroffen und mit ihnen vereinbart, daß sie unseren Transport nach Jomosom organisieren sollen. Die Aussicht auf einen Job von bis zu zehn Wochen scheint sie alle zu erfreuen. Sie haben in Pokhara weitere Träger angeheuert, so daß sich nun eine 30 bis 40 Personen starke Karawane auf den alten Handelsweg nach Norden machen wird.

Eine halbe Stunde hinter Pokhara hält der Bus an einer scharfen Linkskurve in der Nähe einiger Bretterbuden. Wir denken zunächst, daß der Busfahrer hier nur eine Pause einlegen will, werden jedoch schnell eines Besseren belehrt. Dies sei der Endpunkt unserer Fahrt, sagt man uns, hier würde die Trekkingstrecke beginnen. Tillok, unser Führer, deutet rechts der Straße nach unten: Hier müßten wir zuerst hinunter, um eine Brücke zu überqueren. Gleich am Beginn der Tour also das alte Spiel im Gebirge: Wann immer man einige Höhenmeter gewonnen hat, muß man wieder nach unten, um irgendwo einen Fluß zu überqueren oder einen Steilhang zu umgehen.

Nach und nach begeben wir uns alle auf den Weg, wir Europäer werden vorgeschickt. »Wir holen euch sowieso wieder ein«, bedeuten uns die Träger lachend, obwohl sie gleich bis zu 35 Kilogramm Gepäck auf ihren zierlichen Körpern tragen werden. Schon bald spüren wir, daß wir uns noch im feuchtwarmen Vorfeld des Himalaya befinden. Untrainiert aus dem Spätwinter Europas kommend, ist der erste Nachmittag besonders hart. Nach einigen Stunden erreichen wir die Treppen von Ulleri, einen am Nachmittag sonnenbeschienenen Südhang, auf dem wir uns auf knapp 2000 Meter hocharbeiten müssen. Diese Stelle gehört sicher zu den am meisten verfluchten Abschnitten auf der Strecke, da man nun mehrere Stunden nichts anderes macht, als auf Schiefertreppen unterschiedlicher Höhe anscheinend endlos nach oben zu steigen. Schnell reißt unsere Gruppe auseinander. Die Rastzeiten werden länger, jeder Schatten, der sich uns bietet, wird ausgenutzt. Ich bin in kürzester Zeit durchgeschwitzt. Wenn ich in Europa bin, erzähle ich begeistert von den Bergtouren, aber jedesmal, wenn ich mich hier einen Hang hinaufquäle, frage ich mich, warum ich mir das immer wieder antue.

Nach drei Stunden Aufstieg erreichen wir am frühen Abend Ulleri. Die meisten Träger haben uns, wie angekündigt, überholt, so daß fast unser gesamtes Gepäck schon vor uns eingetroffen ist. Nach einer erholsamen Dusche bereiten wir uns auf unser erstes Abendessen in den Bergen vor. Am nächsten Morgen bekomme ich Nachricht, daß Ulrike, eine unserer Studentinnen, die ganze Nacht Durchfall und Brechreiz hatte und so kaputt ist, daß sie heute unmöglich weiterlaufen kann. Schöne Bescherung! Und das gleich am Anfang! Wir beschließen, daß die Gruppe unter der Führung von Tillok und Thomas, der wie ich schon zweimal mit Hans-Georg Hüttel in Khyinga war und die Strecke kennt, vorlaufen soll und daß ich einen Tag mit Ulrike in Ulleri abwarte, bis es ihr besser geht. Zwei der Träger werden bei uns bleiben, der Rest geht mit den anderen.

79 Sobald man auf dem Wege nach Norden buddhistisches Gebiet erreicht hat, fallen einem die ungezählten Chörten auf, die an den Wegen liegen.

80 Der Dhaulagiri – vor dieser massiven Felskulisse gräbt sich die Kali-Gandaki in ihrem tiefen Tal durch den Himalaya.

Am nächsten Morgen können wir dann auch aufbrechen. Langsam geht es weiter nach oben in Richtung Ghorepani, dem Paßort, von dem man einen wunderschönen Blick auf den Dhaulagiri hat. Noch am frühen Nachmittag erreichen Ulrike und ich den Paß, so daß wir uns entscheiden weiterzulaufen. Von hier aus geht es wieder bergab. Waren durch die beiden letzten Tage alle Beinmuskeln bis zur Erschöpfung strapaziert worden, so sind es von nun an die Gelenke, die bei jedem Schritt nach unten das ganze Gewicht

abfangen müssen. Mit nur wenigen Pausen unterwegs gelangen wir schon am späten Abend nach Tatopani. Hier erleben wir zum erstenmal die Kali Gandaki, wie sie mit unbändiger Gewalt zwischen großen Felsblöcken nach Süden rauscht. Nun verstehen wir auch, warum der Fluß »Schwarze Gandaki« heißt. Durch die Gewalt der Strömung wird so viel dunkles Sediment aufgewirbelt, daß man einen fast schwarzen Fluß vor sich sieht. Tatopani, was auf Nepalesisch »heiße Quellen« bedeutet, ist wegen derselben in Trekkingkreisen berühmt. Obwohl es schon sehr spät ist, begeben Ulrike und ich uns nach dem Abendessen noch zum Fluß hinunter, um in den gemauerten Becken, die das heiße Wasser auffangen, zu baden.

81 *Für europäische Touristen manchmal ein Problem: Immer wieder müssen die Flüsse auf mehr oder weniger stabilen Hängebrücken überquert werden.*

Die nächsten beiden Tage geht es immer am Fluß entlang nach Norden. Mehrfach überqueren wir den Fluß mittels Hängebrücken, immer wieder müssen Umwege nach oben oder nach unten in Kauf genommen werden, da der Weg wieder mal abgebrochen ist. Unmerklich ändert sich die Vegetation. Laufen wir anfangs noch an immergrünen, mit Sträuchern und subtropischen Bäumen bewachsenen Hängen entlang, so geraten wir am zweiten Tag mehr und mehr in eine Szenerie, die uns an alpine Nadelwälder erinnert. Zunehmend wird auch die Luft trockener, wodurch das Wandern leichter fällt. Während der ganzen Zeit begegnen uns Gruppen von Touristen sowie kleine Karawanen von Maultieren oder Eseln, die lebensnotwendige Güter durch das Tal transportieren.

Kurz hinter Kalopani, unserer folgenden Nachtstation, öffnet sich der Blick plötzlich in eine weite Ebene. Den gesamten Tag zuvor war der Fluß in sein tief eingeschnittenes Tal eingezwängt gewesen. Nun stehen wir am Ufer einer breiten Schotterbank unter lichten Nadelbäumen und können kilometerlang das Tal hinaufblicken. Auf der anderen Seite des Flusses erhebt sich das Massiv des Dhaulagiri mit seinen schneebedeckten Gipfeln. Wir befinden uns nun auf etwas mehr als 2000 Metern Höhe und somit im tiefsten Durchbruchstal der Welt, welches auf beiden Seiten von Bergen mit einer Höhe von mehr als 8000 Metern eingefaßt wird. Wir steigen in den Schotter hinab, um direkt im Flußbett weiter nach Norden zu laufen. Mehrere Veränderungen zeigen uns, daß wir nun im Lande der Thakali sind. Waren bis hinter Tatopani die Häuser in den Dörfern mit Spitzdächern versehen, dominiert nun das Flachdach, auf denen buddhistische Gebetsfahnen flattern. Buddhistische Tempel prägen das Bild. Spätestens hier können die Felder nur noch durch künstliche Bewässerung unterhalten werden, beginnt die für den Tibetischen Himalaya so typische Oasenwirtschaft. Wann immer wir Dörfer oder Felder durchqueren, fällt uns sofort ein umfangreiches Kanalsystem auf.

Am frühen Nachmittag erreichen wir endlich unser Ziel Jomosom. Man sieht dieser Stadt an, daß sie ausschließlich als Verwaltungszentrum und zentrale Anlaufstelle für Touristen gebaut worden ist. Wir steuern zielstrebig auf die Lodge unseres Freundes Nirmal Gauchan zu, der im Distrikt Mustang so etwas wie ein lokaler Manager für das Forschungsprogramm ist und der mir auch bei den Vorbereitungen der nächsten Tage helfen soll. In der Lodge treffen wir den Rest unserer Karawane, die es sich schon seit einigen Stunden gutgehen läßt, und Chandra Prashad Tripathee, unseren Partner aus dem Department of Archaeology in Nepal, der schon seit zwei Tagen hier auf uns gewartet hat. Nach fünf Tagen, die wir von Kathmandu aus unterwegs waren, ist die Mannschaft endlich komplett, und wir können mit den Vorbereitungen für die Arbeit beginnen.

Der König mit den drei Augen. Am nächsten Tag machen Nirmal, Tripathee und ich uns in der Frühe auf den Weg nach Thini. Wie fast jeden Morgen ist die Luft klar und wolkenlos, und die massive Wand des Nilgiri glänzt mit ihren eisüberzogenen Hängen. Nach der Überquerung der Kali Gandaki auf einer weiteren Hängebrücke führt uns der Weg über mehrere Feldterrassen hinauf nach Thini. Am Dorfeingang wird Nirmal von vorbeikommenden Einwohnern herzlich begrüßt, man ist schließlich Thakali und kennt sich. Die Blicke, die uns Fremden zugeworfen werden, können dagegen bestenfalls als neutral bezeichnet werden; wahrscheinlich werden wir für Touristen gehalten, von denen man nicht weiß, was sie wollen.

Der Weg führt weiter durch ein Labyrinth von engen Gassen, das uns in den folgenden Jahren noch so einige Umwege kosten wird. Unvermittelt öffnet sich der Horizont, und wir stehen am Eingang eines großen Platzes, an dessen Frontseite sich ein rot angemaltes Gebäude erhebt. Offensichtlich haben wir hier eines der verschiedenen Klostergebäude des Dorfes vor uns. Nirmal führt uns über den Platz und zeigt auf ein großes, repräsentatives Haus: »Dort wohnt Laxmi Prashad Thakali, der Dorfchef«, sagt er uns, »dem müssen wir jetzt unser Anliegen vortragen.«

Als wir eintreten, auch hier das gleiche Bild: Nirmal wird herzlich begrüßt, wir bekommen höflich, aber zurückhaltend einen Ehrenplatz auf einer kleinen Holzbank zugewiesen, während sich die Thakali auf ein mit Teppichen ausgelegtes niedriges Podest setzen. Nirmal stellt uns vor und erklärt, daß wir in Garab-Dzong Ausgrabungen durchführen und damit auch den Thakali einen Teil ihrer Geschichte rekonstruieren wollen. Kaum kommt das Gespräch auf die Geschichte der Thakali, beginnt Laxmi Prashad, nunmehr mit deutlicherem Engagement als bisher, eine lange Rede. In der anschließenden Kurzfassung auf Englisch erfahren wir, daß er die Geschichte der Familien von Thini erzählt hat, deren Vorfahren der mündlichen Tradition nach auf Garab-Dzong gelebt hätten. Zu diesen Zeiten hätten sie auch einen König besessen, mit Namen Thokarcen. »Der König mit den drei Augen«, erläutert mir Nirmal, »mit dem dritten Auge konnte er alles, was er ansah, zerstören.« Diesen Namen hatte ich schon gelesen, und zwar in dem erwähnten Bem-chag von Cimang, in dem auch die Gründungsgeschichte von Garab-Dzong niedergeschrieben ist. Auf meine Rückfrage, wann denn Thokarcen gelebt hätte und ob er wisse, wie alt Garab-Dzong sei, bekomme ich allerdings keine klare Antwort: »Sehr alt«, sind die Worte von Laxmi

Prashad, Genaueres wisse er nicht. Hier treffen wir also zum ersten Mal auf den mißlichen Umstand, daß siedlungsarchäologisch wichtige Informationen, die der mündlichen Tradition angehören, nicht genauer datiert werden können.

Auf meine Frage, warum die Menschen denn nach Garab-Dzong gegangen seien, antwortet Laxmi Prashad: »In Thini gab es ein Erdbeben, so daß alle Häuser unbewohnbar waren. Deswegen sind unsere Vorfahren nach Garab-Dzong gezogen.« Eine Naturkatastrophe als Erklärung für Siedlungsverlagerungen – das werde ich in den nächsten Jahren noch häufiger hören. Auch die Verlagerung von Garab-Dzong zurück nach Thini wird so begründet, durch eine Regenkatastrophe seien alle Häuser zerstört worden. Ich nehme mir vor, in den nächsten Jahren noch häufiger zu Laxmi Prashad zu gehen, um möglichst viel von der mündlichen Tradition des Dorfes zu erfahren – wissen wir doch aus anderen Kulturkreisen, daß in solchen Geschichten häufig ein wahrer Kern steckt. Nachdem auch die Frage der Arbeitskräfte geklärt ist, verabschieden wir uns aus Thini, da wir im Anschluß noch unsere Arbeitsstätte aufsuchen wollen.

82 *Nur noch wenige Mauern lassen erkennen, daß die Häuser innerhalb der Befestigung ursprünglich mehrere Geschosse besaßen. Wind und Wetter haben die zumeist nur aus gestampftem Lehm aufgebauten Mauern im Laufe von wenigen Jahrhunderten abgetragen.*

Die Ruinenstadt in den Bergen. Kurz hinter dem Ortsausgang von Thini führt uns der Weg an hohen Feldmauern entlang nach Süden. Nur wenige Minuten später stehen wir hinter einer Kurve an einem tiefen Abbruch, dem Tal des Langbo Kyung, der an dieser Stelle in die Kali Gandaki mündet. Schon dieses Bild ist eine Augenweide, übertroffen aber wird es noch von der Aussicht auf den mächtigen Inselberg, auf dessen Kuppe wir schon von hier aus die Reste der Befestigung von Garab-Dzong sehen. Da oben hat also Thokarcen regiert!

Da die Befestigung nun schon vor gut hundert Jahren von ihren letzten Bewohnern verlassen worden ist, gibt es keine gut ausgebauten Wege, um das obere Plateau, die Akropolis von Garab-Dzong, zu erreichen. Es bleibt uns nichts anderes übrig, als einen der

Trampelpfade zu benutzen, den die alltäglich über den Berg ziehenden Kühe oder Ziegenherden geschaffen haben. An mehreren Stellen müssen wir auch unsere Hände zu Hilfe nehmen, so steil ist das Gelände. Fast unmerklich erreicht man beim Klettern das ehemalige umbaute Areal der Befestigung. Nach und nach tauchen die ersten Mauerstümpfe im Hang auf, immer häufiger stoßen wir auf die Reste von Steinsockeln, auf denen ehemals Hausmauern aus Stampflehm standen. Beim Blick nach oben erkennen wir einige Mauern, die noch mehrere Meter hoch erhalten sind. Als wir im südlichen Teil der Befestigung das Plateau erreicht haben, wird deutlich, daß dies immer noch nicht der zentrale Teil der Anlage ist. Nach Norden hin steigt das Areal nochmals leicht an. Wir versuchen, durch ein Labyrinth von Mauerstümpfen auf die dem Kali-Gandaki-Tal zugewandte Spitze des Berges zu gelangen, und stehen plötzlich vor einem großen, rechteckigen, an allen Seiten von Bebauung umgebenen Platz. Die Ähnlichkeit zu dem Dorfplatz von Thini ist unübersehbar. Am nördlichen Ende des Platzes ist in der Mitte ein schmaler Durchgang zu erkennen, der uns auf die vordere Spitze des Berges führt.

Dort tut sich ein weiter Blick über das gesamte Kali-Gandaki-Tal auf. Eine grandiose Bergkulisse mit schneebedeckten Gipfeln ringsherum, dazwischen ein weites Flußtal, so tief unten, daß einem die Menschen und Tiere, die auf den alten Handelspfaden nach Norden und nach Süden ziehen, wie Ameisen vorkommen. Einer der schönsten Plätze, zu denen ich bislang gekommen bin! Ich gerate sofort in Begeisterung: Wir stehen hier oben wie einst die Herrscher von Sum und überblicken bis in die nächsten Nebentäler eine Flußlandschaft, die als bedeutender Handelskorridor durch den Himalaya genutzt wird. An diesem Platz wird einem klar: Wer sich einen Zugriff auf einen Teil dieses Tales sichern konnte, war in der Lage, von diesem Handel zu profitieren. Das führte auf der anderen Seite aber dazu, daß diese Gebiete im Laufe ihrer mittelalterlichen Geschichte immer wieder zum Schauplatz militärischer Auseinandersetzungen wurden. Die Lage von Garab-Dzong ist in dieser Hinsicht ideal: Durch die gewaltigen Steilhänge unterhalb der Befestigung war sie bestens gegen Angreifer gesichert. Direkte Angriffe von Norden, Westen oder Süden waren aussichtslos, einzig ein Angriff von Südwesten über den Sattel versprach einen gewissen Erfolg.

Nirmal zeigt auf ein südlich unterhalb des Berges liegendes kleines Dorf mit nur fünf Häusern, das wir bis dahin noch gar nicht bemerkt hatten. Inmitten von Feldern macht es den Eindruck einer abgeschiedenen Klause an einer sonst unruhigen Trekkingstrecke. Nirmal bedeutet uns, daß wir da jetzt hinuntergehen werden. In Samle, so der Name dieses Fleckens, lebten Verwandte von ihm, die uns gerne Unterkunft während unserer Aufenthalte gewähren wollen. Also steigen wir den Berg wieder hinab, allerdings diesmal auf der anderen Seite.

Im Dorf angekommen, werden wir zu dem am höchsten Punkt gelegenen Haus geführt. Dort, bei Verwandten von Nirmal, fordert man uns auf, Platz zu nehmen, und reicht uns Tee, auch hier wird bei jedem Nippen am Glas unbarmherzig nachgeschenkt. Nach dem grundsätzlichen Übereinkommen, das Dorf als Basisstation für unsere Unternehmung nutzen zu dürfen, werden wir durch die Häuser geführt. Mein Plan, ein ganzes Haus für die Mannschaft zu mieten, scheitert zwangsläufig an der kleinen Zahl der Möglichkeiten. So entschließen wir uns zur Anmietung jeweils eines Raumes pro Haus: Eine Entscheidung, die sich in folgenden Jahren als sehr glücklich herausstellen sollte, konnte doch mit dem Vorhandensein mehrerer unterschiedlicher Rückzugsräume die Gefahr, daß während einer langen Kampagne von sechs bis acht Wochen der ein oder andere schon mal einen Grabungskoller bekommt, immerhin gemindert werden. Nachdem auch dieses geklärt war, machen wir uns auf den Rückweg nach Jomosom. Unserem Umzug in unser neues Zuhause steht nun nichts mehr im Wege.

Baumringe für die Datierung. In einem Kulturraum, dessen archäologische Erforschung erst mit den eigenen Grabungen begonnen hat, hängt die Auswahl der Plätze entscheidend davon ab, welche Möglichkeiten der zeitlichen Einordnung der Funde und Befunde zu erwarten sind. Zu den von Beginn an mit in die Planungen einbezogenen Datierungsmethoden zählt die Dendrochronologie, also die Datierung anhand der jährlich wachsenden Ringe eines Baumes. Jeder, der schon einmal einen gefällten Baum betrachtet hat, wird sich an die ringförmige Struktur seines Querschnittes erinnern. Diese Ringe werden in Gebieten mit einem Winter-Sommer-Wechsel regelmäßig ausgebildet, wobei unterschiedliche Klimafaktoren dazu beitragen, daß die Ringe niemals eine gleiche Dicke besitzen. Dieser Wechsel von Ringen unterschiedlicher Dicke ergibt eine für eine bestimmte Region typische Abfolge, die es dem Dendrochronologen in einem späteren Forschungsstadium erlaubt, unter bestimmten Voraussetzungen einen einzelnen Jahresring einem Kalenderjahr zuzuordnen. Das ermöglicht es der Archäologie, durch das in einem Haus verbaute Holz einen Hinweis auf die zeitliche Stellung des Gebäudes zu erlangen.

Voraussetzung ist allerdings, daß die klimatischen Bedingungen die Erhaltung von alten Hölzern zulassen. Dies war nun für unser Forschungsgebiet seit den ersten Erkundungen nachgewiesen; gerade im Falle von Garab-Dzong waren Hunderte von hervorragend erhaltenen Hölzern in den Stampflehm- und Steinmauern über den gesamten Siedlungshügel verteilt, die es erwarten ließen, bei einer einigermaßen vollständigen Probenentnahme ein dichtes Datierungsnetz für diese Siedlung zu erhalten. Die Aufgabe, eine sogenannte Dendrokurve aufzubauen, übernahm Burkhard Schmidt von der Universität Köln.

Als problematisch erwies sich allerdings die Tatsache, daß, da in den holzarmen ariden Gebieten nördlich des Himalaya-Hauptkammes frisches Bauholz nur sehr schwierig und kostenintensiv zu beziehen ist, die Nutzung von alten Hölzern in neuen Bauwerken durchaus üblich ist. Die Entnahme von nur wenigen ausgewählten Hölzern für eine Datierung barg daher die Gefahr, ein wieder verbautes Altholz erwischt zu haben und somit einen falschen Anhaltspunkt für die Datierung zu gewinnen. Wir beschlossen deshalb, im Verlauf der Grundrißaufnahme alle zugänglichen Hölzer aus Garab-Dzong zu beproben, solange durch die Probenentnahme keine bedeutende Schädigung der noch stehenden Architektur erfolgte. Wie im Bereich der Münzdatierung ging es darum, Seriendaten aus den unterschiedlichen Bauten zu gewinnen, womit sich eine rein auf subjektiven Kriterien aufgebaute Auswahl der Holzproben von vornherein verbot.

Die vollständige Erfassung aller zugänglichen Holzproben sollte es zudem ermöglichen, über eine statistische Auswertung aller Daten bestimmte Zeiträume, in denen größere Bauaktivitäten stattge-

funden hatten, von solchen mit Baumaßnahmen in nur geringem Umfang zu trennen. Diese Methode hat den Vorteil, im Zweifelsfall Althölzer aufgrund ihres geringen Anteils aus der Diskussion über den Zeitpunkt der Erbauung ausschließen zu können, läßt sich jedoch nur für großflächigere Beobachtungen mit ausreichender Zahl von Proben anwenden.

83 *Die Planaufnahme der Siedlung erfolgte mittels eines digitalen Theodoliten. Trotz der modernen Technik dauerte es mehrere Wochen, bis der Gesamtplan vollständig aufgemessen und gezeichnet war.*

Die Analyse der Holzproben führte dann auch zu dem erwünschten Ergebnis: Wir waren in der Lage, sowohl den Erbauungszeitraum wie auch das Ende der befestigten Siedlung zu datieren. Einen ersten Hinweis bekamen wir bereits aus den Befunden des Jahres 1994, als wir in dem östlich des zentralen Platzes gelegenen Gebäude einen Raum ausgruben, der offensichtlich im Verlauf seiner Nutzung einmal großflächig umgebaut worden war. Dieser Umbau konnte durch mehrere Hölzer, die in den Jahren zwischen 1610 und 1620 gefällt worden waren, datiert werden. Aus etwa der gleichen Zeit stammt ein Bauwerk, das an der höchsten Stelle der Anlage ausgegraben wurde. Es handelt sich hierbei um ein kleines quadratisches Mauergeviert von knapp zwei Metern Seitenlänge ohne Eingang. Dieses Gebäude wurde offensichtlich für religiöse Zwecke genutzt, denn wir fanden eine große Anzahl von Butterlämpchen aus Ton, deren jüngere Vertreter aus Messing heute noch zu jedem Hausaltar in der Region gehören. Neben diesen Butterlämpchen fanden sich in diesem Gebäude eine kleine Frauenstatuette, die Figur eines Zebus sowie weitere Kleinfunde, die in einem religiösen Zusammenhang zu deuten sind. Bei

84 *(Oben links) Keramikgefäß zur Abdeckung für eine Kinderbestattung innerhalb eines Gebäudes.*

85 *(Oben rechts) Wie vor Jahrhunderten – ein moderner Vorratstopf.*

86 und 87 *(Unten links u. rechts) Kleine Kostbarkeiten: ein Zebu und eine Frau, die offensichtlich aus religiösen Gründen im Chörten deponiert worden sind.*

den in den Ecken dieses Raumes stehenden Holzständern, die ganz offensichtlich eine Dachkonstruktion getragen hatten, ergaben sich Fällungsdaten aus den zwanziger Jahren des 17. Jahrhunderts, also aus annähernd der gleichen Zeit.

Aufgrund der Verteilung aller bisher bekannten Daten vermuten wir, daß in dieser Zeit auf Garab-Dzong umfangreiche Umbauarbeiten vorgenommen wurden, wenn nicht sogar ein fast kompletter Neubau erfolgt war. Die originäre Befestigung mußte demnach noch früher gegründet worden sein. Ohne hier auf die statistischen Details eingehen zu können, sind wir aufgrund der von Burkhard Schmidt gelieferten Dendrodaten der Meinung, daß die Erbauung von Garab-Dzong noch in das 16. Jahrhundert fällt. Dies wird inzwischen auch durch eine ganze Reihe von C-14-Daten, ermittelt durch die Radiokarbonmethode, bestätigt. Nochmals ältere Bausubstanzen wurden im Rahmen unserer Grabungen in nur geringem Maße aufgefunden. Wie im hellenistisch-römischen Troja scheint bei der Errichtung der Anlage im 16. Jahrhundert das obere Plateau großflächig einplaniert worden zu sein. Somit können wir aus archäologischer Sicht keine Aussagen darüber machen, ob schon in der Zeit davor an diesem Platz eine befestigte Siedlung gestanden hatte.

Aus alten Mauern lesen. Die Analyse der Dendrodaten hat gezeigt, daß vermutlich schon in der ersten Hälfte des 16. Jahrhunderts zunächst das obere Plateau mit einer geschlossenen Ringmauer umgeben worden ist. Auch die allgemeine Struktur der sich innerhalb der Ringmauer anschließenden Bebauung scheint schon bei der Errichtung der Anlage festgestanden zu haben, da wir in den gegrabenen Flächen im Rahmen von Umbaumaßnahmen keine Anzeichen einer großflächigen Umstrukturierung feststellen konnten. Die Einplanierung des Geländes, die Tatsache, daß als erste Baumaßnahme die Ringmauer angelegt worden ist, sowie die Vermutung, daß die Struktur der Bebauung von vornherein feststand, führt uns zu der Annahme, daß die Errichtung der befestigten Siedlung von Garab-Dzong – zumindest was das obere Plateau betrifft – einer zentralen Planung folgte. Das aber bedeutet, daß hier ganz bewußt ein Herrschaftszentrum im Kali-Gandaki-Tal geplant und aufgebaut worden ist!

Eine Analyse der Besiedlungsstruktur anhand des Übersichtsplans ergibt, daß wir von einer Zweiteilung der Ansiedlung auf dem oberen Plateau auszugehen haben. In der Mitte ist ein annähernd rechteckiger freier Platz zu erkennen, der an drei Seiten von einer sehr dichten und kleinteiligen Architektur umgeben ist. Diese Häuser sind mit ihrer Rückfront an die Ringmauer angebaut und vermitteln so den Eindruck einer kompakten Bebauung. Nördlich des Platzes schließt sich ein Siedlungsbereich an, der durch eine geschlossene Mauerfront vom Rest des Plateaus abgetrennt wird und nur durch einen in der Mitte liegenden zentralen Eingang betreten werden kann. Die Bebauung innerhalb dieses Areals ist nach den oberirdisch sichtbaren Mauern wesentlich großzügiger gestaltet, so daß wir annehmen dürfen, daß hier einige zentrale Gebäude der Ansiedlung liegen. Dabei ist ein Vergleich mit dem zentralen Platz von Thini hilfreich. Dort steht an der Frontseite gegenüber dem Zugang zum Platz das Kloster, während das Haus des Dorfchefs mit seiner Vorderfront an einer Längsseite des Platzes plaziert ist.

Die Interpretation, daß es sich bei dem nördlich des Platzes gelegenen Gelände um den Klosterbezirk von Garab-Dzong handelte, wird zudem durch die Struktur weiterer umliegender Dörfer gestützt: Sowohl in Kagbeni wie auch in Dzarkot befindet sich das Kloster an der jeweils exponierten Spitze der Siedlung – in Dzarkot sowie bei Garab-Dzong an der äußersten Spitze des Bergsporns, in Kagbeni direkt am Zusammenfluß der Kali Gandaki mit dem Dzong Chu, während die Burgsiedlung etwas flußaufwärts angelegt worden ist.

Die Bebauung an den Hängen, die gemäß den Dendrodaten etwa ein Jahrhundert später einsetzte, schließt sich konzentrisch um das obere Plateau an. Inwieweit auch hier eine geschlossene Ummauerung vorhanden gewesen ist, kann aufgrund der erheblichen Lücken in der sichtbaren Bebauungsstruktur nur vermutet werden. An der Nordwestseite des Hügels kann man jedoch erkennen, daß zwischen den nach außen gewandten Häuserfronten und der letzten Hangmauer ein bis zu vier Meter breiter Zwischenraum vorhanden ist, der als Umgang innerhalb einer Umfassungsmauer um die gesamte Anlage interpretiert werden kann.

Die deutlichen Lücken im Grundrißplan von Garab-Dzong erschweren auch eine Antwort auf die Frage nach den verschiedenen Zugängen in die Ansiedlung. Der Hauptzugang wird wohl – wie auch heute noch – im Süden gelegen haben, wo ein kleines Tor steht. Allerdings besitzt dieses Tor eher einen zeremoniellen als festungsartigen Charakter, da es knapp 100 Meter südöstlich der ersten nachweisbaren Bebauungsstrukturen am Südhang liegt. Der Weg führt dann in gerader Linie den Hang in Richtung Nordwesten hinauf, wo zunächst nach 50 Metern und dann nochmals nach weiteren 100 Metern jeweils zwei Chörten, also Stupas stehen. In Verlängerung dieser Achse konnten wir nach weiteren 30 Metern eine kleine Mauer mit

88 *(Folgende Seite) Das obere Plateau – die »Akropolis« – von Garab-Dzong als Grundrißaufnahme. Die ehemals geschlossene Ringmauer und der freie Platz in der Mitte zeigen deutlich die zentrale Bauplanung bei der Anlage der Befestigung.*

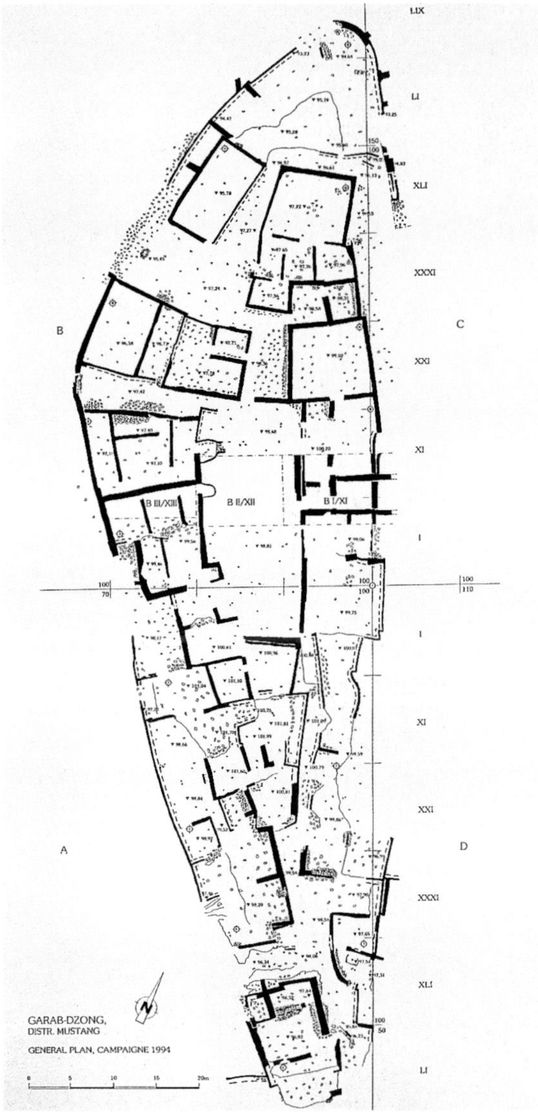

kultischen Mani-Steinen dokumentieren, die ebenfalls ein deutliches wegebegleitendes Merkmal darstellt. Hinter dieser Mauer bricht das Gelände ab, so daß wir diesen Weg nicht weiterverfolgen können. Es ist allerdings anzunehmen, daß der Weg in seiner ganzen Länge außerhalb der Ansiedlung vorbeiläuft, wobei wir nicht feststellen können, an welcher Stelle sich eine Abzweigung in die Siedlung hinein befand. Das obere Plateau selbst ist aller Wahrscheinlichkeit nach nur durch ein einziges Tor zugänglich gewesen. An der südöstlichen Begrenzung der Ringmauer ist heute noch ein großer, flach gearbeiteter Felsen sichtbar, in dessen Mitte sich eine 20 bis 30 Zentimeter breite und 10 Zentimeter tiefe runde Mulde befindet, die wir als Torpfanne für ein Holztor interpretieren. Wollte man durch das hier ehemals gestandene Gebäude in das Innere der Befestigung gelangen, hatte man – berücksichtigt man die Orientierung der heute noch stehenden Mauerfundamente – einen dreimaligen Richtungswechsel zu vollziehen, bis man wieder ins Freie trat. Auch hierdurch wird der festungsmäßige Charakter dieses Eingangs deutlich.

Das Wegenetz innerhalb der Siedlung ist am besten im südwestlichen Teil der Hangbebauung zu erkennen, wo wir entlang der verschiedenen Häuserfronten zwei bis drei wohl um den Hügel herumführende Wege ausmachen können. In wenigen Fällen sind auch die Reste von Treppen sichtbar, ohne die eine Bewältigung der teilweise

89 *Anhand der Kartierung von Chörten kann man häufig auf alte, im Gelände nur schwer erkennbare Wege und Pfade schließen.*

90 *»Om mani padme hum« – Steine mit diesem Mantra begegnen dem Wanderer auf allen Wegen im Tibetischen Himalaya. Sie sollen dem Reisenden Schutz und Sicherheit auf der langen Reise gewährleisten.*

recht steilen Hänge nicht möglich gewesen wäre. Die Häuser selbst haben wir uns als mehrgeschossige Stampflehmbauten auf Steinsockel mit Flachdächern vorzustellen, wie sie als typische Hausform auch heute noch im Thak Khola präsent ist. Bei der Mehrzahl der Mauern ist das Vorhandensein mehrerer Geschosse zwar nicht mehr nachzuweisen, einige erhaltene Stampflehmmauern mit einer Höhe von über drei Metern zeigen jedoch die für diese Bauweise typische Reihung von Balkenlöchern in der Wand, in denen einstmals die Geschoßbalken eingelassen waren. Auch mehrere aufgefundene Fragmente von Holzleitern lassen auf die Existenz mehrgeschossiger Häuser schließen.

Auf Garab-Dzong sind nach den erhobenen Befunden Umbaumaßnahmen bis in das 19. Jahrhundert hinein vorgenommen worden, das heißt, bis in dieses Jahrhundert haben hier Menschen gesiedelt. Wann die Siedlung genau aufgegeben wurde, läßt sich nicht exakt angeben, man muß wohl mit einer allmählich erfolgten Auflassung rechnen. Hinweise auf ein gewaltsames Ende haben wir bei unseren Grabungen jedenfalls nicht gefunden. Die Ursache für den Beginn dieser Auflassung ist wohl in erster Linie in einer Veränderung der politischen Situation in Südmustang zu suchen: Die Ansiedlung von Garab-Dzong besitzt zwar eine strategisch ungemein günstige Lage, verliert jedoch bei Verlust ihrer zentralen Funktion als militärisch gut gesicherter Herrschaftsmittelpunkt viel von ihrem Siedlungsanreiz. Es sei hier nur auf die fehlende Wasserversorgung innerhalb der Befestigung und auf die vergleichsweise ungünstige Verbindung zwischen Siedlungsareal und Wirtschafts- und Weideflächen verwiesen.

Als historisch überliefertes Ereignis, das zu der erwähnten politischen Veränderung im südlichen Teil Mustangs geführt haben könnte, kommt an erster Stelle die Eroberung dieser Gebiete durch die nepalesischen Gorkha-Könige in der zweiten Hälfte des 18. Jahrhunderts in Frage. Durch die Eingliederung verschiedener bis dahin eigenständiger Herrschaftsgebiete in ihr Königreich beendeten sie ein jahrhundertelanges Wechselspiel politischer Einflußnahmen und Eroberungen in dieser Region und hoben damit auch die Notwendigkeit auf, an strategisch bevorzugten und befestigten Plätzen zu siedeln.

Salzmonopol und Touristenstrecke. Den Verlust der politischen Eigenständigkeit konnten die Thakali jedoch bald verschmerzen, war es doch nun möglich, ohne Angst vor Überfällen durch lokale Herrscher ungestört Handel zu betreiben. Hierzu paßt auch das Bild des Siedlungsgefüges: Die befestigten Plätze verlieren im 19. Jahrhundert ihre einstmals bedeutende Funktion und werden zum Teil aufgegeben, die unbefestigten Dörfer blühen dagegen unter der Gorkha-Herrschaft auf. Hier zwischen Ghasa, Tukche und Thini werden nun die Geschäfte getätigt, die es den Thakali ermöglichen, sich bis zum 20. Jahrhundert als das Händlervolk Nepals überall im Lande festzusetzen. Aus Dokumenten des letzten Jahrhunderts wissen wir, daß alljährlich umgerechnet zwischen 5000 und 10 000 Tonnen Salz durch das Tal transportiert wurden. Bis 1850 mußten dafür nicht einmal Steuern gezahlt werden! Erst als die Regierung in Kathmandu merkte, welche Summen ihr dadurch entgingen, wurden Steuern auf den Salzhandel erhoben. Aber auch hier triumphierte der Händlergeist: 1862 gelang es den Thakali, von der Regierung in Kathmandu ein Monopol auf den Salzhandel zu erwerben, welches sie, nun auf wirtschaftlichem Gebiet, wiederum zu Herrschern an der Handelsroute werden ließ.

Für kurze Perioden wurde das Monopol aufgrund des Protestes anderer Volksgruppen des Tales wieder aufgehoben. Jede neue Übertragung der Monopolrechte mußte dann von den Thakali immer teurer bezahlt werden. Erst 1927 wurde das Monopol auf den Handel im Kali-Gandaki-Tal ganz abgeschafft. Durch die Einfuhr indischen Meersalzes nach Nepal erlitt der heimische Salzhandel zwar Einbußen, zu einem wirklichen Einbruch kam es allerdings erst in den fünfziger Jahren, als die nepalesisch-tibetische Grenze für den Fernhandel geschlossen wurde. Der heutige Handel dient nur noch der regionalen Versorgung der Tallandschaften bis nach Mustang. Nach Norden werden vor allem Reis, Weizen und Gebrauchsgüter wie Stoffe und Metallgefäße transportiert, der Norden liefert dafür in erster Linie Tiere und Tierprodukte, die im nepalesischen Tiefland weiterverarbeitet werden.

Einen Ausgleich für die durch den Einbruch des Überlandhandels verlorengegangenen Verdienstmöglichkeiten bieten seit den siebziger Jahren westliche Touristen, die eine der beliebtesten Trekkingrouten Nepals wandern wollen. Wieder waren es die Thakali, die als erste auf die neue Entwicklung reagierten. Bestes Beispiel ist unser Freund Nirmal Gauchan, der in den siebziger Jahren als einer der ersten am Flugplatz von Jomosom eine Lodge erbaute und sich so eine zusätzliche Einkommensquelle sicherte. Inzwischen kommen mehr als 200 000 Touristen jährlich am Checkpoint in Jomosom

91 *Blick über die Akropolis von Garab-Dzong (Vordergrund links) nach Südosten: Hinter dem Hügel liegt Samle; jenseits des Kali-Gandaki-Flusses, auf einem Hügelsporn, der kleine Ort Syang (oben rechts). (Vergleiche auch Abbildung 77).*

vorbei, und noch immer glauben die meisten Thakali an stetig weitersteigende Touristenzahlen. Es wäre auch die Aufgabe von Touristikunternehmen, den weiteren Ausbau der Infrastruktur zu bremsen, damit es nicht eines Tages, wenn andere Länder Nepal in der Gunst der Abenteuertouristen ablösen sollten, erneut zu einem Zusammenbruch der Überlebensbasis kommt. Aber wie ich die Thakali inzwischen einschätze, würden sie auch mit diesem Problem recht schnell fertig werden.

Grabungsfest und Abschied. Samle, Mitte Juni: Nach sieben Wochen geht unsere Grabungskampagne zu Ende. Wie bei jeder Grabung üblich, wird für den Abschied ein Fest vorbereitet, an dem alle an der Arbeit Beteiligten teilnehmen werden. Schon am Tag zuvor gehen unsere Köche durch Samle und sammeln an Koch- und Eßgeschirr alles ein, was das Dorf so hergibt. Schließlich gilt es, etwa 30 bis 40 Personen zu bewirten. Ich werde in die Küche beordert, um mit unseren Leuten die Zusammenstellung des Essens zu besprechen. Danach gehen wir durch das Dorf, kaufen hier den Reis, dort die Linsen, wieder woanders Gemüse und Kartoffeln. Am Abend werde ich in den hauseigenen Ziegenstall gebeten, um eine geeignete Ziege auszusuchen. Die Tiere werden nach eingehender Begutachtung ausgewählt und mit Farbe gekennzeichnet.

Am Tag des Festes treffen noch vor dem Mittag die ersten Arbeiter aus Thini im Dorf ein. Sie werden sofort für die Vorbereitung des Essens eingespannt. Nach und nach füllt sich das Dorf. Die ersten Krüge mit alkoholischen Getränken werden herumgereicht, man macht es sich gemütlich. Die einzigen, die jetzt noch arbeiten, sind das Küchenpersonal und wir selbst. Wir pendeln zwischen unseren Privatquartieren hin und her, Materialkisten werden gepackt und für den Abtransport präpariert, das Grabungsgerät wird sortiert, durchgezählt und für die Lagerung über das Jahr vorbereitet.

Dann endlich beginnt das Essen. Berge von Reis, Gemüse und Fleisch werden auf große Metallteller gehäuft, die so Versorgten ziehen sich mit zufriedenem Blick auf einen Platz in der Umgebung der Kochstelle zurück. Nach und nach reihen auch wir uns in die Schlange vor der Essensausgabe ein. Inmitten der Arbeiter genießen wir das schöne Wetter, das uns die Götter an diesem Tage beschert haben. Wir sprechen über die vergangenen Wochen, die Erfolge unserer Arbeit, die witzigen Momente, die jeder Feldaufenthalt mit sich bringt. Ich mache die ganze Zeit Fotos, damit ich nächstes Jahr genügend Bildmaterial habe, um es unter den Thakali zu verteilen.

Am nächsten Morgen ist dann alles fertig. Die Kisten mit der Dokumentation gehen schon in der Früh mit einigen Trägern nach Jomosom. Nach und nach werden sie auch unser Privatgepäck über den Fluß schaffen, so daß wir im Verlauf des Tages nur mit unserem Handgepäck nachkommen werden. Man merkt uns an, daß es uns schwerfallen wird, Samle nun nach mehr als sieben Wochen zu verlassen.

Langsam beginnen wir, uns bei den einzelnen Familien zu verabschieden. Wenn wir vorher gedacht hatten, dies in recht kurzer Zeit hinter uns bringen zu können, so werden wir schon im ersten Haus schwer enttäuscht. Der Tisch ist gedeckt, überall stehen Gläser, und wir werden aufgefordert, uns zu setzen. Ein Krug mit Chang und einer mit Rakshi machen die Runde. Und wie üblich: Leere Becher gibt es nicht. Jeder von uns bekommt einen tibetischen Glücksschal umgehängt, dabei werden uns die besten Wünsche mit auf den Weg gegeben. Der gleiche Ablauf im nächsten Hof, nur daß hier zusätzlich noch frisch zubereitete Spiegeleier angeboten werden. Der zweite Schal wird über den ersten gelegt. So ziehen wir von Haus zu Haus, bis wir schon schwer angeschlagen vom vielen Alkohol am frühen Nachmittag nach Jomosom aufbrechen.

Am nächsten Morgen stehen wir um sechs Uhr früh vor den Toren des Flughafens, um unser Gepäck abzufertigen. Danach werden wir durch das Gebäude geleitet und müssen noch einen Sicherheitscheck unserer Kisten über uns ergehen lassen. Erst dann können wir uns nach draußen setzen und in der aufgehenden Morgensonne einen letzten Blick auf das Massiv des Nilgiri genießen. Plötzlich steht unsere gesamte Küchenmannschaft hinter uns, weiß Gott, wie sie es geschafft haben, an den Kontrollen vorbeizukommen. Ein letztes Mal werden uns an diesem Morgen auf dem Flugplatz Glücksschals umgehängt, was nur dazu führt, daß die Stimmung noch ein bißchen gedrückter wird. Als das Flugzeug eintrifft, werden wir auf das Rollfeld geführt und steigen nur wenig später ein.

Dann startet die Maschine, noch ein kurzer Blick zurück, der Tower des Flughafens zieht an uns vorbei, und mit einem Ruck erhebt

sich die Maschine in die Luft. Wer auf der linken Seite sitzt, kann noch einen Blick auf das unter uns liegende Garab-Dzong und auf Samle werfen. Es sieht nicht danach aus, als würden die Bewohner von Samle auf den Dächern stehen und uns zuwinken, aber genau kann das keiner erkennen …

92 (Linke Seite, oben links) Die Flugverbindung nach Jomosom stellt auch in heutiger Zeit noch ein Abenteuer dar. Man weiß vorher nie, ob der geplante Rückflug auch wirklich durchgeführt wird.

93 (Linke Seite, oben rechts) Der wirtschaftliche Gesichtspunkt der Archäologie: Arbeit für die Archäologen bedeutet in abgelegenen Regionen eine der wenigen Verdienstmöglichkeiten für die Bewohner. Ein Höhepunkt der Woche, die Auszahlung des Lohnes.

94 (Linke Seite, unten) Soziale Aspekte der Archäologie. Das gemeinsame Essen beim Grabungsfest gehört zu den festen Bestandteilen einer Ausgrabung. Offensichtlich zufrieden mit dem Essen, sitzen die Arbeiter im Dorf und lassen es sich gutgehen.

Literaturhinweise

Baumann, Bruno: Mustang. Das verborgene Königreich im Himalaya. München 1993.

Fürer-Haimendorf, Christoph von: Himalayan Traders. London 1975.

Graafen, Rainer / Seeber, Christian: Alte Handelsrouten im Himalaya. Geographische Rundschau 45, 1993, S. 674–679.

Haffner, Willibald / Pohle, Perdita: Siedlungsprozesse und Staatenbildungen im Tibetischen Himalaya. Konzept und erste Ergebnisse eines DFG-Schwerpunktprogrammes. In: Spiegel der Forschung. Wissenschaftsmagazin der Justus-Liebig-Universität Gießen 10/1, 1993, S. 10–15.

Hagen, Toni: Nepal. Königreich am Himalaya. Bern 1980.

Hüttel, Hans-Georg: Archäologische Siedlungsforschung im Himalaya. Die Ausgrabungen der KAVA im Muktinath-Tal / Nepal 1991–1992. In: AVA-Beiträge 14, 1994, S. 47–147.

Jackson, David P.: The Mollas of Mustang. Historical, Religious and Oratorical Traditions of the Nepalese-Tibetan Borderland. New Delhi 1984.

Pohl, Ernst: Excavations at Garab-Dzong. Preliminary report on the campaigns 1994–1996. In: AVA-Beiträge 17, 1997, S. 87–133.

Snellgrove, David L.: Himalayan Pilgrimage. Boston / Shaftesbury 1981.

Vinding, Michael: The Thakali. A Himalayan Ethnography. London 1998.

Der Herr der Hundert Pferde

Von Hans-Georg Hüttel

Aus meinem Tagebuch: Khyinga, Freitag, 7. Mai 1999. Abschied von Khyinga. Sieben Uhr. Ich sitze bei Motuk, meinem Vorarbeiter und langjährigen Freund. Wir trinken einen letzten Tee, schauen uns an, schweigen. Wortreiche Abschiede liegen uns nicht.

Er weiß, daß unsere Arbeit in Khyinga beendet, dieser Abschied endgültig ist. Dennoch fragen seine Augen: Kommst du wieder? Wirst du noch an mich und die anderen denken, wenn du wieder in Deutschland bist? Er lächelt verlegen, faßt meinen Arm. Dann steht er auf, wortlos. Unter der Tür dreht er sich noch einmal um, sagt: »Mach's gut, Mote (Mote heißt ›der Dicke‹). War 'ne gute Zeit. Viel Hilfe für uns.« Er schaut in den Hof und sagt, ohne sich noch einmal umzudrehen: »Die Pferde sind fertig. Du kannst jetzt reiten.« Dann geht er zum Hügel. Die anderen sind schon dort, verfüllen die Grabungsschnitte.

Ich bringe es nicht fertig, noch einmal dorthin zu gehen. Vor neun Jahren stand ich zum erstenmal auf diesem Hügel, entdeckte ihn für mich als eine archäologisch bedeutsame Fundstätte. Neun Jahre! Etliche der jüngeren Frauen und Männer, die heute auf dem Hügel arbeiten, waren noch Kinder, als ich sie kennenlernte. Chanu, die ›Kleine‹: Sie war zehn, als sie bei uns als Scherbenwäscherin anfing. Chanu, unser kleiner Wirbelwind. Ich sehe ihre hellen, lachenden Augen. Immer hatte sie die Zunge heraushängen wie ein junger Hund. War voller Neugier. Jetzt ist sie achtzehn, eine junge Frau, atemberaubend schön. Da ist Nyima, der Sohn Garas des Tischlers. Elf war er, als er zum erstenmal bei uns Scherben beschriftete. Ein schüchterner, gewitzter kleiner Bursche. In diesem Jahr wurde er achtzehn. Aufgenommen in den Kreis der Männer, durfte er zum erstenmal am Bogenschießen teilnehmen, sitzt jetzt bei den Versammlungen in der *Gompa* nicht länger auf der Seite der Frauen und

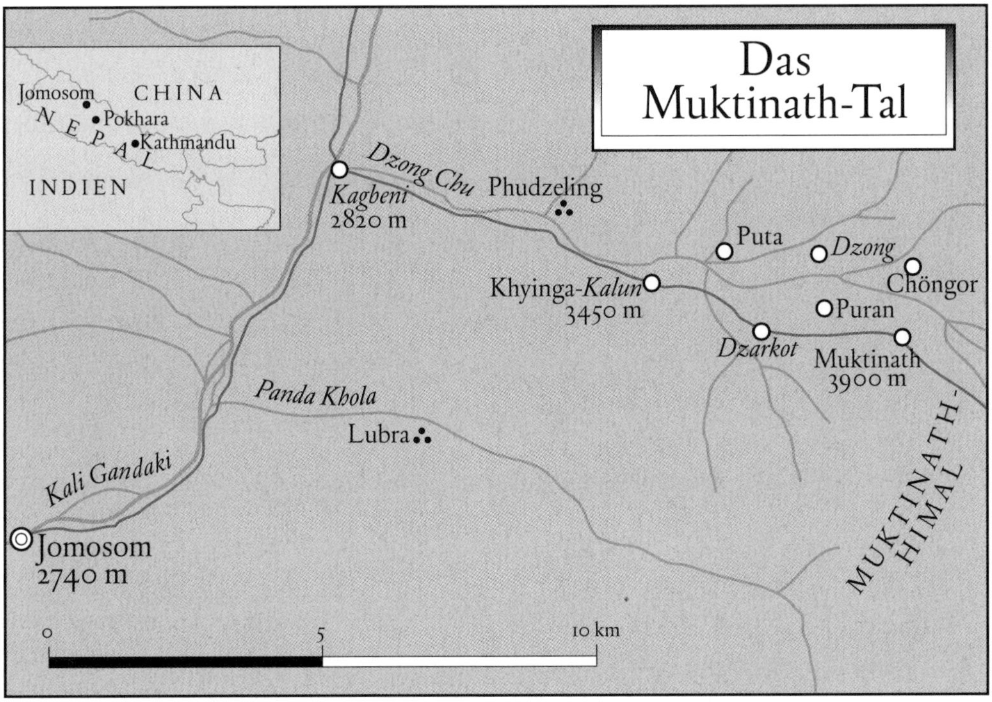

Kinder. Einige der Kinder, die ich heranwachsen sah, sind inzwischen verheiratet, haben selbst wieder Kinder. Neun Jahre, eine lange Zeit, eine kurze Zeit ...

Mit den Jahren ist Khyinga mir zur zweiten Heimat geworden, »mein« Dorf. Ich denke an ein tibetisches Reiselied: »Kennst du einen Ort nicht, so ist es das Gebiet eines fremden Landes. Wirst du vertraut mit ihm, ist es dein Vaterland.« Hier in Khyinga habe ich die menschlich reichsten Jahre, die wissenschaftlich erfüllteste Zeit meines Lebens verbracht. Hier hatte ich bei allen Sinnzweifeln, die einen Wissenschaftler bisweilen anwandeln, immer das Gefühl, wirklich Sinnvolles zu tun: »Du hast uns unsere Geschichte zurückgebracht«, haben sie immer wieder gesagt. »Du hast uns unseren Stolz, unsere Ehre wiedergegeben.«

Jetzt lasse ich »mein« Khyinga und damit einen guten Teil meines Lebens hinter mir. Der Abschied ist unsentimental, leise. Ich steige aufs Pferd, stehle mich davon wie ein Dieb in der Nacht. Außer ein paar Trekkern und kleinen Kindern, die nach Süßigkeiten rufen, ist niemand auf der Dorfstraße. Wer nicht auf dem Hügel ist, arbeitet

95 Der Ort Khyinga, auf 3400 Metern Höhe eine grüne Insel inmitten der kargen alpinen Steppe des Muktinath-Tals: Blick nach Nordosten auf den alten, weitgehend verlassenen Dorfkern, ein kompaktes Haufendorf. Im Vordergrund das moderne Straßendorf am Trekkingweg nach Muktinath.

jetzt auf den Feldern. Wenige hundert Meter hinter dem Dorfausgang halte ich an, steige vom Pferd und schaue zurück: Wie schlafend liegen Dorf und Hügel noch im Wolkenschleier des frühen Morgens. Ein letztes Mal höre ich auf die laute Stille des Tals …

In zwei, drei Stunden werde ich in Jomosom sein, morgen nach Pokhara fliegen, gleich weiter fahren nach Kathmandu. Ausruhen, Berichte schreiben, die restlichen Dokumentationsarbeiten erledigen. In zehn Tagen dann wird das Abenteuer Himalaya Erinnerung sein.

Warum ausgerechnet Himalaya? Als ich 1989 im Deutschen Archäologischen Institut, Bonn, den Wunsch äußerte, an der südlichen Peripherie Zentralasiens, im nördlichen Nepal-Himalaya zu arbeiten, da erklärten Freunde und Kollegen mich zunächst für verrückt. Ich avancierte, wie durchaus liebevoll kolportiert wird, zum Referenten für »Archäologie am Arsch der Welt«. Warum in die Wüstenei des nördlichen Himalaya gehen, wo, so die herrschende Meinung, weder

96 Zwischen den beiden Bergen hindurch führt der Weg auf den 5500 Meter hohen Torung-Paß. Am Paßfuß liegt auf 3900 Metern Höhe eines der wichtigsten hinduistischen Heiligtümer: Muktinath.

96 Phur-pa, der Heiler von Khyinga, der mir zuerst die Sage vom »Herrn der Hundert Pferde« erzählte.

monumentale Bauten noch prunkvolle Gräber oder gar komplexe Stadtanlagen auf den Spaten des Archäologen warten?

Warum ausgerechnet Himalaya? Warum sich einlassen auf einen marginalen Geschichtsraum abseits des weltgeschichtlich bedeutsamen Geschehens? Es gibt viele gute Gründe für einen Archäologen, der Welt aufs Dach zu steigen: wissenschaftlich objektive ebenso wie auch sehr persönliche, subjektive Gründe.

Der britische Alpinist Mallory erwiderte einmal auf die Frage, warum er den Mount Everest besteigen wolle: »Weil es ihn gibt!« Dieser ebenso einfache wie wahre Satz wird vermutlich Fördergremien kaum überzeugen, Geldmittel für ein Forschungsunternehmen zu bewilligen. Und doch ist in diesem einfachen Satz das Elementare, die von allen wissenschaftlichen Moden freie Rechtfertigung des Forschens enthalten: Neugier! Sie zuerst bewegt das wissenschaftliche Tun. Wo keine Neugier ist, beschränkt oder erschöpft sich Wissenschaft allzu leicht im methodologischen Diskurs, wird, mit einem Wort Martin Walsers, irgendwann das Eßbesteck wichtiger als das Essen selbst. Wo keine Neugier ist, da ist auch keine Entdeckung.

Innere, persönliche Gründe sind häufig mit den Zufällen einer Biographie verknüpft. So war für mich ein Geschenk zu meinem zwölften Geburtstag wegweisend: ein Paket Bücher, alle von Sven Hedin, darunter »Durch Asiens Wüsten«, »Transhimalaya«, »Rätsel der Gobi«. Hedins abenteuerliche Berichte seiner Zentralasien-Fahrten beschäftigten fortan meine Phantasie und weckten frühzeitig den Wunsch in mir, eines Tages ebenfalls im »Herzen von Asien« auf Entdeckungsfahrt zu gehen. Sven Hedin hat wie kaum ein anderer die Freude, das einzigartige Glücksgefühl des Entdeckens vermittelt. Er verengte das Abenteuer nicht auf physische Strapazen, nicht auf die üblichen Rituale der Mannesbewährung in Wildnissen und wasserlosen Einöden, vielmehr machte er das Abenteuer der Entdeckung auch zu einem inneren Erlebnis. Dem Helden meiner Jugend nacheifernd, zeichnete ich Unmengen von Karten, von existierenden und von erfundenen Gebieten, schlief ich als Junge in frostkalten Nächten bei offenem Fenster, übte ich mich darin, so wenig wie möglich zu trinken.

Zur Enttäuschung meiner Lehrer bin ich nicht Geograph geworden, sondern nur Archäologe. Den Traum von Hoch- und Zentralasien indes hatte ich nie aufgegeben, den jugendlichen Traum vom Entdecken, von der wissenschaftlichen Eroberung weißer Flecken in mir bewahrt. In den Wechseln des Lebens verlieren die meisten Menschen die Träume ihrer Kindheit. Nur sehr wenige folgen ihnen auch noch als Erwachsene und haben schließlich wie ich das Glück, ihren Traum leben zu können.

Im Jahr 1988 bot sich mir nach einigen vergeblichen Anläufen die langersehnte Gelegenheit, meinen Lebenstraum zu verwirklichen: Als mich der Initiator und spätere Koordinator des DFG-Schwerpunktprogramms »Tibetischer Himalaya«, der Bonner Tibetologe Dieter Schuh, fragte, ob ich mit ihm in einer interdisziplinären Forschungsgruppe im nördlichen Nepal-Himalaya arbeiten wolle, zögerte ich keinen Augenblick. Wenn es schon nicht möglich war, in der Mongolei oder in Tibet selbst archäologische Feldforschung zu betreiben – warum dann nicht in einem Gebiet arbeiten, das in seinem kulturellen Habitus tibetischer ist als Tibet selbst? Die Vorstellung, im Tibetischen Himalaya Pionierarbeit zu leisten, die Aussicht, dabei vielleicht eine neue archäologische Welt zu entdecken und einmal nur dieses unvergleichliche, rauschhafte Glücksgefühl zu erleben, der erste zu sein, verdrängte jeden Gedanken an die außergewöhnlichen körperlichen und psychischen Belastungen, an die gewaltigen organisatorischen und logistischen Probleme, die mit einer Himalaya-Expedition verbunden sind.

Warum also ausgerechnet Himalaya? Weil er da ist, weil er auf der archäologischen Weltkarte ein weißer Fleck ist, weil seine Frühgeschichte, die Geschichte seiner siedlerischen Erschließung, noch weitestgehend unerforscht ist.

Forschungsfeld Hoher Himalaya. Himalaya bedeutet »Wohnstatt oder Heimat des Schnees«. Die Chinesen nennen den Himalaya *Süe-shan,* »Schneegebirge«. Der indische Name ist alt, geht weit in die vorchristliche Zeit zurück. Als *imaon oros* wird der Himalaya erstmals um 300 v. Chr. in der griechischen Literatur erwähnt, im Indienbericht des Megasthenes, der als Gesandter des Seleukos am Hof des Candragupta Maurya in Pataliputra weilte. Wenig später führt der Geograph Dikaiarch das Imaon-Gebirge in die griechische Erdkarte ein. Imaon ist die Gräzisierung des mittelindischen *himavan:* »schneereich«. Dieser Wortsinn war den antiken Gelehrten offensichtlich bekannt, denn im ersten Jahrhundert n. Chr. schreibt der Römer Plinius in seiner »Naturgeschichte«: »Imaus bedeutet in der Sprache seiner Bewohner der ›Schneereiche‹.«

Für die hellenistischen Griechen bildete der Himalaya das östlichste Gebirge des Erdkreises: Nach Osten bis an das Ende der Welt reichend, trennte es den skythischen Norden vom indischen Süden. Offensichtlich verband sich schon in der Antike mit dem Himalaya die Vorstellung von Unzugänglichkeit, von einer kaum überwindbaren Barriere. Dieses Bild vom Himalaya als einer nahezu undurchlässigen, scharf trennenden geographischen, kulturellen und historischen Grenze ist bis in unsere Zeit gegenwärtig und behauptet sich

98 *Tibetische Wandmalerei des 16./17. Jahrhunderts im Tor-Chörten von Dzarkot. Vor allem in der bildenden Kunst ist die Rolle des Himalaya als Schnittstelle der Kulturen Hoch- und Südasiens anschaulich. Wie viele andere Kunstwerke ist dieses heute vom Verfall bedroht.*

selbst in wissenschaftlichen Enzyklopädien zäh als ein offenbar unausrottbares Vorurteil.

Diese Auffassung ist inzwischen überholt: Wir begreifen heute den Himalaya nicht mehr als Barriere, sondern als Durchgangsland. Die Archäologie kann jetzt zeigen, daß der Himalaya schon in vor- und frühgeschichtlicher Zeit mit einem dichten Wegenetz überzogen war, daß spätestens seit Beginn des 1. Jahrtausends v. Chr. wichtige Paßstraßen und Fernwege erschlossen waren. »Auch die abgeschiedensten Regionen«, so der britische Tibetologe und Völkerkundler Charles Ramble, »kennen keine ›isolierten‹ Völker, vielmehr leben dort oft die Menschen mit der größten Mobilität.«

Eindrucksvoll bestätigen jetzt Funde aus unseren Grabungen diese hohe Mobilität auch für die Frühzeit. Die in den vergangenen Jahren ergrabenen archäologischen Zeugnisse belegen unerwartet vielseitige Austauschbeziehungen, sei es zwischen den Mächten und prägenden Hochkulturen nördlich und südlich des Hauptkammes – Tibet und Indien –, sei es zwischen den einzelnen Himalaya-Tal-

99 *Der Ort Kagbeni, Verkehrsknotenpunkt und Zollstation im oberen Kali-Gandaki-Tal: Im Zentrum der alten Mittelpunktssiedlung die weithin sichtbare Burg aus dem 15. Jahrhundert. Der Blick geht nach Norden, Richtung Tibet.*

schaften. Der kulturellen und wirtschaftlichen Beziehungsvielfalt entspricht eine dramatisch bewegte Geschichte. Auch hier stellen unsere Forschungsergebnisse das hergebrachte Bild von einer statischen himal-tibetischen Kultur energisch in Frage, revidieren sie die naive Vorstellung vom Tibetischen Himalaya als einem mythischen Ort, einem geschichtslos ewigen, unwandelbaren *Shangri-la*.

Der Hohe Himalaya trennt also und verbindet zugleich: Zum einen zieht der Himalaya-Hauptkamm eine scharfe Grenze zwischen dem feuchtheißen indischen Subkontinent und dem trockenen Hoch- und Zentralasien, ist Klima- und Landschaftsscheide; zum anderen ist der Hohe Himalaya auch Durchdringungsraum zweier Großrassen, zweier Weltreligionen, zweier Hochkulturen, Schnittstelle des tibetisch-chinesischen und des indischen Kulturerdteils. Das dichte Nebeneinander grundverschiedener Natur- und unterschiedlich ausgeprägter Kulturlandschaften, die enge Nachbarschaft und die über weite Zeiträume historischen Schicksalsgemeinschaften verschiedener Rassen, Sprachen, Religionen und Kulturen machen den Himalaya zu einem einzigartigen landschaftsarchäologischen und kulturgeschichtlichen Laboratorium. Durch den Reichtum der im Schutz seiner abgelegenen Hochtäler konservierten Altformen, der hier noch weitgehend intakten und lebendigen architektonischen, künstlerischen und literarischen Tradition des alten Tibet ist der Hohe Himalaya darüber hinaus heute auch zum wichtigsten Arbeitsfeld der historischen Tibetforschung geworden.

Der Hohe Himalaya bietet für die Untersuchung von Siedlungsprozessen unter extremen natürlichen Bedingungen geradezu ideale Voraussetzungen: Höhe, Hochgebirgsnatur und Trockenheit charakterisieren die Hochtäler auf der Nordabdachung des Himalaya-Hauptkamms als einen extremen Grenzraum der bewohnten Erde. Die Umweltfaktoren, die den Menschen das Siedeln erschweren, sind hier besonders scharf ausgeprägt. So ist in diesen Hochtälern Feldbau nur durch künstliche Bewässerung möglich. Bis auf weit über 4000 Meter Höhe haben sich sporadische Oasen ausgebildet, grüne Inseln in einer monoton graugelben Öde von Steppen und Halbwüsten. Stürmische, jeden Tag zu einer bestimmten Zeit auftretende Winde haben bizarre Formen in das Oberflächenrelief gefressen: Der trockene hochasiatische Norden Nepals bietet, so der Gießener Geograph Willibald Haffner, »weithin das Bild einer im Schutt ertrunkenen Hochwüste«.

Für die archäologische Siedlungsforschung stellt sich unter anderem die Frage, mit welchen Anpassungsformen reagierten die Siedler im Laufe der Zeiten auf die ungeheuren Anforderungen dieses extremen Hochgebirgssraums, wie gelang es ihnen, hier dauerhaft zu bestehen? Welchem Wandel unterliegt die Siedlung an der Höhengrenze der bewohnten Erde? Die Vielfalt an unterschiedlichen Strategien und Formen der Anpassung in ökologisch gleichartigen Milieus zeigt, daß Menschen auf gleichartige Herausforderungen sehr unterschiedlich reagieren können. So gibt es nicht eine, sondern viele alpine Lebens- und Überlebensformen. Mehr von dieser Vielfalt zu wissen heißt auch, mehr über die Chancen des Menschen für seine Zukunft zu wissen.

Der Aspekt des Siedlungs- und Landschaftswandels, die Rekonstruktion historischer Umwelten, das ist nur eine Seite der Medaille. Eng verknüpft mit der Frage nach Anfang und Werden der himaltibetischen Kulturlandschaft ist das Tibetisierungsproblem. So widmeten sich die Archäologen gemeinsam mit Tibetologen und Religionshistorikern, mit Sprachwissenschaftlern, Bau- und Wegeforschern gezielt der Frage: Wann und unter welchen Umständen erfolgte die Tibetisierung des nördlichen Himalaya? Wie vollzog sie sich: als Landnahme und ethnische Überschichtung? Oder als eine rein kulturelle Überprägung etwa durch die von Tibet ausgehende buddhistische Missionierung der nördlichen Himalaya-Völker?

Von zentraler Bedeutung für die Aufschließung und dauerhafte siedlerische Aneignung des Hochgebirges sind die Quertäler des Himalaya: Sie bilden Kulturkorridore mit Schnittpunkten wichtiger Kommunikationsstränge. Als *transit areas* sind sie natürliche Durchdringungsbereiche mit einem intensiven Güter- und Ideenaustausch. In den Längstälern dagegen bewirkt die räumliche Isolierung die Beharrung und Bewahrung von Traditionen. Abseits moderner Kulturströme konnten sich in der Abgeschiedenheit entlegener Hochtäler manche Altformen der geistigen und materiellen Kultur erhalten und manche Altrassen überleben. In den Hochtälern Dolpos und Mustangs erscheint die tibetisch-buddhistische Kultur heute tibetischer als in Tibet selbst. Während nämlich das besetzte Tibet Zer-

100 *Die größte tibetische Burganlage im Himalaya, die Burg von Dzong im oberen Muktinath-Tal: Charakteristisch ist die Lage der Burgen auf Spornen mit stark abschüssigen Hängen.*

störung und Völkermord erleidet, wird hier die tibetische Kultur ungebrochen tradiert, gelebt und weiterentwickelt.

Nahezu zwangsläufig ergab es sich so, daß wir eine klassische *transit area* Nepals wie das obere Kali-Gandaki-Tal mit seinen Nebentälern als das »regionale Fenster« auswählten, um eine repräsentative Ansicht von der Siedlungs- und Kulturentwicklung im nördlichen Nepal-Himalaya zu gewinnen. In einer einzigartigen Konzentration finden wir hier im Mustang-Distrikt zwischen Lo Manthang und Jomosom, zwischen Kagbeni und Muktinath die ganze Vielfalt der für den Tibetischen Himalaya typischen Kulturlandschaftselemente auf überschaubarem Raum konzentriert.

Mustang, das Burgenland. Zu den im Landschaftsbild auffälligsten und typischen Kulturerscheinungen gehören die tibetischen Burgen. Blanche Olschak charakterisierte Tibet einmal treffend als »Burgenland«, sind doch die Burgen neben Klosterbauten und Chörten die eindrücklichst prägenden Monumente der tibetischen Kulturlandschaft, aus der das mittelalterliche Mustang einen repräsentativen Ausschnitt zeigt.

Burgen sind Instrumente der Raumbeherrschung. Sie besetzen strategische Schlüsselpositionen, kontrollieren und schützen Wege und Paßzugänge. Sie fördern die Bildung von Herrschaftszentren, sie markieren und sichern territoriale Grenzen. Burgen und Burgsiedlungen bilden damit eine der aussagekräftigsten Quellen für die Archäologie des frühen Staates, der Herrschafts- und Territorialbildungen, zumal wenn es sich wie im südlichen Mustang um Grenz- und Sperrburgen handelt: Gerade in Grenzgebieten bezeugen Burgen sehr sinnfällig die raumordnenden Kräfte des Staates, die Auswirkung hoheitlicher Maßnahmen auf den Gestaltwandel der Kulturlandschaft.

Zum Verständnis der Burgen-Topographie Mustangs ist es hilfreich, sich die Lage des Untersuchungsgebietes zu vergegenwärtigen: Die Herrschaft über das obere Kali-Gandaki-Tal erschließt die wichtigste Nord-Süd-Verbindung durch den zentralen Himalaya bei gleichzeitiger Kontrolle der Paßstraßen in Ost-West-Richtung. Sie sichert ganzjährig einen verhältnismäßig leichten Zugang zum tibetischen Plateau. Ohne schwierige Pässe zu überwinden, gelangt man selbst in den Wintermonaten nach Tibet und von der tibetischen Hochebene durch den Inneren Himalaya nach Indien.

Im burgbewehrten Kagbeni kreuzen sich die Hauptwege von Nord nach Süd, von Ost nach West. An diesem Knotenpunkt verengt sich die Kali Gandaki. Ihr Übergang ist leicht zu kontrollieren. Umgehen läßt sich Kagbeni durch das Muktinath-Tal. Folgerichtig war dieses Tal in die burgengestützten Sicherungssysteme des Mittelalters einbezogen gewesen.

In Mustang war gemäß der kargen schrifthistorischen Überlieferung vor allem die Zeit zwischen dem 13. und 16. Jahrhundert eine Periode der Burgengründungen. Die älteren Gründungen gehen auf die südtibetischen Gung-thang-Könige im 13. und 14. Jahrhundert zurück. Sie dienten allein der Befestigung und Kontrolle der eroberten Gebiete. Eine zweite Phase von Burgengründungen ist für das 15. und 16. Jahrhundert mit den von Lo-Monthang ausgehenden Gründungen von König A-mda-pal und seinen Nachfolgern dokumentiert. Auch diese Burgen sicherten Land und Herrschaft, dienten aber außerdem als Herrschaftssitze, um die sich dann stadtähnliche Siedlungen und Verwaltungszentren bildeten. Drei dieser jüngeren Burgen – Kag, Dzong und Dzar – haben wir untersucht, Ausgrabungen allerdings nur in der Burg von Dzar im oberen Muktinath-Tal durchgeführt. Damals, im Sommer 1991, hörte ich im Muktinath-Tal zum erstenmal von sagenhaften Burgengründungen der Frühzeit, hörte ich zum erstenmal auch die Sage vom Herrn der Hundert Pferde.

Auf der Suche nach den Königsburgen. Das Muktinath-Tal, benannt nach einem der bedeutendsten Heiligtümer der hinduistischen Welt, erstreckt sich auf etwa zehn Kilometer Länge parallel zur Streichrichtung der Himalaya-Hauptkette. Die Vertikaldistanz zwischen Kagbeni und Muktinath beträgt mehr als tausend Höhenmeter. Östlich des Dorfes Khyinga öffnet sich das Tal in ein vom Gletscher ausgeschürftes breites Becken, zum oberen, eigentlichen Tal von Muktinath. Während das untere Tal nur eine karge Vegetation, ja fast wüstenhaften Charakter besitzt, vermittelt die obere Talregion weitgehend den Eindruck einer Oase. Auf den künstlich bewässerten Hangterrassen des fruchtbaren Talbeckens werden heute Buchweizen, Wintergerste und Kartoffeln angebaut, und auf den grasbewachsenen Flanken des Muktinath-Himal weiden Ziegen, Schafe und Yaks.

Erhöhte Siedlungsgunst und die strategische Bedeutung als Durchgangstal zeichnen das Muktinath-Tal als Siedlungskammer vor allen anderen Kleinlandschaften Mustangs aus. Wer im späten Frühjahr oder im Sommer zum erstenmal das Muktinath-Tal betritt und auf das majestätische Panorama des Muktinath-Himal, auf die farbenprächtige Feldflur am Paßfuß des Torung-la schaut, der gewinnt zunächst tatsächlich den Eindruck einer fruchtbaren, siedlungsgünstigen Landschaft. Doch der grüne Friede der Oase täuscht: Eine unverhältnismäßig hohe Zahl von Ruinen, von verlassenen Wohnplätzen und aufgelassenen Feldern deutet auf häufige Siedlungsaufgaben und -verlagerungen und läßt so eine bewegte Siedlungsgeschichte erahnen. Den sechs Dörfern des Tals, die alle im oberen Talbereich, im fruchtbaren Muktinath-Becken liegen, stehen mehr als vierzig Siedlungsruinen gegenüber, von denen die meisten ebenfalls im oberen Muktinath-Tal zu finden sind.

Ich erinnere mich an meine erste Begehung des Tals im Juli 1990: Mein Freund Wangdu, ein Lama aus Lo-Manthang, und ich sind auf dem Weg nach Dzarkot. 700 Höhenmeter nur sind es von Kagbeni zum Scheitelpunkt des Hauptweges. Doch noch bin ich das Gehen in den Bergen nicht gewohnt. Ich bin erschöpft vom Aufstieg in das Muktinath-Tal. Der Höhenmesser zeigt 3450 Meter. Ein Dorf liegt vor uns, auf halbem Weg zwischen Kagbeni und Muktinath. Das Dorf heißt Khyinga. Auf meiner Trekkingkarte ist es nicht verzeichnet. Ich bin müde, setze mich auf eine Treppenstufe. Das Haus, vor dem ich mich niederlasse, gehört einem Jhabwang Gurung. Er bringt heißen, stark gezuckerten Tee, fragt woher ich komme, wohin ich gehe. Trekking-Smalltalk.

Wangdu erzählt ihm, daß ich Archäologe bin, daß ich nach Dzarkot will, um die Burg aufzumessen, daß ich im nächsten Jahr wiederkommen werde, um sie auszugraben. Jhabwang weiß nicht, was ein Archäologe ist. Ich versuche, es ihm zu erklären. Wangdu übersetzt es mit seinen Worten: »Archäologe ist einer, der die alten Geheimnisse kennt, der die Geschichte aus der Erde gräbt, so wie du die Kartoffeln.« Jhabwang schaut etwas hilflos, scheint dann zu begreifen, steht plötzlich auf, verschwindet im Haus. Als er nach einer Weile zurückkommt, zeigt er Wangdu eine Karneol-Perle, fragt, ob ich sie kaufen will. Dann müsse ich nicht graben.

Wangdu erklärt ihm, daß ich die Perle sicher interessant finde, aber daß ich eigentlich nach alten Häusern suche, nach großen Häusern für die *hakim*, für die großen Leute. »Er sucht nach Burgen von Königen«, sagt Wangdu wichtig. Jetzt begreift Jhabwang und lächelt dann überlegen: »Ihr habt wohl keine eigenen Burgen!« »Doch, doch«, versichere ich, »wir haben große Paläste und Burgen in meiner Heimat, aber jetzt bin ich gekommen, um eure Burgen kennenzulernen.« Dann lacht Jhabwang triumphierend, sagt zu Wangdu: »Ich weiß, warum er zu uns gekommen ist. Unsere Burgen schlafen nicht unter der Erde. Unsere Burgen muß er nicht wie Kartoffeln aus der Erde graben!«

Jahre später, an einem Tag im August 1995, erinnerte Jhabwang mich an unsere erste Begegnung. Inzwischen war er mein *local manager* geworden, mein Vertrauter, mein Freund. An diesem Tag hatten wir, begraben unter dem Siedlungsschutt von mehr als tau-

101 *Für jeden weithin sichtbar und jede Bewegung im Blick, wacht die Burg von Dzarkot über das Muktinath-Tal. Frei steht die etwa 12 Meter hohe Ruine der noch über vier Geschosse erhaltenen Burg auf dem künstlich aufgehöhten Plateau (etwa 3750 m.ü.M.) eines langgestreckten Hügelkammes und überragt die dicht an dicht stehenden Häuser des Dorfes.*

send Jahren, die Überreste eines Palastes, einer frühen Burg entdeckt. Jhabwang war auf den Hügel gekommen, um uns wie fast jeden Tag Pflaumen und Aprikosen aus seinem Garten zu bringen. Ich zeigte ihm die große, noch über drei Meter hoch aufgehende Burgmauer mit den Schießscharten, sagte ihm, wie ich die Mauer deute, daß ich glaube, daß sie etwa zweitausend Jahre alt sei und Zeugnis gebe von einem frühen Herrschaftssitz in Khyinga. Skeptisch folgte Jhabwang meinen Ausführungen, mochte wohl nicht so recht glauben, was ich da erzählte. Dann strahlte er mich an und erzählte von unserer ersten Begegnung, zeigte auf die Mauer und sagte: »Du hattest recht. Wie Kartoffeln unter der Erde.« Und er versicherte mir mehrfach, jetzt sei ihm endlich klar geworden, was ein Archäologe sei: »Einer, der schlafende Burgen weckt!«

Damals im Juli 1990 sah ich den Hügel zum erstenmal: Mächtige 13 Meter hoch erhebt er sich aus einer nahezu ebenen Feldflur am östlichen Ortsausgang von Khyinga. Ich sah ihn und ich wußte, das ist mein Hügel, das ist mein Troja ...

Der schlafende Hügel. In Khyinga hofften wir zu finden, was uns in Dzarkot versagt blieb: ein Übereinander mehrerer Siedlungen, eine Abfolge von Siedlungsschichten, deren älteste bis tief in die Frühgeschichte des Muktinath-Tals, in die schriftlose Frühzeit des Hohen Himalaya zurückreichen mochte. Unsere Burggrabung in Dzarkot hatte keinen Hinweis auf eine ältere Burg oder einen Vorgängerbau erbracht, nicht die geringste Spur einer älteren Siedlung freigelegt. Wir vermuten darum, daß die Siedlung Dzarkot sich erst mit oder nach Errichtung der Burg im ausgehenden 15. Jahrhundert entwickelt hat. Die archäologischen Ergebnisse stimmen darin mit den regionalen Chronikerzählungen überein: Sowohl die Radiokarbon-Daten

als auch die Funde aus der Gründungphase sprechen eindeutig für die Errichtung der Burg zwischen 1450 und 1500.

Die noch heute weithin sichtbare Burg auf dem Sporn von Dzarkot war auf eine sechs bis sieben Meter mächtige Aufschüttung gesetzt und überragte damit alle Bauten auf dem Plateau. In einem Schnitt quer zur verstürzten Stirnseite der Burg legten wir unter anderem eine turmartige Konstruktion frei, in der auch der Eingang lag. Die leider fundleere Aufschüttung hatte keinen erkennbar praktischen Zweck. Offensichtlich war sie wie vergleichbare Erdaufschüttungen im mitteleuropäischen Burgenbau ein reines Repräsentationselement, das allein der Erhöhung diente, dem ehrgeizigen Vergleich mit der auf der anderen Flußseite in Sichtweite liegenden Feste Dzong: Bauen in die Höhe als Mittel psychologischer Kriegsführung!

Schon die erste Begehung von Khyinga-Kalun versprach, daß wir hier unserem Ziel näher kommen konnten: Der Hügel wies mehrere Meter siedlungsbedingte Schichtbildung auf und war mit Scherben übersät. Viele noch meterhoch stehende Überreste von Stampflehmwänden auf dem Hügel zeugten von einer ehedem dichten Bebauung, deuteten auf eine vor langer Zeit verlassene Siedlung. Einige Schichtaufschlüsse zeigten, daß unter dieser Siedlung weitere lagen, eine über die andere gebaut.

So stellte sich die Frage, ob nicht dieser Siedlungshügel, der einzige im Tal, in einer seiner mächtigen Schichten eine der sagenhaften älteren Burgen des Tals verbarg. Genährt wurde diese Hoffnung durch die lokale Überlieferung, die den Siedlungshügel mit der Sage vom »Herrn der Hundert Pferde« verknüpft, dem Herrscher über 300 Häuser. Der »schlafende Hügel«, so behauptet die Erzählung der Alten, berge tief in seinem Inneren Palast und Burg dieses Herrschers. Während der Flurname des Hügels – *Kalun* – einfach nur Ruine oder verlassener Ort bedeutet, verweist der Ortsname Khyinga tatsächlich auf eine Burg: Er enthält im zweiten Glied das tibetische Wort *khar* für (Königs-)Palast oder Burg. So bestärkten uns Ortssage und Ortsname in der Hoffnung, bei der Ausgrabung des Hügels auf eine noch unbekannte, in keiner Chronik erwähnte, im Ortsnamen aber versteckte Burg, die Burg vielleicht des »Herrn der Hundert Pferde« zu stoßen.

102 *(Vorhergehende Seite, oben) Der Blick von Dzarkot in das untere Muktinath-Tal: Chörten sind neben Burgen und Klöstern die typischen Denkmäler der himal-tibetischen Kulturlandschaft.*

103 *(Vorhergehende Seite, unten) Etwa 130 Meter lang, bis zu 80 Metern breit, 13 Meter hoch: Der Siedlungshügel Khyinga-Kalun. In den Steilhängen auf der rechten Seite des Dzong-Flusses finden sich ausgedehnte Systeme von Höhlensiedlungen mit Lagerräumen, Kult- und Begräbnisstätten aus vor- und frühgeschichtlicher Zeit.*

Die gemeinsam mit dem Department of Archaeology, Kathmandu, seit 1991 durchgeführten Ausgrabungen in Khyinga-Kalun erfüllten, ja übertrafen unsere kühnsten Erwartungen: Tatsächlich gelang es, eine unerwartet frühe burgähnliche Anlage aus dem 1. Jahrhundert v. Chr. nachzuweisen. Darüber hinaus wurde der monumentale Unterbau eines Gebäudes des 4. bis 7. Jahrhunderts n. Chr. freigelegt. Es ist nicht ausgeschlossen, daß auch dieser Bau einen Palast darstellte, er wird vorläufig jedoch als Heiligtum gedeutet. So wichtig diese Entdeckungen sind – noch bedeutsamer ist, daß in Khyinga erstmals im Himalaya überhaupt an einem Ort eine fortlaufende Schichtenfolge mit einer über etwa 1800 Jahre reichenden Siedlungsgeschichte ergraben worden ist.

Khyinga-Kalun: »Troja des Himalaya«. Als wir 1990 mit unseren Forschungen im Nepal-Himalaya begannen, war so gut wie nichts über die Vor- und Frühgeschichte des Himalaya bekannt. Der Himalaya war archäologisch eine Terra incognita, ein unbekanntes Land. Unsere Ziele waren damals bescheiden. Wir waren gekommen, um einige Burgen aufzumessen und wenigstens eine der mittelalterlichen Burgen zu graben. Unerwartet stießen wir dabei vor in die schriftlose Frühzeit einer damals noch unbekannten Zivilisation an der Kulturscheide zwischen Hoch- und Südasien und haben, mit Schliemanns Worten, »eine ganz neue, gar nicht geahnte Welt für die Archäologie entdeckt«. Die Nepali nennen diese neue Welt »Troja des Himalaya«!

Mit Beginn der Ausgrabungen des Deutschen Archäologischen Instituts in Khyinga 1991 wurden im Hohen Himalaya erstmals stratigraphische Plangrabungen durchgeführt. In sechs Kampagnen zu je drei Monaten wurde in mehreren Grabungsschnitten mit bis zu acht Meter mächtigen Schichtpaketen eine Abfolge von drei mehrphasigen Siedlungen ergraben, von unten nach oben Khyinga I-III genannt.

Die Besiedlung Kaluns setzte mutmaßlich schon im 4. oder 3. Jahrhundert v. Chr., spätestens aber im 1. Jahrhundert v. Chr. ein und endete mit der Zeit des tibetischen Burgenbaus im 15. Jahrhundert n. Chr. Während die jüngste und dritte Siedlung (8./9. Jahrhundert bis 15. Jahrhundert) weite Strecken der bereits schrifthistorisch dokumentierten Geschichte Mustangs erhellt, repräsentieren

104 *Das Grab einer 18- bis 20jährigen Frau aus einer Gründungsschicht der dritten Siedlung. Die meisten Toten fanden sich wie diese junge Frau in extremer Hockerstellung bestattet.*

die erste und zweite Siedlung von Khyinga eindrucksvolle Zeugnisse aus der schriftlosen und zuvor völlig unbekannten Frühgeschichte des Hohen Himalaya.

Eine Burg, ein Massengrab und viele Fragen. Irgendwann im 2. oder 1. Jahrhundert v. Chr. wird in Khyinga-Kalun eine Siedlung gegründet und kurz vor oder zusammen mit dieser Gründung eine größere Grabanlage errichtet. Dieses Grab zählt zu den aufregendsten Entdeckungen in Khyinga.

Entdeckt wurde das Grab am letzten Tag der Kampagne 1995: Thomas, mein langjähriger Grabungsassistent, und ich nehmen letzte Messungen vor, machen noch ein paar Abschlußfotos, bevor verfüllt wird. Der Rest des Teams ist bereits mit der Dokumentation und den Funden auf dem Weg nach Kathmandu. Motuk, unser Vorarbeiter, säubert gerade für ein Schlußfoto den vermeintlichen Grund eines Opferschachtes, als er in den Ecken des Schachts auf Skelettreste stößt. Wir verfluchen das ungeschriebene Gesetz aller Ausgrabungen, wonach die besten, die wichtigsten Funde immer am letzten

105 *Auf den ersten Blick ein chaotisches Gemenge, ein Durcheinander von Tier- und Menschenknochen: ein typischer Ausschnitt aus dem Massengrab unter dem Burgpalast der ersten Siedlung.*

Tag gemacht werden. Es ist nun keine Zeit mehr, die Skelette sorgfältig zu bergen. Überdies zeigt uns eine Sondierung mit einer Stange an, daß die Schachtsohle keineswegs erreicht war und an diesem Tag auch nicht mehr erreicht werden würde. Wir entschließen uns, die Arbeit einzustellen, zuvor die aufgedeckten Skelette so gut es eben noch geht zu dokumentieren, sie indes nicht mehr zu bergen. So bedeckt Motuk sie mit einer Plane, auf die er lockere Erde schüttet; schließlich schützt er den Befund mit einer Steinpackung. In diesem Augenblick wissen wir nicht sicher, ob wir je nach Khyinga zurückkehren werden. Immer noch glauben wir, die Grundschicht eines Opferschachts erfaßt zu haben, ahnen in diesem Augenblick noch nicht, daß wir ein Fenster zu einer neuen archäologischen Welt geöffnet haben. Drei Jahre dauert es, bis wir die Grabungen wieder aufnehmen können, drei Jahre aufgeregten Wartens, drei Jahre quälender Ungewißheit.

Als wir im August 1998 den Schacht wieder öffnen, finden wir den Befund unversehrt. Andrea, unsere Grabungsrestauratorin, präpariert ihn sorgfältig frei, findet unter den Knochen des ersten Skeletts weitere Skelettreste, Knochen von Menschen, von Pferden, von Ziegen und Schafen. Immer mehr Knochen, scheinbar in einem heillosen Durcheinander, kommen zum Vorschein. Schließlich stellen wir fest, daß die Knochenlager sich in die Schachtwände fortsetzen. Dann ist es Gewißheit: Die Skelette gehören offensichtlich zu einem Begräbnis unter dem Opferschacht.Und allmählich begreifen wir, daß die Mauern mit schießschartenartigen Blendfenstern unter den Burgmauern der ersten Siedlung nicht Unterkonstruktionen der Burg, sondern Grabmauern sind. Mehr als zwei Meter sind die Mauern in den betonharten gewachsenen Boden eingetieft. Die Bruchsteinmauern mit den Blendnischen begrenzen die Grabkammer im Osten und Westen, nach Norden schließt die fast fünf Meter lange Kammer mit einer Art Kyklopenmauer ab.

Im Laufe der Grabung gewinnt das Durcheinander an Struktur, entdecken wir im Chaos die Ordnung. In einem mehrlagigen Schichtpaket beobachten wir ein Gemenge von großenteils im Verband liegenden Menschen- und Tierknochen, begleitet von etlichen Bronzezieraten und Eisengeräten, von Spondylusringen und mehreren hundert Perlen unterschiedlicher Materialien, dazu mehr als zwanzig komplette Gefäße. Die Keramik ist schnur- oder ritzverziert, viele Gefäße sind rot bemalt.

Einige der Leichen sind allem Anschein nach vor der Deponierung enthauptet, ihre Schädel dann zum Teil entlang der Grabwand aufgestellt worden. Es gibt Hinweise darauf, daß es sich um ein Massengrab handelt, daß alle Toten gleichzeitig bestattet worden sind. So stellt sich die Frage, was der Anlaß für dieses Begräbnis war. Handelt es sich um das Grab eines Vornehmen mit Totengefolge? Sind die hier Bestatteten gewaltsam zu Tode gekommen, vielleicht Opfer eines Kampfes, einer Schlacht? Oder handelt es sich hier um ein gewaltiges barbarisches Gründungsopfer, sind die Bestatteten im Zuge einer Opferhandlung getötet oder gar als Lebendopfer begraben worden? Noch sind die Skelette nicht anthropologisch untersucht, noch bleiben unsere Fragen offen.

Sicher ist soviel: Mehr als zwanzig Menschen sind hier bestattet worden, mit ihnen mindestens dreizehn bis vierzehn Pferde sowie ungezählte Überreste weiterer Haustiere, von Schaf und Ziege vor allem, aber auch Hunde, dazu vereinzelt Wildtiere und Fische. Während bei den Pferden und den Menschen davon ausgegangen werden kann, daß sie rituell deponiert oder regelrecht bestattet worden sind, ist ein Großteil der Skelettreste von Schaf, Ziege, Rind oder Yak wohl eher als Schlachtabfall, Grabopfer oder Überrest einer Totenmahlzeit zu deuten.

Der verflixte letzte Tag. Aus dem Grab stammt auch der erste und bisher einzige Goldfund von Khyinga. Dieses einzigartige Fundstück wurde, überflüssig zu sagen, am letzten Tag der letzten Grabungskampagne geborgen.

Khyinga, Freitag, 30. April 1999: Heute müssen die Arbeiten in der Grabkammer abgeschlossen werden. Unwiderruflich. Wir sind bereits zwei Tage im Verzug, brauchen noch drei, vier Tage für die Schlußdokumentation der Baubefunde. Die Kammer ist weitgehend ausgegraben. Nur zwei Befunde müssen noch dokumentiert und geborgen werden: ein Pferdeschädel und, darunter, das Rumpfskelett eines Menschen. Dann ist die Arbeit getan, muß getan sein, denn es ist nicht nur der letzte Grabungstag der Frühjahrskampagne, es ist der letzte Tag der Ausgrabungen in Khyinga überhaupt.

Andrea, die Restauratorin, und Iken, meine Stellvertreterin und Keramikassistentin, verpacken Chemikalien und Restaurierungswerkzeug. In Motuks Hof, unserem Dokumentationszentrum, besprechen wir letzte Details vor dem Abmarsch nach Jomosom. Gegen neun Uhr kommt Sabine, unsere Schnittleiterin, vom Hügel gelaufen. Sie ist völlig außer Atem. »Ist was passiert?« frage ich. »Habt ihr einen Unfall gehabt, ist ein Profil eingestürzt?« Sabines Augen glänzen, wie immer, wenn sie sich besonders freut: »Ich glaube, ich habe ...«, stammelt sie erregt. »Bitte, kommt mit, ich glaube, ich habe einen Goldfund.« – Andrea und ich schauen zunächst skeptisch: Ein Goldfund? Es wäre der erste aus einer Grabung in Nepal. Sabines Erregung steckt uns an. Dennoch gilt es jetzt ruhig zu bleiben, umsichtig zu handeln. »Vor der Verfüllung des Grabes darf niemand davon erfahren«, sage ich. Dann eilen wir auf den Hügel, steigen sieben Meter hinab in das morgenkühle Dunkel der Grabkammer. Sabine schickt die Grabungsarbeiter aus dem Dorf zu einem anderen Schnitt, dann deckt sie den Fund auf. Sie hatte richtig gesehen: Vor uns liegt ein kleiner sanduhrförmiger Zierat aus purem Gold. Andrea

präpariert das Stück, Sabine darf es bergen, es als erste in die Hand nehmen. Der Goldzierat erinnert an einen Ohrpflock. Nach der Fundlage war er der primären Bestattung, dem zuerst im Grab deponierten Leichnam beigegeben.

War der Träger des goldenen Ohrpflocks der Grabherr, die Grabherrin? Sind die anderen Toten das Gefolge des Schmuckträgers, seine Begleiter ins Jenseits? Verglichen mit den goldstrotzenden Ausstattungen vorderasiatischer oder ägyptischer Prunkgräber ist unser Fund ein unspektakuläres Nichts, hier in seinem Fundmilieu jedoch ist er ein Ereignis. Der Goldzierat hebt seinen Träger heraus, stellt ihn über die mit ihm Begrabenen. Wenn, so ließe sich jetzt spekulieren, wenn Grab und Burgpalast zusammengehören, die Burg wiederum als Sitz des »Herrn der Hundert Pferde« identifiziert werden kann, wäre es dann nicht naheliegend, auch zwischen dem Grab unter der Burg und dem »Herrn der Hundert Pferde« eine Verbindung zu sehen? Von der Baufolge her scheint zunächst die Grabkammer, danach erst die Burg errichtet worden zu sein. Doch um wieviel danach? Ein paar Tage, Monate, Jahre? Noch ist die Frage offen. Und selbst wenn der Bau der Grabkammer lange vor dem der Burg erfolgte, was besagt das für die Belegung, die Nutzung der Kammer?

106 *Klein, aber fein: der erste Goldfund aus einer Ausgrabung in Nepal, der einzige Goldfund in Khyinga. Schmückte er den Grabherrn, den »Herrn der Hundert Pferde«?*

Die Befundlage jedenfalls schließt die Kammer unter der Burg als Grabstätte des sagenhaften »Herrn der Hundert Pferde«, des »Herrn über dreihundert Häuser« nicht zwingend aus. Viel Zeit wird es noch erfordern, all die Fragen, die sich an Burg und Grab knüpfen, zu beantworten, viel unspektakuläre Kärrnerarbeit wird noch zu leisten sein, um die Probleme der Schichtenfolge, der Baugeschichte, des Totenrituals und der vielfältigen Beziehungen des Fundgutes zu klären.

Ein Großteil der Grabbeigaben führt uns in das zentralasiatische China, in das Tarim-Becken oder in die Ordos-Steppe. Von besonderer Bedeutung sind eine Handvoll Bronzen im Grab, die sehr wahr-

scheinlich aus den Ordos-Steppen der Inneren Mongolei stammen. Beispielhaft für den »Steppencharakter« des Grabes ist ein bronzener, als Tierbild gelesener Riemenschieber, der eindeutig in den Kreis der Ordos-Bronzen gehört. Die in sich ruhige Darstellung mit den offensichtlich untergezogenen Vorderläufen, die zudem noch die Andeutung eines Hufes erkennen lassen, stellt offenbar ein pferdeartiges Tier dar, möglicherweise einen in den östlichen Halbwüsten und Steppen lebenden Halbesel oder aber ein Steppenpferd.

107 *Import oder Nachbildung eines Vorbilds aus der innermongolischen Ordos-Steppe? In chiffrenhaften Kürzeln zeigt dieses im Himalaya einzigartige Beispiel eurasischer Steppenkunst die Darstellung eines pferdeartigen Tieres.*

Kamen die eisenzeitlichen Siedlungsgründer im Muktinath-Tal aus dem nördlichen Zentralasien oder aus Tibet? Kam etwa auch der »Herr der Hundert Pferde« aus dem Norden, aus Tibet, aus den Steppen oder aus den Oasenstädten Zentralasiens? Waren der tibetische Transhimalaya und der nördliche Himalaya in dieser Zeit Teil einer eurasisch-nomadischen Gemeinkultur, oder ist Khyinga nur ein ferner und isolierter Endpunkt vereinzelter reiternomadischer Vorstöße nach Süden?

Die Zusammensetzung des Grabinventars spricht dafür, daß die »Steppenbronzen« von Khyinga keine isolierte Einzelerscheinung sind, weder verirrte Einzelstücke aus verlorener Habe noch singuläres exotisches Beutegut. Der offensichtliche »Steppencharakter« des Massengrabes zeigt sich auch in den Tierdeponierungen, vor allem den Pferdebestattungen, sowie in der eigenartigen Auswahl bestimmter Tierkörperteile für das Grabopfer. Bräuche aber werden nicht auf dem Markt erworben! Noch heute behaupten sich im nördlichen Himalaya unter der Oberfläche einer bäuerlichen Oasenkultur nomadisch-jägerhafte Elemente und Reliktformen, die ihren Ursprung im reiternomadischen Milieu Zentralasiens haben. Der nördlich-zentralasiatische Kulturzusammenhang des Massengrabes von Khyinga läßt die Frühgeschichte und kulturelle Stellung des nördlichen Himalaya ebenso wie die Südausbreitung der osteurasischen Reitervölker in einem völlig neuen Licht erscheinen.

Das Grab ist das früheste Zeugnis der Siedlung. Es repräsentiert die ältere Phase der Periode I. In ihrer Sachkultur allerdings ist sie von der der jüngeren »Burg«-Phase des 1. bis 3. Jahrhunderts n. Chr. kaum zu unterscheiden. Noch im ersten vorchristlichen Jahrhundert, spätestens aber zu Beginn des 1. Jahrhunderts n. Chr. wurde unter deutlichem Bezug auf die Grabmauern eine burgähnliche Anlage über dem Grab errichtet, ein Fort oder befestigter Palast, sehr wahrscheinlich ein Herrschaftssitz. Diese durch sorgfältig gebaute Schießschartenmauern charakterisierte »Burg« geht Mitte des 3. Jahrhunderts in einer Brandkatastrophe zugrunde und wird wenig später aufgegeben, der Siedlungsplatz für mindestens ein bis zwei Generationen verlassen.

Die für den Hohen Himalaya außergewöhnlich sorgfältige Mauertechnik, die vielleicht aus der hellenistischen Architektur des griechischen Ostens entlehnten Schießscharten sowie eine fast schon extravagant zu nennende Wanddekoration mit rötlichem Marmor, das alles sind Elemente, die Khyinga wohl eher über Einflüsse aus dem Süden oder Wege aus dem Westen erreicht haben. Es handelt sich um Merkmale einer monumental-repräsentativen und wehrhaften Architektur, wie sie an diesem Ort zu dieser Zeit so nicht zu erwarten war. Diese Architektur ist Ausdruck herrschaftlicher Lebensform. In Planung und Aufwand bezeugt sie einen Grad an politischer Organisation und Formen der Herrschaft, wie sie im Umkreis von Stadt und Palast beheimatet, nicht aber in einem einfachen dörflich-bäuerlichen Milieu entwickelt sind. Wenn einer der in Khyinga nachgewiesenen Repräsentationsbauten mit der vom »Herrn der Hundert Pferde« geplanten oder tatsächlich errichteten Burg in Zusammenhang zu bringen ist, dann kann es eigentlich nur diese Burg, die Burg aus dem ersten Jahrhundert sein.

Grabkammer und Burg, obwohl sie eine architektonische Einheit bilden, verraten unterschiedliche kulturelle Orientierungen. Der Burgpalast verdeutlicht, daß sich der Zusammenhang der Khyinga-

Kultur mit Zentralasien noch vor dem Ende der ersten Siedlungsperiode auflöst. In der zweiten Periode, im 4. bis 7. Jahrhundert n. Chr., zeigt sich die Siedlung unter vermutlich buddhistischem Einfluß eindeutig dem indo-nepalesischen Süden zugewandt. Dies bezeugen Keramikimporte, Elfenbeinarbeiten und Münzen, aber auch die eindrucksvolle Architektur der zweiten Siedlung.

Ein rätselhafter Grundriß. Im späten 4. oder im 5. Jahrhundert wird unter Verwendung noch stehender Architektur der ersten Periode die zweite Siedlung gegründet, repräsentiert vor allem durch einen im Himalaya bisher beispiellosen Rasterunterbau eines Heiligtums. Der in seiner Ausdehnung nahezu komplett erfaßte gitter- oder schachbrettartig gegliederte Unterbau mißt etwa 17 auf 17 Meter und kann in das 5. bis 7. Jahrhundert datiert werden. Erschlossen war der monumentale Rasterunterbau von Westen her: Über einen breiten Treppenaufgang schritt der Besucher durch ein Portal, betrat dann durch eine, wie sich errechnen ließ, zweiflügelige Tür eine Plattform, ein Galeriepodium, hinter der sich ein wohl als Säulenhalle gestalteter Hauptraum öffnete. Handelt es sich hier um eine Vorform der tibetischen Versammlungshalle, den Vorläufer eines *Dukhangs?*

Die Eingangsfront ist strikt nach Westen ausgerichtet, ist aber deutlich gegenüber der Ausrichtung des dahinterliegenden Rasterunterbaus verschoben. Noch heute führt ein Weg vom Dorf direkt auf das Eingangsportal zu. Es ist durchaus möglich, daß diese Wegführung bereits im 5. Jahrhundert existierte. Allerdings lag auch der Haupteingang des Nachfolgebaus aus dem 11. Jahrhundert, des Klosters der dritten Siedlung, in diesem Bereich. Der Weg könnte also auch in dieser Zeit seinen Ursprung haben.

Die von der Hauptachse des Gebäudes ohne Not abweichende genaue Westausrichtung der Eingangsfront läßt strikte Regelvorgaben für den Bau vermuten. Dies spräche ebenso für eine Deutung als Heiligtum wie die klaren symbolischen Elemente im Grundriß, so das Schachbrettmuster des Rasters selbst und ebenso die von tragenden Mauern gebildete innere Grundrißfigur einer rechtsläufigen Swastika, eines Hakenkreuzes.

Einen möglichen Schlüssel zum Verständnis der Anlage und ihrer Bausymbolik liefern tibetische Quellen zur Baugeschichte des älte-

108 *(Folgende Seite, oben) Immer wieder wüteten Feuer in den Siedlungen von Khyinga. Weitflächig ziehen sich die Spuren eines verheerenden Brandes vor allem durch die Häuser und die Burg der ältesten Siedlung, die einer Brandkatastrophe im 3. Jahrhundert zum Opfer fiel.*

sten buddhistischen Tempels in Tibet, des Jhokang in Lhasa. Erbaut wurde der Jhokang Mitte des 7. Jahrhunderts von der aus Nepal stammenden Prinzessin Brikuthi, einer Gemahlin des tibetischen Großkönigs Songtsen Gampo. Der unter Beteiligung nepalesischer Bauleute und Handwerker errichtete Unterbau des Jhokang soll nach der mehrfach abgewandelten Baulegende die Ideen, Traditionen und Ansprüche verschiedener gesellschaftlicher Gruppen in sich vereinigen.

In einer Variante dieser Baulegende heißt es: Um den Wünschen der Bon-po, der Vertreter der vorbuddhistischen Religion Tibets, zu entsprechen, wurde das Fundament im Viereck oder Quadrat in Form einer Swastika angelegt. Nach Vorstellung der buddhistischen Mönche sollte der Grundriß im ganzen ein Mandala ergeben, eine regelhaft geometrische Figur also mit einem definierten Zentrum. Dabei war vor allem an die Anlage der in den vier Hauptrichtungen liegenden Türen gedacht. Das Schachbrettmuster des Rasterunterbaus schließlich folgte der Volkstradition der tibetischen Untertanen. Alle Elemente ergaben in der Gesamtkomposition wiederum eine Figur, die als Mandala beschrieben werden kann. Ähnliche Grundrißfiguren finden sich auch in den alttibetischen Königsgräbern. In welcher Bautradition der Rasterunterbau von Khyinga steht, ist noch ungeklärt. In jedem Fall ist er um etwa 150 bis 200 Jahre älter als der Jhokang oder die tibetischen Königsgräber, wäre mithin eher zu den möglichen Vorbildern zu zählen, die ihrerseits wohl in der buddhistischen Architektur Indiens wurzeln.

109 *Spielplan oder Grundriß? Diese Ritzzeichnung auf einem Kalksteinbruchstück aus einer Mauer der dritten Siedlung beschäftigte über Wochen die Phantasie der einheimischen Grabungsarbeiter ebenso wie die der Archäologen.*

110 *Rätselhaft ist der Grundriß dieses monumentalen Rasterunterbaus aus dem 5.–7. Jahrhundert. Der Blick geht nach Westen, folgt der älteren Mittelmauer des 1. vorchristlichen Jahrhunderts, der die Rasterkästen vorgeblendet waren und so ihre Schießscharten verdeckten.*

Der Grundriß gleicht auch dem Spielplan des in Nepal populären *Baga chal*-Spiels, was wörtlich übersetzt »Tiger bewegen oder ziehen« heißt und auch als »Tiger frißt Ziege« bekannt ist. In Stein geritzt fanden wir die eine Hälfte eines solchen Spielplans in einer Schicht der dritten Siedlung. Da sich der Stein in sekundärer Lage fand, könnte er durchaus aus der zweiten Periode stammen. Das Spiel ist auch in Tibet und im nördlichen Zentralasien sehr verbreitet. So stammt ein vergleichbares Stück des 13. Jahrhunderts aus der altmongolischen Hauptstadt Karakorum. In der Mongolei ist das Spiel als *bugu* bekannt, als Hirschjagd-Spiel. Das Spielbrettfragment von Khyinga zeigt die Variante mit dem auf die Spitze gestellten Dreieck, dem Tigerfeld, außerhalb des Carrés. Dieses Dreieck könnte auch einer der den Himmelsrichtungen zugeordneten Türen in einer Mandala-Konstruktion entsprechen. Unser Vorarbeiter jedenfalls schwört Stein und Bein, daß auf dem Stein nicht das Tigerspiel, sondern der Grundriß unseres Heiligtums eingeritzt sei. Ich möchte ihm gerne glauben …

Ein alter Kultplatz. Das Rasterfundament der zweiten Siedlung wird überlagert von einem etwa 20 Meter langen Bau mit reihenartig organisierten Zellenräumen. Vermutlich handelt es sich auch bei diesem Bau um ein Heiligtum oder eine kleinere Klosteranlage. Abgesehen vom Grundriß deutet darauf auch der eigentliche Flurname *Gompa*, »Kloster«, und darüber hinaus die mündliche Überlieferung des Ortes, die das älteste Kloster von Khyinga auf dem Siedlungshügel lokalisiert. Deutliche Hinweise geben außerdem einschlägige Funde aus dem mutmaßlichen Klosterbereich wie zum Beispiel eine Knochenschnitzerei des 12. Jahrhunderts mit der Skulptur einer tantrischen Gottheit oder wie eine Reliefstele des 11. bis 12. Jahrhunderts mit der Darstellung einer Grünen Tara, der Verkörperung der Liebe, die kaum 70 Meter vom westlichen Zugangsbereich der Hügelsiedlung entfernt an dem alten Aufweg zum Hügel steht. Solche Reliefs gelten als typische Wegbegleiter, säumten vor allem Wege zu Heiligtümern oder Klöstern. Knochenapplikationen wie jene mit der Dakini, einer Himmelsbotin, wurden angeblich nur von tanzenden Lamas bei den *Cham*-Tänzen getragen.

Für ein Kloster und scheinbar auch für Kontinuität spricht, daß sein Eingang unmittelbar über dem Westportal des älteren Heiligtums lag. Tatsächlich kann aber von Kontinuität kaum die Rede sein, denn die im 8. oder 9. Jahrhundert gegründete dritte Siedlung stellt einen radikalen Neubeginn dar. Der Bruch im Siedlungsgang zeigt sich in einer völlig veränderten Grundrißplanung mit stark abweichenden Ausrichtungen. Auch die Sachkultur erfährt einschneidende

Veränderungen, führt ältere Traditionen nicht weiter: So zeigt die Keramik völlig neue Formen und Waren, und das übrige Kulturinventar nimmt seit dem 11. Jahrhundert tibetisch-buddhistische Züge an.

Charakteristisch für die dritte Siedlung ist eine ungewöhnliche Vielzahl und Vielfalt von Grab- und Opferfunden. In den älteren Perioden begegnen Gräber und Votive nur vereinzelt, vor allem in Gründungssituationen, wie etwa ein Kesseldepot unter einer Mauer der zweiten Siedlung. Aus den Fußböden und Wänden der Häuser der dritten Periode wurden dagegen über sechzig Bestattungen geborgen, in jedem ergrabenen Raum fand sich mindestens ein Grab! Außergewöhnlich ist nicht nur die Vielzahl der Deponierungen und Gräber, bemerkenswert ist auch die Vielfalt der Bestattungsweisen. Überwiegend wurden die Toten in gehockter Stellung bestattet, mal in Rücken- und Seitenlage, mal in Bauchlage. Auch Sitzhocker sind vertreten. Ein Kind wurde gar im Lotossitz bestattet, und selbst eine aufrecht stehende Bestattung ist nachgewiesen.Die meisten Gräber sind beigabenlos. Nur in vier Fällen waren Gefäße – Keramiktassen – beigegeben.

Mehrere Tote sind in Gefäßen bestattet worden, darunter ein Neugeborenes, das zur Gänze kopfüber in einen weitmundigen Kugeltopf gestopft worden war. In den Häusern wurden überwiegend Neugeborene, Säuglinge und Kleinkinder bestattet. Erwachsene bilden die Ausnahme, meist handelt es sich um vor der Zeit Verstorbene, etwa um junge Frauen im Kindbett. Wir sprechen in diesen Fällen von *mors immatura*, vom unzeitigen Tod. Die Skelette der Jugendlichen und Erwachsenen wiesen durchweg Mangelkrankheiten auf, zeigten Arthrosen oder arbeitsbedingte Deformierungen des Schädels, Erscheinungen, die im nördlichen Himalaya auch heute noch alltäglich sind.

Im 13. Jahrhundert zerstörte ein weitflächiges Feuer große Teile der Siedlung. Noch einmal wurde sie wieder aufgebaut und der Hügel zusätzlich mit einem Mauerring umwehrt. Dann in der Mitte des 15. Jahrhunderts wurde die Siedlung endgültig verlassen und geriet allmählich in völlige Vergessenheit. Erst die Archäologie hat den schlafenden Hügel wiedererweckt und dem Gedächtnis der Geschichte zurückgegeben.

111 *»Versteckt« in einer modernen Feldmauer, markiert diese Reliefstele den mittelalterlichen Aufweg zum Siedlungshügel. In einer rahmenden Säulenarkade, die mit einem Stupa überwölbt ist, sitzt Tara, die »Retterin«, auf einem Lotos-Thron. Ihre rechte Hand zeigt den seltenen Gestus der Integration von Weisheit und Geistestechnik. Das stilistisch von der indischen Pala-Kunst abhängige Relief im »Internationalen Stil« des 12. Jahrhunderts ist wahrscheinlich das Werk eines nepalesischen Künstlers aus dem Süden.*

Als Kultplatz bewahrte der Ort allerdings auch über das Ende der Hügelsiedlung hinaus Kontinuität, und ein Kultplatz, an dem Opfer gebracht werden, ist der Siedlungshügel auch heute noch. So erbitten vor Beginn jeder Grabungskampagne Lamas an zwei festen Altären mit Rauchopfern und Gußspenden Verzeihung für das Verletzen der Erde, erflehen sie Segen und Unversehrtheit für das Dorf und für die Arbeit der Archäologen.

Kulturwandel und Landschaftswandel. Einige Zäsuren im Siedlungsgang fallen mit einschneidenden historischen Ereignissen zusammen. So könnte das Ende der zweiten Siedlung im 7. Jahrhundert oder zu Beginn des 8. Jahrhunderts durch Ereignisse wie die tibetische Eroberung Mustangs um 645 oder die in den Dunhuang-Annalen überlieferte Niederschlagung eines Aufstands gegen die tibetischen Besatzer 709 eine plausible Erklärung finden. Die »Tibetisierung« des Kulturinventars im 11. Jahrhundert ließe sich eher mit der von Tibet ausgehenden Verbreitung des Buddhismus, weniger mit einer tibetischen Landnahme erklären, und markante Siedlungsereignisse im späten Khyinga des 13. bis 14. Jahrhunderts fallen mit der Eroberung Mustangs durch das südtibetische Königreich Gungthang zusammen. Das Ende Khyingas im 15. Jahrhundert schließlich dürfte ursächlich mit neuen, historisch bezeugten Herrschaftsbildungen und Territorialordnungen zusammenhängen, die in den Burgen des Muktinath-Tals ihren weithin sichtbaren Ausdruck fanden.

Die wechselvollen Schicksale der Siedlungen von Khyinga spiegeln auch dramatische Entwicklungen der Umwelt wider. So zeigen zum Beispiel charakteristische Veränderungen im Tierbestand zu Beginn der dritten Siedlungsperiode gravierende Umweltveränderungen an. Die ehemals dichten Wälder verschwinden, das Klima wird trockener, und alpine Steppe und Hochwüsten breiten sich aus. Seit dem 11. Jahrhundert erhält die Kulturlandschaft dann nach und nach ihr unverwechselbar tibetisches Gepräge. Hier liegen die Anfänge der himal-tibetischen Kulturlandschaft!

Die Wälder um das frühe Khyinga sind nicht einfach so verschwunden, sie sind abgeholzt worden. Seit der Mitte des 8. Jahrhunderts wurde nicht nur in Khyinga vermehrt gebaut, hat sich nicht nur in Khyinga der Siedlungsraum erheblich ausgedehnt. Bemerkenswert ist, daß in Bauten der dritten Periode in größerem Umfang Althölzer verwendet worden sind. Holz scheint in dieser Zeit schon knapp geworden zu sein. Die zunehmende Entwaldung hat zweifellos auch Erdrutsche begünstigt. Der Jenaer Geomorphologe Jussi Baade hat etliche Hinweise auf eine verheerende Rutschung im 15. Jahrhundert gefunden. Dieser Bergrutsch, so Baade, könnte auch zum jähen Ende der dritten Siedlung und zu ihrer endgültigen Auflassung geführt haben.

112 (Vorhergehende Seite) Die aus einem Rinderknochen geschnitzte Dakini – Himmelswandlerin – gehört zu den schönsten Funden von Khyinga. Dakinis, mystische Begleiterinnen von Einweihungsgottheiten, verkörpern die höchste Weisheit. Charakteristisch ist ihre Nacktheit, kennzeichnend Knochenschmuck und die Schädelschale in der linken Hand.

Umweltveränderungen oder Naturereignisse wie Rutschungen, denen gewiß manches Haus, manche Siedlung im Tal zum Opfer gefallen sind, haben die Menschen nicht aus dem Tal vertreiben können. Pflanzen mögen verschwunden, Tiere abgewandert sein, allein der Mensch ist immer geblieben, hat sich gegen viele Widerstände einer lebensfeindlichen Natur behaupten können und sich immer wieder neu in den sich ständig wandelnden Verhältnissen eingerichtet. »Wer hat gesagt«, singt der russische Poet Vladimir Vyssockij, »wer hat gesagt, daß die Erde gestorben ist? – Nein, sie hält nur für eine Weile den Atem an!« Die Stille der Atempausen – auch das sind die Zäsuren in Khyinga. Die Menschen nutzen sie, das sprichwörtliche Apfelbäumchen zu pflanzen. Sie kennen hier in Khyinga nicht diese europäische Angst vor dem letzten Tag. Zukunft ist Heute, und heute pflanze ich einen Apfelbaum. Sie lachen die Ängste weg wie den Tod. Ist jemand gestorben, so lachen sie verlegen, sagen: »He is finished«, und gehen zur Tagesordnung über. Das Leben ist hart. Aber ich lebe. Das Leben ist schön. Jetzt und heute …

Literaturhinweise

Fürer-Haimendorf, Christoph von: Himalayan Traders. London 1975.

Hagen, Toni: Nepal. Königreich am Himalaya. Bern 1960.

Hedin, Sven: Transhimalaya I–III. Stockholm 1909–1912.

Hedin, Sven: Southern Tibet. Stockholm 1916–1922.

Hedin, Sven (Hg.): Reports from the Scientific Expedition to the North Western Provinces of China. Stockholm 1937ff.

Henss, Michael: Tibet. Die Kulturdenkmäler. Zürich 1981.

Hüttel, Hans-Georg: Archäologie am Rande der Ökumene. In: Archäologie in Deutschland 1993, Heft 2, S. 10–15.

Hüttel, Hans-Georg: Archäologische Siedlungsforschung im Hohen Himalaya – Die Ausgrabungen der KAVA im Muktinath Tal/Nepal 1991–1992. In: AVA-Beiträge 14, 1994, S. 47–147.

Hüttel, Hans-Georg: Archäologische Siedlungsforschung im Hohen Himalaya – Die Ausgrabungen der KAVA im Muktinath Tal/Nepal 1994–1995. In: AVA-Beiträge 17, 1997, S. 7–64.

Hüttel, Hans-Georg: Zwei Licchavi-Fundmünzen von Khyinga, Südmustang. In: AVA-Beiträge 17, 1997, S. 65–86.

Tucci, Giuseppe: Tibet. Genf 1973 (Archaeologia Mundi).

Uhlig, Harald/Haffner, Willibald: Südasien. Fischer Länderkunde 2. Frankfurt am Main 1977.

Auf der Suche nach der Flaschenpost im Sandmeer

Die Wissenschaft entdeckt die Wüste – die Literatur weist ihr den Weg.
Die Sprache weiß es, und sie sorgt dafür, daß es in Erinnerung bleibt: Wer auf Sand baut, dem blüht keine Zukunft, seine Pläne und Hoffnungen werden im Sande verlaufen, seine Mitmenschen werden ihm Sand in die Augen streuen, und am Ende, wenn er alles in den Sand gesetzt hat, wird ihm das Leben wie Sand durch die Finger rinnen, bis die Sanduhr endgültig abgelaufen ist.

Vergeblichkeit, Vergänglichkeit, Verlorenheit sind die geläufigen Negativ-Assoziationen, die sich beim Stichwort »Sand« einstellen. Die Sprache hat sie in geflügelten Worten aufbewahrt. Und Dichter und Schriftsteller, die Treuhänder der Sprache, haben mit einem regen Nachschub an maliziösen Metaphern dafür gesorgt, daß die Ächtung jener kleinen, losen Mineralkörnchen zwischen 0,02 und 2 Millimetern Durchmesser, deren Anhäufung man gewöhnlich Sand nennt, nicht abreißt.

Der Barockdichter Christian Hofmann von Hofmannswaldau, heute weitgehend vergessen, aber als unerbittlicher Anmahner irdischer Hinfälligkeit einer Wiederentdeckung durchaus würdig, verbannte das feinkörnige Material sogar in das Reich des Todes: »Der Schultern warmer Schnee wird werden kalter Sand«, klagt er in seinem Sonett »Vergänglichkeit der Schönheit«. Und der abgründige Romantiker E.T.A. Hoffmann infizierte in seiner blutrünstigen Erzählung »Der Sandmann« auch noch jenes Refugium, das eigentlich als letzte Bastion positiver Sand-Symbolik gelten kann: das Kindheitsland des Sandmännchens.

Wie Wanderdünen haben sich diese poetischen Verdikte über die Jahrhunderte hinweg fortgepflanzt. Auch der unverzichtbare feine

113 *(Linke Seite) Die Wüste – Reich des Todes, Ort der Erleuchtung, Schatzkammer der Archäologie oder letztes Paradies?*

Meersand, mit dem frische Tintenschrift in früherer Zeit getrocknet wurde, hat die dichterische Mißbilligung der kleinen Körnchen nicht korrigieren können. Erst relativ spät, als der industrielle Fortschritt Stundenglas und Streusandbüchse entbehrlich gemacht hat, kommt Bewegung in die Sache Sand: Die Technisierung der Welt ruft nach einem Ausgleich durch neue Freiheiten – die Sandstrände der Seebäder bevölkern sich, Sandburgen werden zu Fluchtburgen aus dem normierten Alltag, und der Schriftsteller Joachim Ringelnatz, selber ein Gestrandeter der bürgerlichen Welt, schreibt ein Gedicht mit dem Titel »Kindersand«.

Es sind ungewohnte, überraschend neue Qualitäten, die Ringelnatz in seinem 1931 veröffentlichten Gedicht hervorhebt: Sanftheit und Zärtlichkeit hält er dem Sand zugute, das »Himmelreich« sieht er durch das feinkörnige Material hindurchschimmern. Und auch der Schriftsteller Günter Eich entzieht sich den geläufigen Vorurteilen, wenn er 1953 in seinem Hörspiel »Träume« den Sand als wehrhaften Stoff des Widerstandes entdeckt: »Seid unbequem, seid Sand, nicht Öl im Getriebe der Welt.« Eine wohlkalkulierte Aufforderung an alle, die sonst geneigt sind, den Kopf in das zu stecken, was hier als neue Waffe ausgerufen wird.

Jenseits solcher eigenwilligen Ausnahmeerscheinungen lassen sich Anzeichen für eine Umwidmung, eine Neubewertung des mißachteten Materials paradoxerweise vor allem dort finden, wo endgültig alles zu Sand geworden ist, wo es fast nur noch Sand und nichts anderes mehr gibt: in der Wüste. In seiner absoluten Akkumulationsform hat der Sand den jahrhundertealten Bannfluch endlich ablegen können.

Literarische Wüsten, Verheißungen im ganz konkreten Sinne, wohin man blickt und liest. Die magische Ausstrahlung des unendlichen, unendlich heißen Sandes hat kaum einen modernen Schriftsteller kaltgelassen. Je absehbarer die Verwüstungen wurden, die die Zivilisation im 20. Jahrhundert zu hinterlassen droht, desto stärker wurde die Anziehungskraft jener Landschaftsform, die sie sich noch nicht unterwerfen konnte.

Vordergründig triumphiert dabei ein letztes, allerletztes Mal die vertraute Figur der Verachtung, der Negation. Die Wüste als Endstation, als Schluß- und Nullpunkt des Lebens. Aber hinter der allumfassenden Leere, die der Sand in seiner höchsten Steigerungsstufe suggeriert, tauchen unabweisbar die Konturen neuer, unverwechselbarer Erfahrungen auf, mögen sich die, die in die Wüste geschickt werden, auch so heftig dagegen wehren wie die Hauptfigur in Max Frischs weltberühmtem Roman »Homo Faber«.

Es ist kein Zufall, daß Walter Faber Walt Disneys legendären Film »Die Wüste lebt« zitiert. Auch er ist – wie zuvor die Bücher Antoine de Saint-Exupérys – Meilenstein einer radikalen Trendwende. Ein furioser Sandsturm hat die alte Aura der Trost- und Hoffnungslosigkeit hinweggeweht und die Wüste zu einem Eldorado für ganz unterschiedliche Forschungsdisziplinen gemacht.

Wenn nicht alles täuscht, sind es derzeit die Archäologen, die die wichtigsten Erkenntnisse aus den Wüsten der Welt nach Hause tragen. Das vorliegende Buch dokumentiert die Sogwirkung des großen Sandmeeres auf die Wissenschaft und hilft die Botschaften zu lesen, die es uns als kostbare archäologische Flaschenpost übermittelt.

Hans Helmut Hillrichs

Leiter der ZDF-Hauptredaktion Kultur und Wissenschaft

Marie-Theres Erz, geboren 1958, studierte Afrikanistik, Phonetik und Religionsgeschichte. Ausbildung zur ersten geprüften Grabungstechnikerin. Technische Leitung großer Grabungen in Deutschland und Ägypten. Seit 1986 Mitarbeiterin des Felsbildprojektes am Heinrich-Barth-Institut der Universität Köln, Fotografin des Projektes. Zuständig für Planung, Organisation und Logistik bei mehreren großen Brandberg-Expeditionen. Forschungsreisen zu Felskunstregionen in Europa, Botswana, Südafrika und USA. Wichtiges Ziel aller Arbeiten: Der endgültige Schutz des Brandberges als Kulturlandschaft im Welterbe-Programm der UNESCO.

Gisela Graichen, geboren in Stendal, studierte Publizistik, Rechts- und Staatswissenschaften und ist diplomierte Volkswirtin. Von ihr erschienen u.a. die Bücher »Die neuen Hexen«, »Das Kultplatzbuch«, »Schliemanns Erben« und »Schliemanns Erben und die Botschaft der versunkenen Städte«. Als Fernsehautorin konzipierte sie für das ZDF die preisgekrönten Filmreihen »Schliemanns Erben« und »C 14« über die Forschungsergebnisse der Archäologie. Für die Konzeption der Reihe »C 14 – Archäologische Entdeckungen in Deutschland« wurde sie mit dem Deutschen Preis für Denkmalschutz ausgezeichnet.

Hans-Georg Hüttel, geboren 1947, studierte zunächst Philosophie und Slavistik, dann Ur- und Frühgeschichte, Ethnologie, klassische und indische Archäologie an den Universitäten Bochum und Heidelberg, Promotion in Heidelberg 1975. Forschungsstipendiat an der Akademie der Wissenschaften in Moskau und Almaty. Forschungsaufenthalte und Teilnahme an Ausgrabungen in England, Süddeutschland, Griechenland, Indonesien, Nepal und der Mongolei; 1975–1979 wissenschaftlicher Assistent an der Universität Heidelberg, seit 1979 Referent für asiatische Archäologie an der Kommission für Allgemeine und Vergleichende Archäologie (KAVA) des Deutschen Archäologischen Instituts in Bonn. 1990–1999 Leitung der KAVA-Ausgrabungen in Nepal. Veröffentlichungen zur europäischen Bronze- und Eisenzeit, zur Frühgeschichte des Pferdes sowie zur Archäologie Hoch- und Zentralasiens.

Tilman Lenssen-Erz, geboren 1955, studierte Afrikanistik in Marburg, Promotion in Vor- und Frühgeschichte in Frankfurt. Seit 1986 Leiter der Felsbildforschung am Heinrich-Barth-Institut an der Universität Köln. Forschungsschwerpunkte sind textuelle Felsbildarchäologie, Felskunst und Ökologie, Geschlechterrollen in der Urgeschichte und Raumkonzepte. Leiter von mehreren großen Brandberg-Expeditionen. Forschungsreisen zu Felskunstregionen in Europa, Nordafrika, südlichem Afrika, Australien und USA. Wichtiges Ziel aller Arbeiten: Der endgültige Schutz des Brandberges als Kulturlandschaft im Welterbe-Programm der UNESCO.

Ernst Pohl, geboren 1961, studierte Vor- und Frühgeschichte, Provinzialrömische und Christliche Archäologie sowie Alte und Mittelalterliche Geschichte in München und Bonn, Promotion 1993. 1994–1997 wissenschaftlicher Mitarbeiter im Rahmen des DFG-Schwerpunktprogrammes »Siedlungsprozesse und Staatenbildungen im Tibetischen Himalaya«. Seit 1998 Kustos am Institut für Vor- und Frühgeschichtliche Archäologie der Universität Bonn. Mitarbeit am Aufbau einer Abteilung für Asienarchäologie als Teil des neugegründeten Asienzentrums der Philosophischen Fakultät. Publikationen zur Archäologie historischer Epochen Europas und Asiens.

Peter Prestel, geboren 1962, studierte an der Hochschule für Fernsehen und Film München, Abteilung Dokumentarfilm. Seit 1986 ist er Autor und Regisseur zahlreicher TV-Dokumentationen für den Bayerischen Rundfunk, den Südwestrundfunk und das Zweite Deutsche Fernsehen. Der Archäologie ist er durch die Regiearbeit für die Reihen »C 14 – Schatzjäger in Deutschland« und vor allem »Schliemanns Erben« für das Zweite Deutsche Fernsehen nähergekommen.

Bildnachweis

Ältere Urgeschichte, Universität Tübingen: 33, 34, 36, 38, 39, 40, 41, 42, 43, 45, 46
Dreyer-Eimbcke, Oswald, Hamburg: 9
Floto, Gisela, Hamburg: 1, 5, 8, 10, 11, 12, 13, 14, 18, 19, 20, 21, 22, 23, 24, 25, 26, 27, 28, 29, 30, 31, 32, 47, 48, 49, 50, 51, 52, 53, 54, 55, 56, 57, 58, 59, Vor- und Nachsatz, Schutzumschlag Vorderseite
Heinrich-Barth-Institut/Marie-Theres Erz, Köln: 60, 61, 62, 63, 66, 67, 68, 69, 70, 71, 72, 73, 74
Institut für Vor- und Frühgeschichtliche Archäologie der Rheinischen Friedrich-Wilhelms-Universität Bonn/Pohl, Ernst, Bonn: 75, 76, 77, 78, 79, 80, 81, 82, 83, 84, 85, 86, 87, 88, 89, 90, 91, 92, 93, 94
Klemm, Dietrich, Dießen: 17, 113
Kommission für Allgemeine und Vergleichende Archäologie des Deutschen Archäologischen Instituts/Hüttel, Hans-Georg, Bonn: 95, 96, 97, 98, 99, 100, 101, 102, 103, 104, 105, 106, 107, 108, 109, 110, 111, 112
Lenssen-Erz, Tilman, Köln: 64
Pager, Harald: 65
Prestel, Peter, Eichstätt: 15, 35, 37, 44
Staatliche Sammlung Ägyptischer Kunst, München: 2, 3, 7, 16
Unbekannt bzw. rechtefrei: 4, 6

Hans-Christian Huf stellt seinen Lesern rätselhafte Gestalten und ungelöste Geheimnisse aus drei Jahrtausenden anschaulich und lebendig vor.

SPHINX
Geheimnisse der Geschichte

Die Themen:

Das Reich des Königs *Minos*

Hannibal, der Schrecken Roms

Kleopatra – Das letzte Lächeln der Pharaonen

Die *Hunnen* stürmen Europa

Die Jagd nach dem *Bernsteinzimmer*

SPHINX 2
Von Marco Polo bis Rasputin

Die Themen:

Die phantastischen Reisen des *Marco Polo*

Sturm über Asien – *Alexander der Große* erobert die Welt

Lucrezia Borgia und die Familienbande im Vatikan

Wikinger – Genies aus der Kälte

Friedrich II. – Kaiser zwischen Himmel und Hölle

Rasputin – Heiliger Dämon am Zarenhof

SPHINX 3
Von Ramses II. bis zum Ersten Kaiser von China

Die Themen:

Sehnsucht nach Unsterblichkeit. *Ramses II.* – Liebling der Götter

Menschenjagd im Namen Gottes: *Inquisition und Hexenverfolgung*

Der Fall *Maria Stuart*

Das Rätsel der *Sieben Weltwunder*

Nero – Plädoyer für eine Bestie

Auf den Spuren des *Ersten Kaisers von China*

SPHINX 4
Von Richard Löwenherz bis Casanova

Die Themen:

Richard Löwenherz – Kreuzzug ins Abenteuer

Karl der Große – Rätsel um den ersten Kaiser

Die Phönizier – Nomaden des Meeres

Nostradamus – Gaukler des Himmels

Sisi – Legende und Wirklichkeit

Casanova – Magier der Leidenschaften

Hans-Christian Huf (Hg.)

jeweils 288 Seiten mit etwa 120 Abbildungen, zum Großteil in Farbe, gebunden mit Schutzumschlag

GUSTAV LÜBBE VERLAG

Himmel, Hölle und Nirvana
Herausgegeben von Hans-Christian Huf

Außergewöhnliche Persönlichkeiten
Anschaulich erzählte Geschichte

Buddha, Jesus und *Mohammed* – nur wenige haben so wie sie das Schicksal der Menschheit über Jahrtausende beeinflußt. Alle drei haben mächtige Erlösungsreligionen gegründet mit Milliarden von Gläubigen. Was waren das für ungewöhnliche Persönlichkeiten, die die Welt noch immer in ihren Bann schlagen?

Buddha, der rätselhafte Fürstensohn

Jesus, der Unbekannte aus Galiläa

Mohammed, der kämpferische Prophet Gottes

288 Seiten mit 80, größtenteils farbigen Abbildungen und 6 Farbkarten, gebunden mit Schutzumschlag